Wolf Biermann
Fliegen mit fremden Federn

Nachdichtungen und Adaptionen

| Hoffmann und Campe |

1. Auflage 2011
Copyright © by Wolf Biermann und Pamela Biermann
Copyright © 2011 by Hoffmann und Campe Verlag, Hamburg
www.hoca.de
Lektorat: Pamela Biermann
Satz: Pinkuin Satz und Datentechnik, Berlin
Gesetzt aus der Hoefler Text
Druck und Bindung: Friedrich Pustet KG, Regensburg
Printed in Germany
ISBN 978-3-455-40344-2

HOFFMANN
UND CAMPE

Ein Unternehmen der
GANSKE VERLAGSGRUPPE

Inhalt

Vorwort

Dieses Buch ist meine Schatzkiste, angefüllt mit Kostbarkeiten aus manchen Sprachen. Neben der eigenen Produktion habe ich seit fast fünfzig Jahren peu à peu all diese Zufallsfunde in mein Deutsch gebracht. Aber was heißt schon Zufall?

Mit fremden Federn schmückt mancher sich. Der Titel des Buches assoziiert den antiken Mythos vom Ikarus, der ja, beflügelt mit fremden Federn, übermütig hoch zur Sonne flog und sich dabei zu Tode stürzte. Kurz vor meiner Ausbürgerung 1976 schrieb ich in Ostberlin die »Ballade vom Preußischen Ikarus«. Es schien, nach dem Kölner Konzert, mein Schicksalslied zu werden. Aber nix da! Man kann eben nicht alle Vorteile haben: schön jung sterben – und dann auch noch schön alt werden.

Es gilt für mein Leben – und also auch für den Titel dieses Buches – das Beispiel des Dädalus. Es war ja der Alte, der für sich und für seinen Sohn Ikarus die Flügel konstruiert hatte. Er verlor auf der Flucht aus dem Labyrinth auf Kreta sein Kind, es stürzte ins Ägäische Meer. Der Vater ist aber auch abgestürzt: ins Weiterlebenmüssen, wie alle verwaisten Eltern.

Dädalus – so steht es in den Metamorphosen des Ovid – verwendete für die Konstruktion der künstlichen Flügel Adlerfedern, die er mit Bienenwachs zusammenklebte. Für die Poesie zwischen diesen beiden Buchdeckeln verarbeitete ich Gefieder, wie es sich im Lauf der Jahrzehnte ansammelte: Schwingen vom heimatlosen Albatros, dazu eine sulka aus dem Federkleid der finnischen Nachtigall, von einer schwedischen Möwe paar fjerder, auch feathers vom Zaunkönig im Cutty-Wren-Song, ein Bündel goldener Engelsfedern von den metaphysical poets. Es fanden sich les plumes einer französischen Spottdrossel, der merle moqueur, aus dem Chanson von Jean-Baptiste Clément, »Le temps des cerises«. Der hebräische Klassiker Chaim Nachman Bialik lieferte das Gedicht »Nimm mich unter deinen Fittich, liebes Mädel ...« Dazu paar перья, das sind gerupfte perja eines russischen Suppenhuhns, auch die plunksna einer litauischen Graugans habe ich mit eingearbeitet: hohe Dichtung neben niederer Volkspoesie.

Als »staatlich anerkannter Staatsfeind« lebte ich zwölf Jahre verstacheldrahtet im surrealen Realsozialismus hinter der Mauer. Für mich allerdings waren ab 1965 auch die Ostgrenzen der DDR nicht mehr passierbar. Das verdoppelte meinen Herderschen Heißhunger nach den »Stimmen der Völker in Liedern«. Gerade weil ich »wie eingepfercht in Kerkermauern« trotz alledem lebendig leben wollte, riß ich mir dies und das aus der unerreichbaren Welt raus – sammelte, grabbelte, fingerte gereimte Worte, Melodien und Gitarrengriffe.

Das gelang, weil berühmte und unberühmte Besucher aus West und Ost mit poetischen Mitbringseln in die Chausseestraße kamen. Manche hielten mir ihre fremdländischen Gastgeschenke wie Xenien vor die Nase und sagten: Kennste das? Kannste das ins Deutsche rüberdichten?

Mit dem charmanten Spötter Jiří Suchý – solange ich ihn im Prager Semafor-Theater noch besuchen durfte – betrieb ich Tauschhandel: wahre Worte getauscht gegen Wort-Ware, im Sinne der geldlosen Naturalwirtschaft. Ich übersetzte für seine Leibsoubrette Hanna Hegerová den Schlager »Student mit den roten Ohrn«. Und Suchý übersetzte dafür meinen Song »Soldat, Soldat in grauer Norm« ins Tschechische. Doch ab 1966 kam keine Antwort mehr auf meine Briefe ... Jahrzehnte später fand ich in meinen Stasi-Akten ein Konvolut mit unserer konfiszierten Korrespondenz. Nun hatten wir geprügelten Grauköpfe gut lachen, weil wir trotz alledem länger gehalten haben als unsere Feinde! Nach 1989 lieferten wir in Prag gemeinsame Konzerte. Er sang mein extrem preußisches »Soldat, Soldat ...« auf tschechisch, und das klingt wunderbar komisch nach dem braven Soldaten Schwejk.

Im Privatgebrauch nenne ich all die hier versammelten Texte so: mein Sammelsurium aus Erlesenem und Erhörtem – erlesene Gedichte und erhörte Lieder. Der kuriose Begriff »Sammelsurium« gefällt mir, denn darin steckt ja das plattdeutsche Wort für »sauer«, ulkig latinisiert: »surium«. Ursprünglich: eine pikant-bekömmliche Mischung verschiedener Küchenreste. Meine gesammelten Fundstücke sind also – kulinarisch gesprochen – vermischt aufgetischte Fresserchen in Sauer, exotische Happen, erotisch scharf gewürzt, poetische Tapas und lyrische Leckerbissen.

Ich entdeckte die ersten französischen Delikatessen in meinen sieben guten Jahren mit Brigitte Soubeyrand. Sie verführte mich ganz am Anfang im Brecht-Theater des Berliner Ensembles mit den Chants populaires der Frères Jacques, auch mit den Chansons von Georges Brassens. Sie war es, die mich ins Liederdichten lockte. Und weil ich ihr gefallen wollte, ließ ich mir einen Brassens-Bart wachsen, der aber mickrig blieb, denn ich war noch zu jung für einen Schnauzer comme il faut. Hoffnungswilde Jahre – ich war noch nicht richtig verboten.

Doch dann kam das Katastrophenjahr 1965: Da brach kurz vor Weihnachten eine Panikattacke der Parteiführung über alle Filmemacher und manche Schriftsteller und Philosophen herein. (Oje!! Der kulturelle Kahlschlag auf dem 11. Plenum des ZK der SED.) Auch Robert Havemann, auch Stefan Heym. Wir wurden nicht kaltgemacht, nur kaltgestellt. Seitdem wuchs der Druck – und auch mein Interesse an der Nachdichterei. Noch mehr als politische Liebe zur Menschheit stachelte mich die private Verliebtheit in eine Menschin: Ich reimte nun für meine neue Flamme Eva-Maria Hagen etliche schwedische sångerna von Nils Ferlin so, daß die sich singen ließen wie deutsche Lieder. Auch russische Lieder konnte sie brauchen, frivole Liedchen aus douce France. Wir suchten gerade solche volksliedhaften Texte, damit meine populäre DEFA-Diva nun wenigstens noch kleine harmlose Konzerte in der DDR-Provinz geben konnte, nachdem sie bei den Nomenklatura-Bonzen in Ungnade gefallen war. Aus Sicht der Parteipropagandisten war diese volkseigene Vorzeigevenus über Nacht unbrauchbar geworden, weil sie mit dem falschen Mann im Bette lag und vor allem: weil sie sich von der Obrigkeit auch nicht umstimmen ließ, weder mit Zuckerbrötchen noch mit der Peitsche. Also zwitscherte mein zwangsprivatisiertes Vögelchen nun internationale Lieder ... Mein geächteter Name als Übersetzer durfte bei solchen bunt gemischten Programmen natürlich nicht genannt werden. Das eigentlich war der Anfang meiner Nebenkarriere als literarischer Transportarbeiter: Liebe und Notwehr.

Der romantisch-revolutionäre cantautore Daniel Viglietti aus Uruguay tauchte damals in Ostberlin auf. Ihm verdanke ich mehr als nur seine Kunst. Die Parteikastraten des DDR-»Oktoberklubs« hatten ihn angemietet für ein Konzert beim »Festival des politischen Liedes«. Er aber verscherzte sich das Wohlwollen seiner Gastgeber, denn er besuchte bei dieser Gelegenheit mich Geächteten. Von ihm lernte ich die typischen Harmonien und Worte für das Canción Cubana des Carlos Puebla: »Comandante Che Guevara«. Auch der linksradikale Chilene Patricio Manns mit seinen compañeros kam an. Er brauchte eingedeutschte Textfassungen für eine neue LP mit seinen Liedern.

Den wilden Liebling der Russen, Wladimir Wyssotzki, habe ich nie getroffen, aber immer gekannt. Sein vielleicht stärkstes Lied heißt nun hier auf deutsch »Im Lazarett«. Dem sanftmütigen Gegentyp des Wyssotzki, dem melancholischen Barden Okudshawa, sang ich in seiner Datscha in Peredelkino bei Moskau eine gewagt freie Fassung seines vielleicht populärsten Liedes vor: »Ach, die erste Liebe / Macht das Herz mächtig schwach ...«. Wie geistreich und souverän er dabei auf meine Fälschung in der dritten Strophe reagierte, erzähle ich bei anderer Gelegenheit.

Sogar die streitbare Göttin des amerikanischen Folksongs, Joan Baez, besuchte mich in der Chausseestraße 131. Von ihr lernte ich das Lied »I know where I'm going«. Gegen Abend zottelte sie mich nonperson – zum Entsetzen meiner Obrigkeit – ungeniert mit einer Freikarte als Ehrengast in ihr Ostberliner Konzert in der »Distel«. So blühte der kleine Tauschhandel mit Liedern.

Der Cabaret-Poet Franz Hohler kam aus Zürich gelegentlich mit seinem Cello vorbei, von ihm lernte ich das Ladino-Lied »Der Berg, der Berg«.

Und auch der exzentrische Prophet der Beat-Generation aus New York, Allen Ginsberg, war zu Gast in meiner mikrophonverwanzten Bude. Er quetschte mit seinem portablen Handtaschen-Harmonium nervige Wimmertöne und quäkte seine irren Gesänge. Ich vermute, das war irritierend auch für Mielkes Offiziere der Firma »Horch und Guck«, die uns abhören mußten.

Manchmal ergaben sich kollegiale Auftragsarbeiten ohne Honorar, nach dem Motto: Eine Poetenhand wäscht die andere. Diese und jene alten Rekruten- und Deserteur-Lieder übertrug ich in unsere Sprache, bald auch herzzerreißende russische Zigeunerromanzen. Später in Hamburg dann englische Madrigale und Balladen, ich übersetzte auch ein ganzes Bündel kleinbäuerlicher Volkslieder aus Estland, Lettland und Litauen. Danach mehr und mehr jiddische und hebräische Gedichte.

Der junge Sohn des russischen Dissidenten Juli Daniel schmuggelte in den sechziger Jahren die erschütternden Gedichte seines eingesperrten Vaters direkt aus dem GULag nach Moskau. Der Knabe hatte die subversiven Verse – so wie ein Schachmeister simultan fünfzig komplette Partien memoriert – in den nur zehn Tagen seiner genehmigten Frist im verschärften Lager der Mordwinischen ASSR in einer speziellen Besucherbaracke Mund zu Mund vom gefangenen Vater auswendig gelernt. Im phänomenalen Naturcomputer schmuggelte der Sohn dann die brisanten Gedichte wie Kassiber nach Moskau. Ordentlich abgetippt wurde das Manuskript heimlich in den Westen transportiert ... und von dort aus – verdrehte Welt!! – konspirativ wieder zurück durch den Eisernen Vorhang nach Ostberlin, damit die Originale in meine Hände kamen. Die akribisch wortwörtlichen Übersetzungen lieferte mir damals mein Ostberliner Freund Ilja Moser, ein Sprachgenie. Als Waisenkind hatte er in sowjetischen Waisenkinder-Erziehungslagern überlebt. Seine Eltern waren umgekommen, liquidiert in den Jahren des Terrors, als Stalin & Co. bevorzugt deutsche kommunistische Juden, die sich aus Nazideutschland in die UdSSR gerettet hatten, anklagen, foltern und ermorden ließen. Ich übertrug 1972 diese Gedichte in mein Deutsch. Über die Mauer zurück nach Westberlin geschmuggelt, wurden die russischen Verse des Julij Daniel dann erstveröffentlicht – auf deutsch. Sie erschienen unter dem doppeldeutigen Titel *Berichte aus dem sozialistischen Lager* 1972 beim Verlag Hoffmann und Campe.

Die Ausbürgerung 1976 machte aus mir ausgelerntem Ostmenschen wieder einen schwankenden Anfänger. Ach! Wenn man sie nicht kennt, ist Demokratie noch viel komplizierter als Diktatur. In manchen Ländern fand ich nun bei meinen Konzerten poetischen Stoff. Den greisen argentinischen Liederkönig Atahualpa Yupanqui traf ich in Paris, in Köln und

Hamburg. Atahualpas Name bedeutet in der Indianersprache Quechua »Tapferer Truthahn«. Dieser leidgehärtete »Don Ata« imponierte mir mit seinen stoisch wortkargen Liedern, eine Art lateinamerikanischer cante jondo, zu deutsch: Gesang von tief innen – ein spanischer Blues.

In Athen und dann im Pelion-Gebirge befreundete ich mich mit dem griechischen Bob Dylan, das ist Dionysos Savopoulos. Ein Ohrwurmkomponist und provokanter Poet. Den mochte ich lieber als den falschen Eurokommunisten Theodorakis, den ich als ein kleinmütiges Polit-Chamäleon mit pathetischen Posen erlebte.

Und der großmütige Yves Montand. Dieser italienische Franzose empfing mich Ostknaben nach meinen ersten Konzerten in Paris auf der Île de la Cité mit dem schmeichelhaften Spottnamen »Gavroche allemand«. Von nun an sah ich mich auf jeder 100-Francs-Note auf dem Barrikadenbild von Eugène Delacroix. Seit Montand kenne ich die erschütternde Ballade »Le roi Renaud«. Und auch er liebte den 19.-Jahrhundert-Hit von Pierre-Jean de Béranger über den kleinen »König von Yvetot«, ein aggressiv-fröhliches Chanson, das heute in Frankreich kaum noch wer kennt.

Mein Herzensbruder, der Flamenco-Gitarrist Pedro Soler in Banyuls, brachte mich, den »Lobito«, mit dem spanischen Franzosen aus Toulouse zusammen: Ich meine den herzensguten Revolutionsrüpel Paco Ibáñes, ein ergrautes Exilkind des Spanischen Bürgerkrieges. Das komische Liedchen vom lieben Wölflein, das von den bösen Schafen blutig gebissen wird, sang ich zusammen mit Paco vor zwei Jahren im Open-Air-Konzert in Perpignan.

Vom still-tapferen südkoreanischen Liederdichter Kim Min'Gi, der uns in Altona besuchte, übersetzte ich das populäre Lied »Morgentau« – eine melancholische Hymne des Widerstands gegen die Militärdiktatur.

Für den Göteborger Kammerchor des Gunnar Eriksson, der etliche meiner eigenen Lieder für Chorgesang raffiniert skandinavisch arrangiert – also gar nicht tümlich –, übersetzte ich ein Lied, das alle Schweden lieben: »Wer kann segeln ganz ohne Wind ...« Und vom nordschwedischen Jazzpianisten und Komponisten Stefan Forssén, der auch sublime Chor- und Klavier-

Arrangements für etliche meiner Lieder schrieb, habe ich das Lied »Leben ist ein Rätsel« im Buch.

Das vielleicht Genießbarste in diesem Sammelsurium sind meine Nachdichtungen der Shakespeare-Sonette. Ob die nun wirklich gelungener sind als die Versuche so vieler Übersetzer – danach darf man nicht mich fragen, denn sonst sage ich leichtfertig die Wahrheit! Treuer sind sie allemal. Und entsprechend untreu ist meine Adaption eines frühen Dylan-Poems: »Eleven Outlined Epitaphs« – ein kaum bekanntes Werk, auf das mich der Dylan-Kenner Andreas Oehler stieß. Dieses krude Poem ist eine mäandernde Antrittsrede des Robert Allen Zimmerman aus Minnesota. Dylan hat diesen Wortewust aus dem Ärmel geschüttelt, als er noch jung genug war, um der Menschheit wortreich und formenarm zu verklickern, wie man richtig dichtet, richtig lebt und wie man richtig liebt. Als Jüngling weiß man eben penetrant genau: Wo! Wie! Was! Wenn es aber ein kommendes Weltgenie ist, das uns solche jugendlichen Altersweisheiten zumutet, ist es doch von Interesse. Beim jungen Dylan legte ich als Dolmetzsch allerdings kein Wort auf die Goldwaage, extrem anders als bei Shakespeare. Ohne Scheu habe ich dem Dylan einiges reingedichtet, doch immer mit Respekt und Bewunderung.

Etliche hebräische und jiddische Texte hat mir – wir kennen einander seit dem Schicksalsjahr 1989 – mein Freund, der Historiker Arno Lustiger, aufgeladen, weil er sie brauchte für seine deutschen Bücher über den Widerstandskampf der Juden in der Nazizeit. Ihm verdanke ich vor allem mein »fartaytschtes« Katzenelson-Poem. Aber gerade das fehlt in dieser Sammlung: »Großer Gesang vom ausgerotteten jüdischen Volk«. Diese fünfzehn Gesänge über die Shoa, geschrieben hinter Stacheldraht auf brüchigem Einwickelpapier 1944 im »Vorzugs-KZ« der Nazis, am Fuße der Vogesen im Städtchen Vittel, brauchen und haben auch eine eigene und komplett kommentierte Buchausgabe, die nun mein neuer Verlag in Hamburg, Hoffmann und Campe, vertreibt.

So sammelten sich Mitbringsel und Fundstücke an und füllten meine vielsprachige Schatzkiste: Neueres und Altes, hohe Poesie, zauberhafte Kinderlieder und plebejische Folklore. Und wer mein dickes Buch *Fliegen mit fremden Federn* käuflich erwirbt, soll wissen, daß er es eigentlich meiner Frau Pamela verdankt. Wir sind viel mehr als nur ein Herz und eine Steuererklärung, denn sie ist seit fast dreißig Jahren meine große Liebe und meine lebenskluge Muse. Sie hat mich angestiftet, ermutigt, kritisiert und meine extrem komplexe Sammlung lektoriert. Und hat also dieses Sammelsurium endlich zusammengekocht, abgeschmeckt und aufgetischt. Das Menü hat sie nach Sprachen geordnet, denn die Texte sind dermaßen verschieden, daß jedes andere Prinzip abstrus wäre. Und richtig finde ich auch, daß sie diese Regel durchbrochen hat für die Bündelung der Shoa-Texte aus den verschiedenen Sprachen.

Im flapsigen Familienjargon nennen wir besonders die schwedischen und französischen unsere »Menschen-Lieder«. Und die singen wir am allerliebsten, und wohl auch am besten, zu zweit, wenn uns ein paar Freunde zuhören. Pamela singt mit einem kühlklaren Ton. Ihre wunderbar weibliche Mädchenstimme und mein professionelles Wolfsgeheul verbinden sich ideal mit der neuen Zwei-Loch-Gitarre, die mir Claus Voigt in München gebaut hat. Und dann schwärmen gelegentlich die Zuhörer: »Aaach! Wie schööön! Daas! müßtet ihr! endlich mal!! zusammen auf einer CD rausbringen!!« Und genau das werden wir versuchen, vielleicht sogar noch gleichzeitig mit diesem Buch.

Weltbekannte Melodien wie »Les feuilles mortes« von Jacques Prévert und Joseph Kosma hat der Verlag mit der Vignette eines kleinen Notenschlüssels gekennzeichnet. Diese Musiknoten kann sich jeder Interessierte ja leicht bei Google runterladen oder anhören auf YouTube. Doch für die meisten der weniger bekannten Lieder habe ich die Melodie und die Grundharmonien notiert. Die junge klassische Gitarristin Jule Tief in Berlin hat meine Notenschrift, auf der Suche nach Fehlern, zur Kontrolle noch mal durchgespielt.

Vor über zwanzig Jahren zeigte mir Hannes Stein, schon als Student ein hochkarätiger Anglist, die starken Gedichte von Alexander Pope, von John Donne und e. e. cummings, auch Wystan Hugh Audens Gedicht über den Sturz des Ikarus: »Musée des

Beaux Arts«. Im englischen Original kennt mein Stein solche Texte by heart. Eines Tages kreuzte dieser Fast-alles-Wisser mit dem 73. Sonett von Shakespeare auf und stachelte meinen Ehrgeiz an. Der junge Freund lieferte mir eine wortgenaue Interlinearübersetzung, gespickt mit philologischen Notaten, Anmerkungen über Sprachveränderungen seit dem elisabethanischen Zeitalter. Und foppte mich dann mit frechem Grinsen: Versuch mal, ob du das kannst ... ich glaube nicht! Das war ein Angebot, das ich nicht abschlagen konnte. Ich quälte mich dann tagelang, wochenlang ab mit diesen verflixten vierzehn Zeilen ... Ach, dieser Shakespeare! Der dichtet so dicht! Und das Englische so mager! Und ach! Das Deutsche so fett ... Endlich gelang mir, mit Hängen und Würgen, dieses Sonett. Vielleicht nicht ideal, aber immerhin besser als alles, was sonst an reimzwang-gestoppelten Übersetzungen dieses Gedichtes kursiert.

Damals war ich mit Marcel Reich-Ranicki noch nicht zerfreundet. Ich werde diesen Menschen immer bewundern und lieben – denn anders ist er nicht auszuhalten. Er druckte mein 73. Shakespeare-Sonett in der *F.A.Z.* ab. Daraufhin erreichte mich ein kurioser Brief von einem Privatgelehrten und aphoristelnden Witzbold aus dem Kaff Kassel. Dieser Homme de lettres, ein Ulrich Erckenbrecht, schrieb mir damals so was wie: »Sehr geehrter Herr B. ... ich habe soeben Ihre Übersetzung des 73. Sonetts gelesen ... ich bin begeistert ... Aber, lieber, verehrter Herr ..., Ihr 73. Shakespeare-Sonett interessiert mich nicht! Mein Interesse riehtet sich nur auf das Sonett Nr. 66: *Tired with all these, for restful death I cry* ...« Er habe, schrieb er, im Laufe der Jahre nun schon fünfundsechzig verschiedene deutsche Übersetzungen des berühmten Gedichtes gefunden, von bekannten und unbekannten Autoren, sehr alte, ganz neue. »Wenn Sie mir nun, lieber W. B., in dieser Qualität mein Lieblingssonett liefern könnten, dann würde ich mich glücklich schätzen. Das wäre dann in meiner Sammlung die genau 66. Nachdichtung von Sonet Sixty-Six!«

Ich lieferte prompt und gern. Wir wechselten später noch manchen Brief. Er ist ein Shakespeare-Spezialist und Adorno-Schüler und hat es offenbar mit den Zahlen. Später fand er noch mehr eingedeutschte Sechsundsechziger, er veröffentlichte dann genau 88 in seinem privaten Muri-Verlag. Zwölf extrem verschiedene 66er-Übersetzungen verfaßte dieser Schelm auch selber und fügte sie unter ornithologischen Pseudonymen in seine Schmetterlingssammlung ein. Danach erhaschte und veröffentlichte er noch einmal 44 und endlich abermals 22 Fassungen. Und diese drei Schnapszahlen (88 + 44 + 22), zusammengerechnet, ergeben genau die Zahl der Shakespeare-Sonette, die die Menschheit seit der Erstveröffentlichung in London 1609 besitzt: 154 – eine sympathisch verspielte Zahlenmystik.

Eine gute Helferin ist mir seit acht Jahren die Sprachenhexe Doris Rosenkranz, die Witwe des Dichters aus der Bukowina, Moses Rosenkranz. Sie lebt am Ende der Welt im Hochschwarzwald. Ihr verdanke ich manche Eizes, denn sie versteht nicht nur perfekt Französisch und Englisch, sondern auch die für mich allerschwerste Sprache: Deutsch. Damit komme ich zur Hauptsache und endlich auch zum Ende in diesem Prolog:

In meinen Vorlesungen als sogenannter Heine-Professor 1993 und 1994 an der Universität Düsseldorf, »Wie man Verse macht und Lieder – eine Poetik in acht Gängen«, habe ich lang und breit und tiefer geliefert, was ich damals zum Problem der Nachdichterei rausgefunden hatte. Hier in provokanter Verknappung wiederholt: Eine Nachdichtung kann nie so gut sein wie das Original – wohl aber besser!

Beim Übersetzen von Liedern und Gedichten hat der literarische Transporteur nur ein einziges schweres Problem: ob er in seiner eigenen Sprache ein authentisches und zugleich autarkes Gedicht zustande bringt. Natürlich sollte der Nachdichter sich gewissenhaft von Kennern beider Sprachen und Literaturen das Wortmaterial, die literarischen Hintergründe und historischen Konnotationen zuliefern lassen. Aber dann hängt der Erfolg nur davon ab, ob er aus den herangeschleppten Steinen und Balken ein schönes und vor allem: ein bewohnbares Haus aufrichten kann.

Den Beweis für meine Behauptung liefert immerhin »GOttes Dolmetzsch«, Martin Luther. Der konnte die Originale, wie Gott sie seinen Propheten in den Sprachen Aramäisch und Hebräisch und Griechisch eingeblasen hatte, nur unvollkommen lesen. Perfekt beherrschte Luther die Lingua franca der europäischen Gelehrten. Luthers Quelle war die vergleichsweise primitive lateinische Bibelübersetzung, die treffend so genannt wird: »Vulgata«. By the way: »Küchenlatein« und »Dog-Latin«.

Als er die Bibel verdeutschte, ließ sich unser Martin Luther von gebildeten Zeitgenossen, die damals berühmter waren als der kleine Mönch, zuarbeiten. Hochgelehrte Koryphäen wie Erasmus von Rotterdam, frühe Europäer wie Meister Philipp Schwartzerdt (Melanchthon) und Aurogallus (Matthäus Goldhahn) sprachen fließend auch Gottes drei Muttersprachen. Luther war gar nicht, wie ich es früher lernte, der erste! Es existierten vor ihm schon über ein Dutzend kompletter Bibelübersetzungen, sogar vier davon ins Plattdeutsche, die aber alle holperten und stolperten und penetrant nach Latein rochen. Luthers Werk eben nicht. Insofern gilt er uns doch als der erste.

Luthers Zeitgenossen waren kluge und stolz-bescheidene Gelehrte, die die Chance erkannten: Sie fanden es gut, daß solch ein kluges Kind aus dem Volke nun Gottes wahrer Dolmetsch ins Deutsche wird. Sie wußten: Wir können zwar besser das Alte und das Neue Testament lesen als dieser Protestant auf der Wartburg, aber der ist zugleich ein sprachgewaltiger Dichter, gewaschen mit allen Wassern der niedrigen und der hohen Sprache. Dieser göttliche Teufelskerl muß dem Volk nicht aufs Maul schaun, denn er ist selber Volk! Und der kann vor allem in einer Sprache schreiben, die es als moderne Gesamtsprache noch gar nicht gibt: Deutsch eben.

Darum leben wir hier eigentlich alle, auch so Gottlose wie ich, von Martin Luthers Bibelsprache. Und Luthers kleine Fehler sind mir noch immer lieber als die phantasiearme Genauigkeit seiner Verschlechtbesserer. Dieser Meinung bleibe ich trotz seines einen, allerdings fatalen Übersetzungsfehlers in den Zehn Geboten. Es heißt im Original ja nicht »töten«, sondern: »Du sollst nicht morden!«

Wer also totalitäre Menschenmetzger tötet wie Gaddafi, Saddam Hussein, Ahmadinedschad, Assad, Mao, Stalin, Hitler, Mussolini, Kim Jong Il , Karadžić, Mobutu, Pinochet, General Franco, Pol Pot, der ist doch kein Mörder! Und wer sich darüber freut, daß solch ein Massenmörder wie Bin Laden jetzt endlich erschossen wurde, der ist gewiß kein »Gutmensch«. Aber ist genau das, was die Jidden so nennen: »a mensch« – das bedeutet, ins Deutsche übersetzt, nicht etwa »ein Mensch«, sondern korrekt nur dies: »ein guter Mensch«.

Seit Martin Luthers Genietat ist es für mich bewiesen: Der liebe Gott, an den einer wie ich nicht glauben kann, verfaßte sein Opus magnum ursprünglich in unserer! ... in der deutschen Sprache. Gewiß, jeder mißt sich. Auch ich vergleiche mich, aber ich setze nicht gleich. Wie sollte unsereins dem sprachmächtigen Judenfresser Martin Luther das Wasser reichen können? Und außerdem ist mein Konvolut aus Glücksfunden – weiß Gott – keine Bibel. Es sind ein paar singbare Lieder und brauchbare Verse. Für manchen Leser vielleicht ein Stück frisches Seelenbrot oder ein würziger Honigkuchen, ein Knust Schwarzbrot der Rebellion, Knäckebrot und dröge Mazze, ungesäuerte Fladen, steinharter Schiffszwieback, Sahnetorte für die Verliebten, knusprige Kekse. Und: lecker Nußpips für brave Menschenkinder.

Was soll das nun wieder bedeuten: Nußpips?!

Fliegen mit fremden Federn

griech. „pan" — das Ganze
und „melos" — das Lied

Dieses Buch gehört meiner Schönen
— Pamela ist ja mein Lebenslied.

W B.

ein populäres Lied in Griechenland:
Dionysos Savopoulos ist dort eine Art
Bob Dylan.
Nach der Ausbürgerung 1976 mein
erstes Konzert in Athen. Als wir uns
da trafen, sagte er mir: „Du mußt
hier im Westen nur ein einziges Wort
neu lernen: Nein!
Ja, die Kunst des Nein-Sagens ist
im Osten eine ganz andere gewesen.

Dionysios Savvopoulos
I Demosthenous Lexis
Marsch eines Gefangenen auf
schwankenden Füßen oder
Demosthenes' Lied

Und komm ich raus aus diesem Knast
Wird auf mich warten kein Mensch, kein Schwein
Fremd wird mir unsere Straße sein
Die Stadt ein Schuh, der nicht mehr paßt
Die Kneipen zu – kein Kumpel mehr
Die haun hier ab – wo sind die hin
Und Wind, er treibt mich vor sich her
Wenn ich aus diesem Knast raus bin

Die Sonne wird dann unter sein
Schläft in den Trümmern von Korinth
Die Freunde wie die Feinde sind
Nur Mythen noch. Und dann sind zu Stein
Erstarrt Ganoven, Redner und
Propheten – Hur'n von damals: stumm
Mit starrem Blick und offnem Mund
So stehn sie in der Landschaft rum

Und werd ich erst mal vor dem Tor
Mit unterm Arm mein Bündel stehn
Den Wächter (und er wird's nicht sehn)
Grüß ich mit Finger übers Ohr
Lauf los, mit durchgelaufnen Schuhn
Find ich mich auf dem Weg allein
Nach all dem Schweigen werd ich nun
Ein Rufer in der Wüste sein

Grandola, vila morena

Grandola, vila mo-re — — na
sag, was ist aus dir ge-wor .....den
Lied des Sieges dort in Sü Mor .....den
und der Hoffnung hier im Nor .....den
Grandola, vila Mo-re ......na
ach, wie schnell verbrennt ein Le-.....ben
ewig dauert eine Knechtschaft nur
bis die Knechte sich er he.......ben

José Afonso
Grândola, Vila Morena

Grândola, Vila Morena
Sag, was ist aus dir geworden
Lied des Sieges dort im Süden
Und der Hoffnung hier im Norden
Grândola, Vila Morena
Ach, wie schnell verbrennt ein Leben!
Ewig dauert jede Knechtschaft bloß
Bis die Knechte sich erheben

Dieses deutsche Deutschland ist sehr kalt
Grândola, Vila Morena
Und eh sich hier etwas ändern wird
Sind vielleicht schon unsre Kinder alt
Singt nicht mehr den deutschen Trostgesang:
»Unsre Enkel fechten's besser aus ...«
Denn die Zeit, die uns zum Warten bleibt
Ist schon längst nicht mehr genügend lang

Ja, José Afonso, sing dein Lied
GRANDOLA, VILA MORENA!
Und ich denk dabei an Portugal
Und an Köln, Berlin und Jena
Grândola, Vila Morena
Sag, was ist aus dir geworden
Lied des Sieges dort im Süden
Und der Hoffnung hier im Norden

*dieses Lied war im Radio das verabredete
Signal zum Losschlagen gegen die Diktatur.
Er selbst war sanft, wie alle echten Radikalen.*

23

Guajira —— was ist das? ein spanischer Musikstil, der als eine „weiße" Musik zu den dunklen Cubanern kam? Aber ein guajiro ist ein Bauer ... also hier eine weiße Bäuerin, ein Mädchen aus Guantánamo??

Egal! In der DDR, in Ostberlin dufteten diese Worte nach Rohr-Zucker, nach Rum, nach Rebellion, nach Freiheit.

José Martí, der Dichter. Er ist gefallen im Krieg gegen die Kolonialmacht Spanien sic! 1895; aber es lebte ⟶ ⟶ Esteban El Cimarrón !!

——————— 4 ———————

José Martí
Guantanamera

Ich bin ein Mensch, ungebrochen
Von da, wo Zucker wie Wald wächst
Bevor ich sterben muß, rede
Ich mir mein Lied von der Seele
      Guantanamera, guajira Guantanamera ...

Mein Lied ist grün, wie das Licht grün
Und ist aus Gluten ein Blutrot
Und ist ein Mann, tief verwundet
Der sich verbirgt in den Bergen
      Guantanamera, guajira Guantanamera ...

Mit all den Armen der Erde
Will ich verdursten und trinken
Der kühle Bach im Gebirge
Den mag ich mehr als die Meere
      Guantanamera, guajira Guantanamera
      Guantanamera, guajira Guantanamera

Gib deine Hand dem Indio

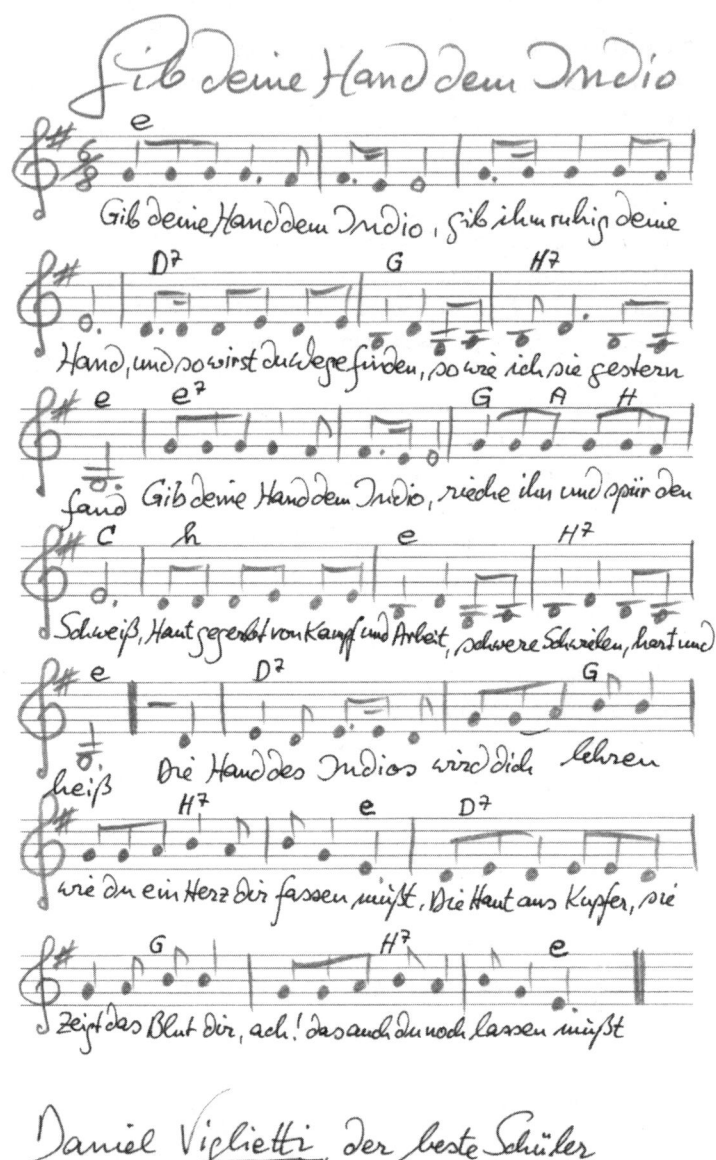

Gib deine Hand dem Indio, gib ihm ruhig deine Hand, und so wirst du wege finden, so wie ich sie gestern fand Gib deine Hand dem Indio, rieche ihn und spür den Schweiß, Haut gegerbt von Kampf und Arbeit, schwere Schwielen, hart und heiß Die Hand des Indios wird dich lehren wie du ein Herz dir fassen mußt, Die Haut aus Kupfer, sie zeigt das Blut dir, ach! das auch du noch lassen mußt

Daniel Viglietti, der beste Schüler des Meisters in Argentien, „Don Ata" genannt: Atahualpa Yupanqui. Und mein großmütiger Freund, und inverdrossener Liebhaber der stinkenden Revolution in Cuba.

Daniel Viglietti
Dale tu mano al indio
Gib deine Hand dem Indio

Gib deine Hand dem Indio
Gib ihm ruhig deine Hand
Und so wirst du Wege finden
So, wie ich sie gestern fand
Gib deine Hand dem Indio
Rieche ihn und spür den Schweiß
Haut, gegerbt von Kampf und Arbeit
Schwere Schwielen, hart und heiß
      Die Hand des Indios, sie wird dich lehren
      Wie du ein Herz dir fassen mußt
      Die Haut aus Kupfer, sie zeigt das Blut dir,
      Ach, das auch du noch lassen mußt

Gib deine Hand dem Indio
Gib ihm ruhig deine Hand
Und du wirst Wege finden
So, wie ich sie gestern fand
Jetzt ist die Zeit des Kupfers
Mestize, Gewehr und Schrei
Wenn sich das Tor nicht öffnet
Drückt das Volk es eben ein
      Das andre Amerika, ja! es reckt sich
      Mit Schmerz und Lust und Zorn und Schrei'n
      Und blaues Licht bricht durch die Wolken
      Und unser Land kann unser sein

Land ohne Herrn und Knechte
Land ohne Arm und Reich
Und auch ich kann endlich ICH sein
Denn da sind ja alle gleich
Und mein Lied singt ohne Maulkorb
Und kein Boß mehr macht uns Dampf
Die Gitarre, endlich wieder
Lernt das Singen neu im Kampf

Daniel Viglietti
Por todo Chile
Für ganz Chile

Nein, nein, nein
Das sind nicht Glocken, nein, nein
Nicht Totenglocken, das sind ja Glocken
Glocken des Lebens, des Volkes Glocken
Die Compañeros alle bewaffnet
Viel hunderttausend in ganz Chile

Ja, ja, ja
Das sind Proleten, ja, ja
Und das sind Bauern und sind Mineros
Und sind Studenten, und die besetzen
Das ganze Land jetzt, die Fahnen wehen
Viel hunderttausend in ganz Chile

No, no, no
Keiner vergißt dich, no, no
Manuel Rodriguez, aus deinem Schweigen
Blühn uns die Veilchen und neue Wege
Wie bunte Blumen wachsen die Kinder
Viel hunderttausend in ganz Chile

Ja, ja, ja
Unser das Kupfer! Ja! Ja!
Aber das reicht uns ... noch nicht, wir wollen
Auch, was uns niemals gehörte: Alles!
Weil wir es einfach uns nehmen: Alles
Viel Hunderttausend in ganz Chile

No, no, no
Wir leere Hände? No, no
Wenn sie uns fragen, geben wir Antwort
Mit unsrer Pflugschar und mit dem Hammer
Und mit den Kämpfern, den Guerilleros
Viel hunderttausend in ganz Chile

Sí, sí, sí
Ja, und mit Freuden, ja, ja
Das Volk erobert die Cordilleren
Die ganze Heimat, die stolze Schöne
Die zärtlich Starke wird es erobern
Das Volk bewaffnet, in ganz Chile

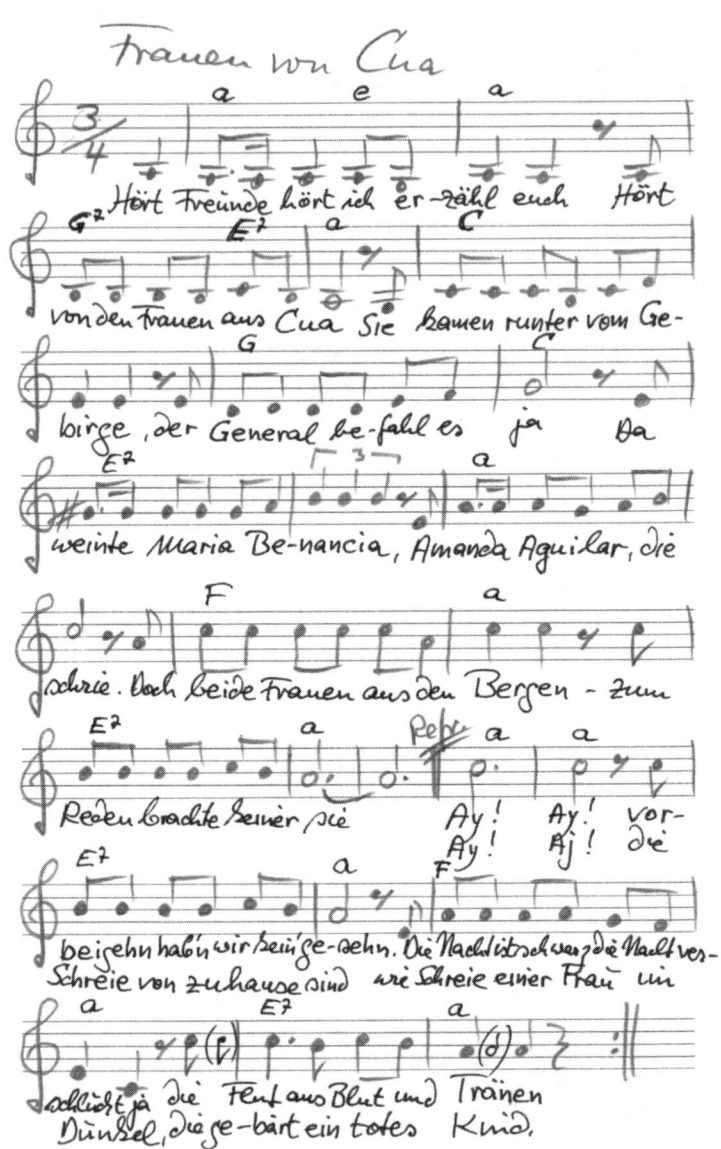

Ernesto Cardenal
Las mujeres del Cuá
Die Fraun von Cuá

Hört, Freunde, hört, ich erzähl euch
Hört von den Fraun aus Cuá
Sie kamen runter vom Gebirge
Der General befahl es ja
Da weinte Maria Benancia
Amanda Aguilar, die schrie
Doch beide Frauen aus den Bergen
Zum Reden brachte keiner sie

> Ay! Ay! Vorbeigehn haben wir kein' gesehn
> Die Nacht ist schwarz, die Nacht verschluckt ja
> Die Flut aus Blut und Tränen
> Ay! Ay! Die Schreie von zu Hause sind
> Wie Schreie einer Frau im Dunkel
> Die gebärt ein totes Kind

Verschwunden auch Chico Gonzales
Ihn holten sie sich in der Nacht
Und keiner hat ihn mehr gesehen
Den haben sie wo hingebracht
Den Esteban! und Juan Hernandez
Die steckten sie ins Flugzeug, ja
Und als die Kiste wieder landet'
Warn beide Männer nicht mehr da

> Ay! Ay! Vorbeigehn haben wir kein' gesehn
> Die Nacht ist schwarz, die Nacht verschluckt ja
> Die Flut aus Blut und Tränen
> Ay! Ay! Die Schreie von zu Hause sind
> Wie Schreie einer Frau im Dunkel
> Die gebärt ein totes Kind

Die arme Candida Martinez!
Ein Bulle von der Guardia
Der packte sie und knurrte: Mach schon!
Und wasch mir meine Hosen mal!
Die Bäuerin im Straßengraben
Geschändet! Und der Macho-Mann
Der hat dabei gelacht und zog sich
Die Hosen lässig wieder an

> Ay! Ay! Vorbeigehn haben wir kein' gesehn
> Die Nacht ist schwarz, die Nacht verschluckt ja
> Die Flut aus Blut und Tränen
> Ay! Ay! Die Schreie von zu Hause sind
> Wie Schreie einer Frau im Dunkel
> Die gebärt ein totes Kind

Armee durchkämmte die Dörfer
Der Mais, er blühte tausendfach
Da fiel Mathilda einer Horde
Soldaten in die Hände, ach
Und beim Verhör, da traten
Sie ihr das Baby aus dem Bauch
Und all das hat mir ja verraten
Am Wegesrand ein Strauch

> Ay! Ay! Vorbeigehn haben wir kein' gesehn
> Die Nacht ist schwarz, die Nacht verschluckt ja
> Die Flut aus Blut und Tränen
> Ay! Ay! Die Schreie von zu Hause sind
> Wie Schreie einer Frau im Dunkel
> Die gebärt ein totes Kind

Atahualpa Yupanqui

Lloran las ramas del viento
Der Wind wird wohl wissen, was er weint

Der Wind wird wohl wissen, was er weint
Der Wind, wenn er weint im Gezweig
Ich aber, ich hab nur das Singen gelernt
Und sterbe ja, wenn ich schweig

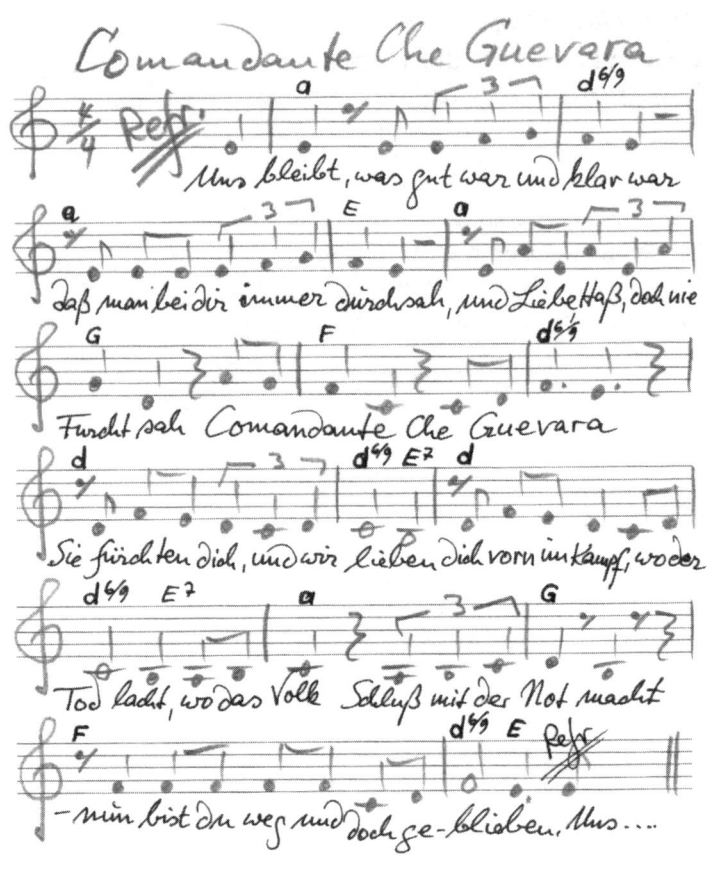

Comandante Che Guevara

Refr.

Uns bleibt, was gut war und klar war

daß man bei dir immer durchsah, und Liebe Haß, doch nie

Furcht sah Comandante Che Guevara

Sie fürchten dich, und wir lieben dich vorn im Kampf, wo der

Tod lacht, wo das Volk Schluß mit der Not macht

— nun bist du weg und doch ge-blieben. Uns ....

Die „Weltfestspiele der Jugend und Studenten"
in Ostberlin 1973. Ich, nun schon über
7 Jahre total verboten, bot den SED-Fürsten
an, daß ich das Lied aus Cuba aufm Alex
singen könnte. — Aber was Wunder:
Nix da! Und überhaupt: die viel zu frei
in mein Deutsch gebrachte 2. Strophe!

Carlos Puebla
Comandante Che Guevara

Uns bleibt, was gut war und klar war:
Daß man bei dir immer durchsah
Und Liebe, Haß, doch nie Furcht sah
Comandante Che Guevara

Sie fürchten dich, und wir lieben
Dich vorn im Kampf, wo der Tod lacht
Wo das Volk Schluß mit der Not macht
– nun bist du weg und doch geblieben!
Uns bleibt, was gut war und klar war ...

Und bist kein Bonze geworden
Kein hohes Tier, das nach Geld schielt
Und vom Schreibtisch aus den Held spielt
In feiner Kluft mit alten Orden
Uns bleibt, was gut war und klar war ...

Ja, grad die Armen der Erde
Die brauchen mehr, als zu fressen
Und das hast du nie vergessen:
Daß aus den Menschen Menschen werden!
Uns bleibt, was gut war und klar war ...

Der rote Stern an der Jacke
Im schwarzen Bart die Zigarre
Jesus Christus mit der Knarre
– so führt dein Bild uns zur Attacke
Uns bleibt, was gut war und klar war:
Daß man bei dir immer durchsah
Und Liebe, Haß, doch nie Furcht sah
Comandante Che Guevara

Victor Jara
Estadio Chile
Stadion Chile

Fünftausend sind wir
Allein in diesem kleinen Teil der Stadt, hier
Sind wir fünftausend.
Und wieviel wohl im ganzen: im ganzen Land
Und wie viele müssen das sein in dieser Stadt!
Allein hier: zehntausend Hände, gut
Zum Säen, gut, Fabriken in Gang zu halten.
Was für ein Stück Menschheit, ausgeliefert
Dem Hunger, den Kälten, Furcht, Panik und Schmerz!
Und dem moralischen Druck, dem Terror, dem Wahnsinn
Ausgeliefert.

So aber mischten sich sechs von uns unter die Sterne des Alls
Gestorben: einer. Ein Geprügelter, zerprügelt
Wie ich nie geglaubt hatte, daß Menschen
Menschen so schlagen können. Die anderen
Vier auf der Flucht vor ihren Ängsten in die Tiefe
Schmissen die einen sich tot. Die andern
Zerschlugen sich an der Mauer den Kopf. Alle aber
Alle auf den Tod den Blick fest gerichtet.
Das Gesicht des Faschismus, welches Grauen macht uns das!
Ihre Pläne führen sie aus, mit Präzision – egal, was kommt
Unser Blut – ihre Orden!

Mensch, Gott, was für eine Welt hast du geschaffen
In der ein Massaker ein Ausweis ist für Heldentum!
Das haben wir von deinen sieben
                    Tagen Wunder-Tun und Arbeit.

Eine Zahl nur gibt's in dieser Riesengrube, die nicht steigt:
Die Zahl all jener, die sich nach dem Tod zersehnen. Aber
Plötzlich reißt mich mein Gewissen, und ich sehe
Ohne Zittern diese Zeichen: Über uns
Die Last der Panzer, über uns die Masken der Soldaten.
Und Mexiko! Und Kuba! Die Welt!
                                    Die ausschreit dieses Blutbad
Zehntausend Hände sind wir, gut zur Arbeit
Wieviel im ganzen sind das wohl in meinem Land!
Stärker als Bomben schlägt und stärker als Geschosse
Das Blut unseres Genossen Präsidenten
Und schlagen auch wird unsre Faust und wird und wieder ...
Ay, mein Lied, wie schwer du dich singst, singen muß ich ja
Den Schrecken ...!
Was ich sehe, sah ich nie.
Nie auch fühlte ich, was ich jetzt fühle.

Patricio Manns
La dignidad se convierte en costumbre
So wurde zur Gewohnheit

So schwieg er: mit dem Schweigen
der Steine auf dem Meeresgrund
das Gewissen bedroht vom Stahl
Und wie der Tod das Messer wetzte
fühlte er es: wie er entkleidet wurde
des Blutes
der Haare und Nägel entkleidet
der Augen und der Haut
als seien sie ein lästiges Gepäck
oder auch Vorhang oder Gardine
oder ein blindes Fenster
das sich in den Weg stellt
dem Blick des Henkers auf
Bautista van Schouwen, Genossen

Und schweigt so sehr!
Wer hätte gedacht, daß einer seine Haltung
vollenden kann durch Schweigen! Und so
an ihre Würde erinnert
die Gattung Mensch. Auf seinen
brennenden Körper zog er Schläge, die
seinem Volk bestimmt sind, die Dornen, die Ketten

Bautista van Schouwen: hinausgewachsen
über sich selber, gereift
zu einer Frucht voller Samen
zeigte er uns jene Würde, damit wir
sie uns zur Gewohnheit machen
und einpflanzen
in alle Gefängnisse dieser Welt

So verschloß er sein Gedächtnis
so verschloß er seinen Mund
so sagte er kein Wort: nicht
einen Namen, nicht
ein Datum, nicht
ein Land, nicht
einen Fluß! nicht
eine Blume! nicht
einen Wald! nicht
eine Biene, die
einen Hinweis liefern könnte
den Henkern seines Volkes.

Das ist alles. So
einfach ist alles, Genossen:
Im harten Angesicht der Tatsachen
schneidet er ein wie das Wasser des Wasserfalles
und redet unbesiegbar sein Schweigen
wird selbst zu glühendem Metall
wird unwegsamer Wald
umgürtet vom Triumph beschämt er
die Krallen
die seine Haut zerpflügt haben
So verwandelte seine Qual sich
in eine Ackerfurche, so
– als sie ihn zur Erde niederschlugen –
pflanzten sie selbst! seinen Samen

Patricio Manns

Ya no somos nosotros
Wir sind nicht mehr wir selber

So was soll's geben! So sehn wir aus:
Als gehörte uns unser Land
Und doch, unser Leben ist nichts als Krieg
Ums Brot, um das nackte Leben

Was sind wir nun: arm? nein? oder reich?
Wer weiß! Und ich weiß nur das:
Unter den Tränen meines Volks
Blüht auf ein empfindsamer Haß

Verflucht, kaum schrei ich die Wahrheit aus
Daß es hier in der Gegend Metall gibt
Schon kommt von Norden ein Gringo hoch
Und kratzt es raus und läßt uns das Loch

Kaum schrei ich die Wahrheit aus, verflucht
– daß ich frei bin! Ja, und ein Befreier –
Prompt klaun sie mir die Klamotten und
Verpassen mir Sträflingskluft!

Meinen Großvater hat diese Erde ernährt
Meinen Vater noch und meine Mutter
Doch ich, mich setzten sie in diese Welt
Und hab nicht mal einen Hund, der mir bellt

Was sonst! Ich verteidige hier mein Recht
Und nicht diese Rechte der andern!
Verflucht, aber was gehört uns hier noch?
Wir gehörn uns ja nicht mal mehr selber!

Dies Tal hier gehört uns schon lange nicht mehr
Und den Berg sind wir losgeworden
Was wir hier erschuftet haben, es geht
Uns flöten! Und zwar nach Norden

Chacarera! Chacarera!
Chacarera meiner lausigen Hütte!
Und wenn ich mich krummleg – ich kann allein
Von dieser Plage mich nicht befrein

Patricio Manns
Los libertadores
Die Befreier

Wind aus der Ebene
Carrera kommt, ay!
Carrera kommt, ja!
Carrera kommt, schon!
Das Eisen erhebt er
gegen diese Herrschaft
bewaffnet ist seine Hand
und Chile zittert, ay!
und Chile hofft, ja!
und Chile springt, schon!

Wind von den Gipfeln
Manuel Rodriguez, ay!
Manuel Rodriguez, ja!
Manuel Rodriguez, schon!
Ein Leuchtzeichen ist er
und mit ihm viel Volk
bewaffnet ist sein Arm
die Stirne klar, ay!
die Stirne stolz, ja!
die Stirne entschlossen, schon!

Der eine ging vorüber und legte das Feuer
der andere strahlte und trug das Feuer weiter
da hoben sich Brust und Brust, die Hände bewaffneten sich
und mitten unter dem Volk wurden sie mehr und mehr

Wind dieser Zeit
wilde Morgenröte, ay!
wilde Morgenröte, ja!
wilde Morgenröte, schon!

Die Helden von gestern, heute
wehn sie wie Fahnen uns in der Brust
Und andere werden noch kommen
auch wenn die es nicht wolln, ay!
auch wenn die es nicht wolln, ja!
auch wenn die es nicht wolln, grad!

Der eine ging vorüber und legte das Feuer
der andere strahlte und trug das Feuer weiter
da hoben sich Brust und Brust, die Hände bewaffneten sich
und mitten unter dem Volk wurden sie mehr und mehr

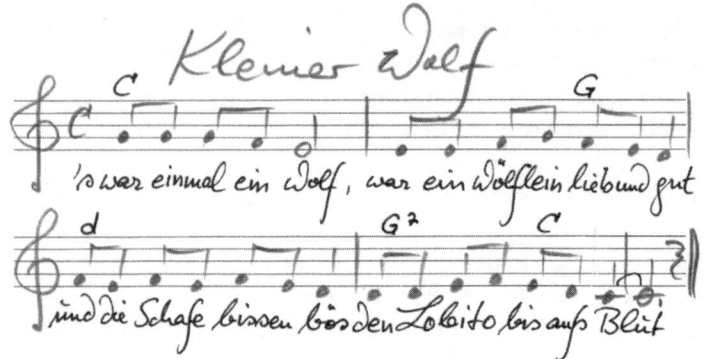

Kleiner Wolf

's war einmal ein Wolf, war ein Wölflein lieb und gut
und die Schafe bissen bös den Lobito bis aufs Blut

José Agustín Goytisolo
El lobito bueno
Lobito

's war einmal ein Wolf
War ein Wölflein lieb und gut
Und die Schafe bissen bös
Den Lobito bis aufs Blut

Und ein schöner Prinz
Aber der war hundsgemein
Und 'ne Hexe – hübsch war die
Und ein Räuber, der war fein

So verdrehte Welt
Träumte ich in echt
All die Bösen waren lieb
Und die Guten schlecht

Morgentau

Wach wach lag ich die Nacht. Auf
Gräsern glänzt der Tau. Der Morgentau glänzt
nobler noch als alle Perlen-pracht

Tod-traurig schlägt mein Herz. Am
Hügel hinterm Haus pro-bier ich trotz der
Kümmernis ein

kleines Lächeln aus Blutrot steigt der
Sonnenball vom Friedhof. Doch erst dann zeigt die
Mittagshitze an, ob ich widerstehen
kann. Der Weg ist voll Ge-fahr, wird
wüst sein, hart und weit. Und doch, jetzt laß ich
hinter mir mein elend altes Leid

Kim Min'Gi
Achimiseul
Morgentau

Wach wach lag ich die Nacht
Auf Gräsern glänzt der Tau
Der Morgentau glänzt nobler noch
Als alle Perlenpracht
Todtraurig schlägt mein Herz
Am Hügel hinterm Haus
Probier ich trotz der Kümmernis
Ein kleines Lächeln aus

Blutrot steigt der Sonnenball
Vom Friedhof. Doch erst dann
Zeigt die Mittagshitze an
Ob ich widerstehen kann
Der Weg ist voll Gefahr
Wird wüst sein, hart und weit
Und doch: Jetzt laß ich hinter mir
Mein elend altes Leid

Die Musik ist nicht grade typisch für
das, was sich ein Europäer unter einem
fernöstlichem Stil vorstellt. Aber
in Südkorea war es die Hymne der
Opposition gegen die Militär-Diktatur

Jiří Suchý

Spím
Ich schlaf so tief

Meine Herrn, es tut mir leid
Meine Damen, keine Zeit!
Ich schlaf so tief, so tief

Wenn's dir Spaß macht, bitte sehr
Morgen früh komm wieder her –
Jetzt schlaf ich tief, so tief

Und ich schwimme im Traum
Durch die Zeit, durch den Raum
Oben-unten gibt es nicht mehr
Vorne-hinten, federleicht-schwer
Himmelhoch und höllentief
Gerade ist die Welt und schief
Ich schlaf so tief, so tief

Ganz egal, ob ich es brauch
Schlaftabletten schluck ich auch
Ich schlaf so tief, so tief

Bitte schön, nicht sauer sein!
Tut mir leid, ich kann nicht schrein
Ich schlaf tief, so tief

Und mein Traum ist verrückt
Jungs, ich bin ganz verzückt!
Tausend Töne tanzen im Raum
Stellt euch vor: Ich höre im Traum
Tausend Klarinetten spieln
Jetzt kann ich es selber fühln:
Ich schlaf so tief, so tief

Keine Ahnung, wo ich bin
Wo geht meine Reise hin
Ich schlaf so tief, so tief

Träume kriegst du nicht für Geld
Sie sind nicht von dieser Welt
Ich schlaf tief, so tief

Hängt ein Apfel im Baum
Und ein Mädchen im Traum
Leute! Bitte schüttelt mir nicht
Aus dem Traum ihr Apfelgesicht!
Meine Herrn, es tut mir leid
Wirklich, ich hab keine Zeit
Ich schlaf so tief, so tief

daß er bliebe ewig mich nur liebe

das sah nur der Mond und ein alter Mann

Text gesprochen: "Seine Augen tasteten immer zu meinen Körper ab...

Ich war im ganzen noch ein halbes Kind, er nannte mich schon seine Frau. Und nun probiert er ob die andern anders sind. Wie ich bin weiß er ja ge-nau

Hannah Hegerova sang dies Lied auch in den beiden Deutschländern: tschechisch vorweggespielte Wiedervereinigung.

Jiří Suchý
Student s rudýma ušima
Student mit den roten Ohrn

Student mit den roten Ohrn,
Begierde brennt ihm immer
Im Gesicht
Nacht für Nacht macht er verworrn
Ein großes Mädchen
Mit einem kleinen Gedicht

An einem Morgen hat er sich davongemacht
Der Regen schlug ihm ins Gesicht
In tausend Tränen tropfte trübe Traurigkeit
Und ob er wiederkäme, sagt' er nicht
Student mit den roten Ohrn

Natürlich war ich selber dieses dumme Mädchen
Nacht für Nacht hat er mich wach und müd gemacht
Mit den roten Ohren
Damals hat er mir geschworen,
Daß er bliebe
Ewig mich nur liebe
Das sah nur der Mond – und ein alter Mann

Student mit den roten Ohrn
Seine Augen tasteten immerzu
Meinen Körper ab
Wie die Radarschirme den Himmel
Nach den silbernen Vögeln des Vergnügens
Wohl des Verderbens auch

Ich war im ganzen
Noch ein halbes Kind
Er nannte mich schon seine Frau
Und nun probiert er
Ob die andern anders sind –
Wie ich bin
Weiß er ja genau.

Jiří Suchý

Tereza
Barbara

Allein für Barbara
Ist dieses Lied, für sie allein
Ihr Frauen müßt verzeihn
Es kann nicht anders sein
Denn nur für sie allein
Lebe ich ja und singe

Barbara, niemand als Barbara
Ist schuld, daß ich mein Lied hier schrei
Das Lied ist für die Katz
Das Lied ist kein Ersatz
Für Liebe, wie schön
Es auch sei

Barbara, ach sag mir, Barbara
In welchem Eisschrank liegt dein Herz
Ich singe, und ich glaub
Sogar dein Ohr ist taub
Sogar die Steine rührt mein Schmerz

Vielleicht erst in zwei, drei Jahren
Begreift sie mich, und wir erfahren:
Liebe, unerwidert
Sie betört uns
Und zerstört uns

Barbara, ich frag dich, Barbara
Die Frage steht mir im Gesicht
Verdammt! Begreifst du nicht
Warum mein Mund nicht spricht?
Ich bitt' dich
Mach's mir nicht so schwer

Oči má sněhem zaváté
Schneeverweht ist ihr Augenpaar

Schneeverweht ist ihr Augenpaar
Kältestarr steht ihr Mund
Weht der Frost durch ihr Herz sogar
Die Seele kühl
Ohne Gefühl
Bis auf den Grund

Streift dein Blick meine Schulter nur
Fällt ein Stück harter Schnee
In mein Herz. Schwester, die Tortur
Macht mich so kalt
Macht mich so alt
Tut mir so weh

Und ich schwimm durch die Straßen
Und ich seh all die Menschen
Kalte Fische in Massen
Keiner kümmert sich drum
Und ich kann dich nicht lieben
Und ich darf dich nicht hassen
Schrei ich das Lied meiner Sehnsucht
Schrei ich und bin doch stumm

Schneeverweht ist ihr Augenpaar
Kältestarr steht ihr Mund
Frag mich nicht, wo ich gestern war
Ich bin allein mit meinem Weh
Muß wohl so sein
Hat keinen Grund
Laßt mich allein
Muß wohl so sein
Daß ich zugrunde geh

Giacomo Leopardi
L'Infinito
Das Unendliche

Lange schon liebte ich jenes hehren Hügels Kamm
Auch dies Gehölz, weil's meinem Auge verwehret
Der Horizonte allerletzten und ganz zu sehn

Doch jetzt, wie ich dasitz und schau in Gedanken
Unendliche Räume dort jenseits des Holzes
Ein Schweigen, noch tiefer, als Menschen je können

Nun spüre ich Ruh bis zum dunklen Grund
So daß mir das Herze im Schreck fast erstarret
Und lausch ich dem Wehen des Winds in den Zweigen

Dann denk ich mir: Grad so wie diese Stimme
Wenn sie mich überkommet, muß ewige Stille wohl sein
Ein Klingen aus Jahreszeiten, wo alles erstirbt

Wie jetzt auch lebendig. Und so in den Weiten
Die keiner je maß, versenkt sich mein Denken
Und süße ist mir der Schiffbruch in diesem Meer

Giacomo Leopardi (1798–1831) war ein Zeitgenosse der Romantik, strebte aber eine Dichtung nach klassizistischem Vorbild an, sein hoher Stil erinnert mehr an Hölderlin als an die tümlichen teutschen Romantiker. Er selbst gilt als der größte Lyriker nach Petrarca. Nach seiner Lebensauffassung gibt es beim Menschen Glücksgefühle nur als Frucht einer blühenden Phantasie, die auf dem fruchtbaren Boden einer soliden Täuschung wächst. Dieses Gedicht »L'Infinito« liefert uns den Schauder vor dem letzten der Horizonte. Leopardis weltschmerzliche Krankheit zum Tode zieht mich nicht runter. Auch ich habe ja längst durchschaut, daß die Sehnsucht nach dem Totsein nichts anderes ist als die spiegelverkehrte Sehnsucht nach einem lebendigeren Leben.

"Us emene lääre Gygechaschte"

Berner Deutsch geschrieben von Franz H.

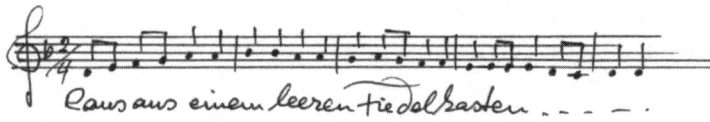

Raus aus einem leeren Fiedelkasten . . . . .

In der Schweiz haben wir die Berge Größe!
— so giftete Brecht. Seit paar hundert
Jahren kein Krieg. Aber der Mani Matter!
1936 geboren. Bevor wir uns trafen
starb er. Übermüdet kam er nach
einem Konzert im klapprigen Auto
von Weg nach Zürich ab. Verabredet
mit seinem Freund Franz Hohler 1972.
Wenn es so ist, wie der mir über den
Berner Liedermacher erzählt, war
Mani Matter mein Zwillingsbruder.
Bloß ich die deutsche Querköpfe.

56

Mani Matter
Us emene Lääre Gygechaschte
Der Mani Matter aus Bern ist tot

Der Mani Matter aus Bern ist tot
Er ist gefallen. Gefallen
Mitten im Frieden, mitten
Im großen Krieg auf der Autobahn

Raus aus einem leeren fiedelkasten
zieht er sein instrument
und der kasten verschwindet

und er spielt ohne bogen
das lied ohne worte
und er trägt ein' zylinder
aber drunter kein' kopf
und kein' hals und kein' bauch
keine arm', keine bein'
– das hat er alles verloren im krieg

und so bleibt nur sein lied
nur das lied ist noch da
denn auch ein' zylinder
hat er nie keinen g'habt

Ach, Mani Matter, was für ein Frieden
Was für ein Krieg
Ach, was für ein Tod
Ach, was für ein
Ach, was für ein klein
ein lustig Lied
zum Traurigsein

Und traurig macht das Leben und
traurig macht der Tod. Und
mit'ne dicke Freundin, da hat man seine
Not wenn man jung ist
ein traurig Liedchen zum Lustigsein

Och lessamt är att leva
Und traurig macht das Leben

Und traurig macht das Leben
Und traurig macht der Tod
Und mit 'ne dicke Freundin
Da hat man seine Not
    Wenn man jung ist

Du glaubst wohl, ich bin traurig
Ach, laß! Das wird schon wer'n
Und willst du mich nicht haben
Hab ich 'ne andre gern
    Weil ich jung bin

Die Bauern, die betrog ich
Und ich betrog den Pfaff
Und einen Sack voll Mädchen
In unserm kleinen Kaff
    Weil ich jung bin

Die Mädchen machen Hochzeit
Und alle noch dies Jahr!
Sie gingen auf die Dörfer
Und nahmen, was da war
    Weil sie jung sind

Mag sein, man kann gut leben
Zu zweit mag das wohl gehn
Die Welt bleibt nicht so einfach
Wie wir die Welt wohl sehn
    Weil wir jung sind

AUS DEM SCHWEDISCHEN

59

Wer kann segeln

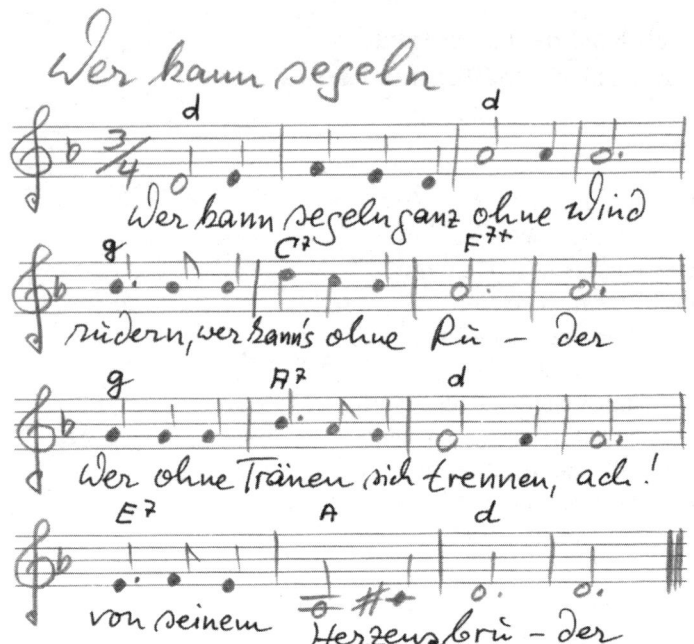

Wer kann segeln ganz ohne Wind
rudern, wer kann's ohne Ru — der
Wer ohne Tränen sich trennen, ach!
von seinem Herzens brü — der

Vem kan segla förutan vind?
Wer kann segeln ganz ohne Wind?

Wer kann segeln ganz ohne Wind?
Rudern, wer kann's ohne Ruder?
Wer ohne Tränen sich trennen, ach!
Von seinem Herzensbruder?

Ich kann segeln ganz ohne Wind
Rudern kann ich ohne Ruder
Doch ohne Tränen mich trennen nicht
Von meinem Herzensbruder

Pulli schnull is Mamas Kind

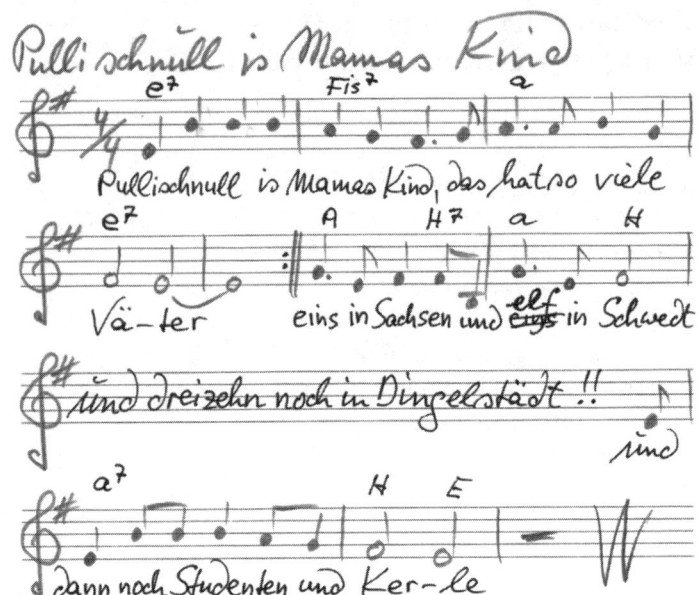

Pullischnull is Mamas Kind, das hat so viele Vä-ter
eins in Sachsen und elf in Schwedt
und dreizehn noch in Dingelstädt !!
und dann noch Studenten und Ker-le

Tusse, lulle mamas barn
Pullischnull ist Mamas Kind

Pullischnull ist Mamas Kind
Das hat so viele Väter

Pullischnull ist Mamas Kind
Das hat so viele Väter
     drei in Sachsen
          und elf in Schwedt
              und dreizehn noch in Dingelstädt
Und dann noch Studenten und Kerle

Tanz was, kleine Puppi

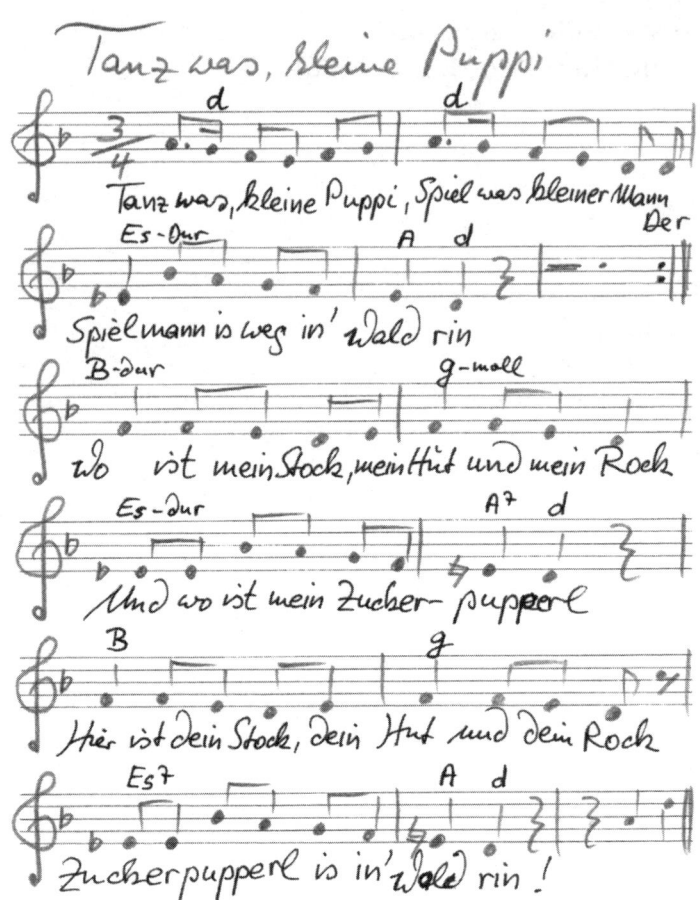

Tanz was, kleine Puppi, Spiel was kleiner Mann
Der Spielmann is weg in' Wald rin
Wo ist mein Stock, mein Hut und mein Rock
Und wo ist mein Zucker- pupperl
Hier ist dein Stock, dein Hut und dein Rock
Zuckerpupperl is in' Wald rin!

Dans en liten, docka
Tanz was, kleine Puppi

Tanz was, kleine Puppi
Spiel was, kleiner Mann
Der Spielmann is weg in'n Wald rin

Tanz was, kleine Puppi
Spiel was, kleiner Mann
Der Spielmann is weg in'n Wald rin

Wo ist mein Stock
Mein Hut und mein Rock?
Und wo ist mein Zuckerpupperl?

Hier ist dein Stock
Dein Hut und dein Rock
– Zuckerpupperl is in'n Wald rin!

Hofhund und Papagei

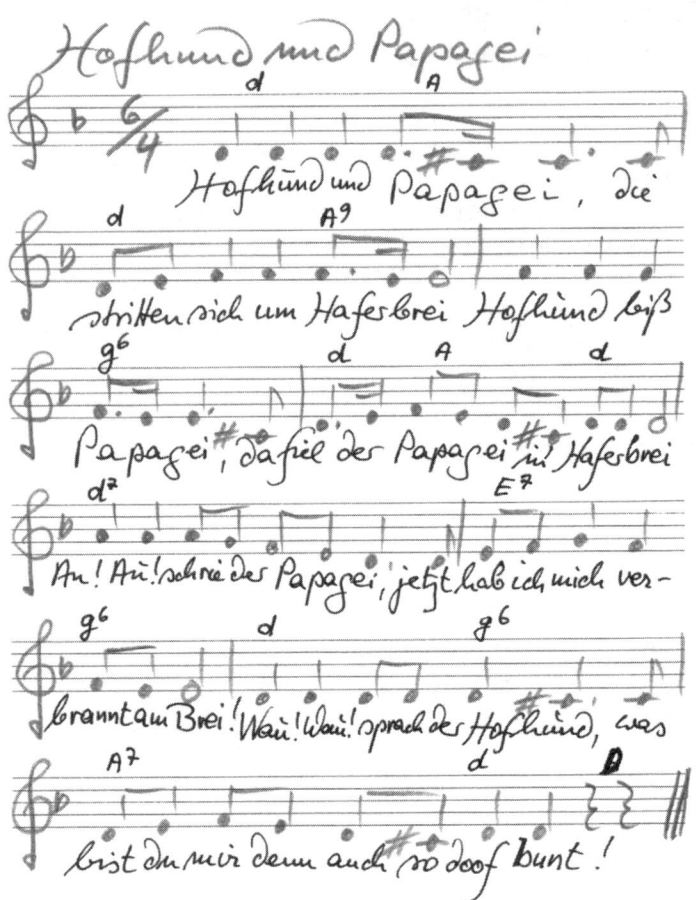

Katten ock killingen
Hofhund und Papagei

Hofhund und Papagei
Die stritten sich um Haferbrei
Hofhund biß Papagei
Da fiel der Papagei in'n Haferbrei

Au! Au! schrie der Papagei
Jetzt hab ich mich verbrannt am Brei!
Wau! Wau! sprach der Hofhund
Was bist du mir denn auch so doof bunt!

Küsse Lulle Lulle

Küsse Lulle Lulle für'ne Butterstulle

Gibst du mir die Stulle nicht, will ich auch kein

Lulle nicht, dann darf das Kind auch weinen

Tussa, Lulla, Lulla
Kusse, Lulle, Lulle

Kusse, Lulle, Lulle
für 'ne Butterstulle
Gibst du mir die Stulle nich
Will ich auch kein Lulle nich
– dann darf das Kind auch weinen

Kusse, Lulle, Lulle
für 'ne Butterstulle
Wenn ich Stulle kriege
Laß ich Lulle liege'
– dann darf das Kind auch schlafen

Kusch kusch kuller Bull

Kusch kusch kuller Bull Den
Kessel koch füll da kommen drei hungrige
Kerle Der ei-ne war lahm, und der
andre war blind, des dritte war bang, traut sich nicht rein, der
Dritte macht ein vor der Türe

Kuss kusserilull, kok kittelen full
Kusch-kusch, kuller-kull

Kusch-kusch, kuller-kull
Den Kessel koch full
Da kommen drei hungrige Kerle

Der eine war lahm
Und der andre war blind
Der dritte war bang
    der traut' sich nicht rein
      der dritte macht ein vor der Türe

Die vier Taler hab ich versoffen

Die vier Taler hab ich versoffen und
Futsch is futsch und hin is hin und

unsre buntgescheckte Kuh auch Schelte gabs die...
blank bist du und blank bin ich auch

war nicht schlecht gibts davon noch mehr, mir redt denn
geschiehts

durchgetanzt sind meine Schuh auch

das paßt: der 3/4-Takt ist auch angesoffen.

Fyra daler har jag supit opp
Die vier Taler hab ich versoffen

Die vier Taler hab ich versoffen
und unsre buntgescheckte Kuh auch
Futsch is futsch, und hin is hin
und ich bin blank, und blank bist du auch

Schelte gab's, die war nicht schlecht
Gibt's noch mehr davon, geschieht's mir recht
denn durchgetanzt sind meine Schuh' auch

Der Alte sprach zur Alten

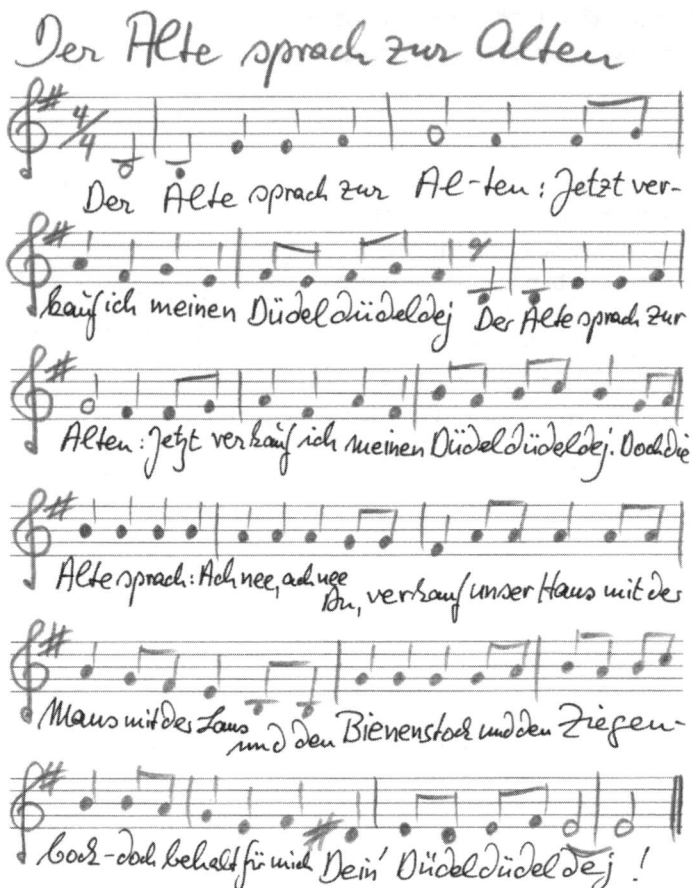

Der Alte sprach zur Al-ten: Jetzt verkauf ich meinen Düdeldüdeldej Der Alte sprach zur Alten: Jetzt verkauf ich meinen Düdeldüdeldej. Doch die Alte sprach: Ach nee, ach nee Du, verkauf unser Haus mit der Maus mit der Laus und den Bienenstock und den Ziegenbock – doch behalt für mich Dein' Düdeldüdeldej!

Säckpipan
Der Alte sprach zur Alten

Der Alte sprach zur Alten:
Jetzt verkauf ich meinen
Düdeldüdeldej

Doch die Alte sprach: Ach, nee! Ach, nee!
Du, verkauf unser Haus mit der Maus, mit der Laus
Und den Bienenstock und den Ziegenbock
Doch behalt für mich dein' Düdeldüdeldej!

Groß Manne

Groß Manne, klein Manne, ich treib das Vieh bald, komm

such mich, komm find mich, die Nacht hinterm Wald. Nu

ferkelt min Sau, nu kalbt min Kau jo-jo — ja-ja. Wie

kriegi ich ein' Mann, der Gras mahn kann im Sommer

Stor-Ola, Lill-Ola
Groß Manne, klein Manne

Groß Manne, klein Manne
Ich treib das Vieh bald
Komm, such mich – komm, find mich
Die Nacht hinterm Wald

Nu ferkelt min Sau
Nu kalbt min Kau
Joh, joh – ja, ja

Wie krieg ich ein' Mann
Der Gras mähn kann
Im Sommer?

Der vom Hochwald

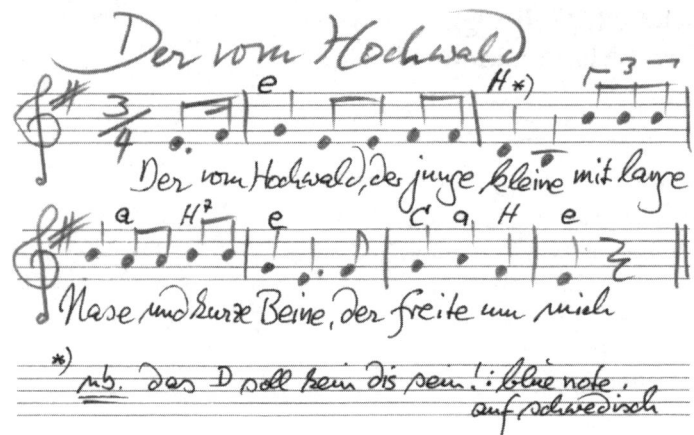

Der vom Hochwald, das junge kleine mit lange
Nase und kurze Beine, der freite um mich

*) nb. das D soll kein dis sein! : blue note.
auf schwedisch

78

Lilla gossen på tallebacken
Der vom Hochwald

Der vom Hochwald, der junge Kleine
Mit lange Nase und kurze Beine
der freite um mich

Bis zum Hoftor kam er ganz mutig
Bis er hinfiel und schlug sich blutig
das hat mir gefalln

Wenn der Weizen hoch und reif ist
Und vom Meer die Brise steif ist
dann nehm ich ihn doch

Kuhstallknecht

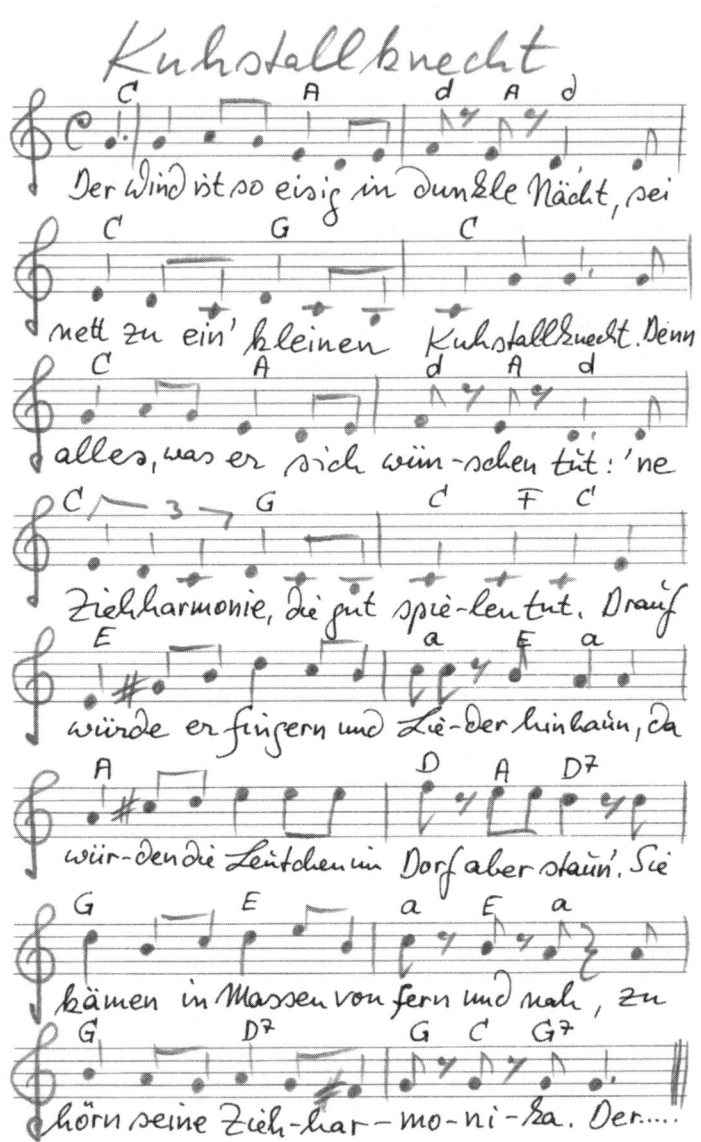

Der Wind ist so eisig in dunkle Nächt, sei
nett zu ein' kleinen Kuhstallknecht. Denn
alles, was er sich wün-schen tät: 'ne
Ziehharmonie, die gut spie-len tut. Drauf
würde er fingern und Lie-der hinhaun, da
wür-den die Leutchen im Dorf aber staun'. Sie
kämen in Massen von fern und nah, zu
hörn seine Zieh-har-mo-ni-ka. Der.....

Nils Ferlin
En liten konstnär
Kuhstallknecht

Der Wind ist so eisig in dunkle Nächt'
Sei nett zu ein' kleinen Kuhstallknecht
Denn alles, was er sich wünschen tut:
'ne Ziehharmonie, die gut spielen tut
Drauf würde er fingern und Lieder hinhaun
Da würden die Leutchen im Dorf aber staun'
Sie kämen in Massen von fern und nah
Zu hörn seine Ziehharmonika

Der Wind, ist er eisig in dunkle Nächt'
Verkriecht sich der kleine Kuhstallknecht
Doch bald sitzt er strahlend auf einem Thron
Und fingert Perlmuttknöpfe Ton für Ton
Dann heißt es im Steinbruch und auf dem Land:
Mit dem tollen Kerl bin ich auch bekannt
Er strich hier herum, und er fror auch wie
Wir alle und war dabei ein Genie.

Nun hör dir das an, und dann hör wieder weg
Denn Kälte bleibt Kälte, und Dreck bleibt Dreck
Dem Kleinen vom Kuhstall geht's weiter schlecht
Er zittert vor Kälte in dunkle Nächt'
Das war so, das ist so und bleibt auch dabei
Er wird weder groß noch berühmt noch frei
Er streicht Tag für Tag so wie wir herum
Verlorn, festgefrorn und wie wir auch stumm

Grauer Vogel

Nicht mal einen kleinen grauen Vogel, der
fröhlich am Singen ist, gibt es drüben in der andern
Welt, mein Freund, und das find ich, dumm und trist

Nils Ferlin
Inte ens
Grauer Vogel

Nicht mal einen kleinen grauen Vogel
Der fröhlich am Singen ist
Gibt es drüben in der andern Welt
     mein Freund, und das
       find ich dumm und trist

Nicht mal einen kleinen grauen Vogel
Und nie keine Birke am Feld
Und doch, am allerschönsten
     Mittsommertag hatt' ich
       Sehnsucht nach jener Welt

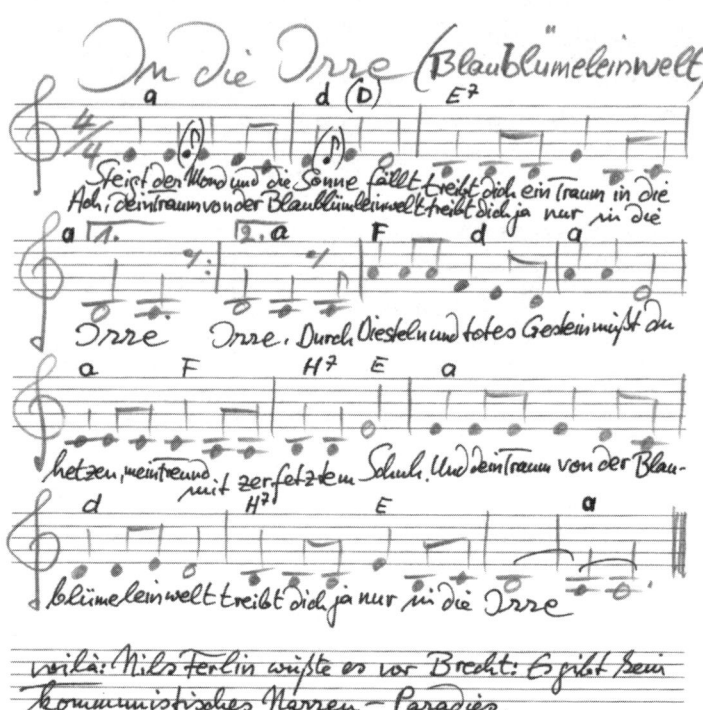

In die Irre (Blaublümeleinwelt)

Steigt der Mond und die Sonne fällt, treibt dich ein Traum in die
Ach, dein Traum von der Blaublümeleinwelt treibt dich ja nur in die
Irre. Durch Disteln und totes Gestein mußt du
hetzen, mein Freund, mit zerfetztem Schuh. Und dein Traum von der Blau-
blümeleinwelt treibt dich ja nur in die Irre

weil: Nils Ferlin wußte es vor Brecht: Es gibt kein
kommunistisches Narren-Paradies.

Nils Ferlin
Vilse
In die Irre

Steigt der Mond und die Sonne fällt
Treibt dich ein Traum in die Irre
Ach, dein Traum von der Blaublümeleinwelt
Treibt dich ja nur in die Irre
Durch Disteln und totes Gestein mußt du
Hetzen, mein Freund, mit zerfetztem Schuh
Und dein Traum von der Blaublümeleinwelt
Treibt dich ja nur in die Irre

Die schöne Bronze-Statue ——→
in Stockholm, da steht er und
raucht sich eine. Geh in die große
Klarabergsgatan und laß dich neben
dem Dichter fotografieren von einem
Passanten. Und sage dem Ferlin,
daß du ein paar Lieder von ihm
gelesen hast, in einem deutschen Buch!

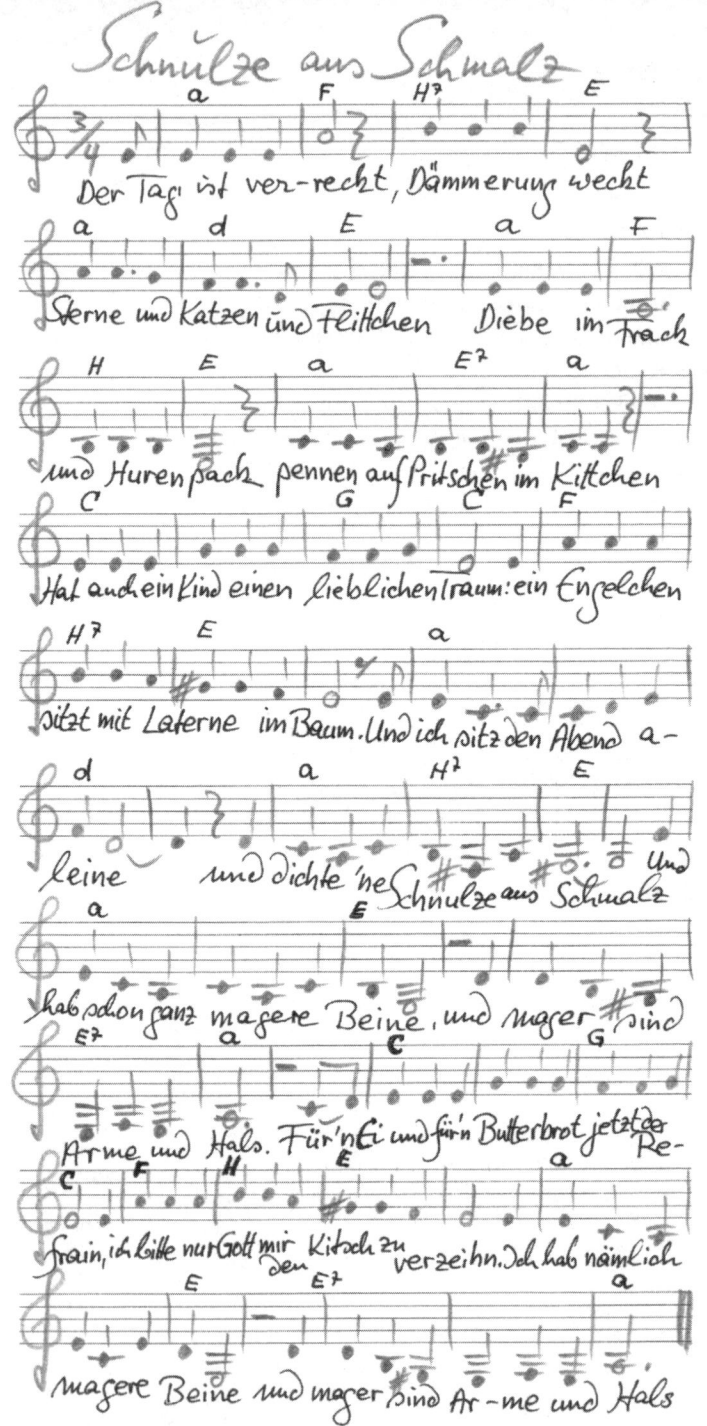

Schnulze aus Schmalz

Der Tag ist ver-recht, Dämmerung wecht
Sterne und Katzen und Flittchen. Diebe im Frack
und Hurenpack pennen auf Pritschen im Kittchen
Hat auch ein Kind einen lieblichen Traum: ein Engelchen
sitzt mit Laterne im Baum. Und ich sitz den Abend a-
leine und dichte 'ne Schnulze aus Schmalz. Und
hab schon ganz magere Beine, und mager sind
Arme und Hals. Für'n Ei und für'n Butterbrot jetzt der Re-
frain, ich bitte nur Gott mir den Kitsch zu verzeihn. Ich hab nämlich
magere Beine und mager sind Ar-me und Hals

Nils Ferlin
En valsmelodi
Schnulze aus Schmalz

Der Tag ist verreckt
Dämmerung weckt
Sterne und Katzen und Flittchen
Diebe im Frack
Und Hurenpack
Pennen auf Pritschen im Kittchen
Hat auch ein Kind einen lieblichen Traum:
Ein Engelchen sitzt mit Laterne im Baum
Und ich sitz den Abend alleine
Und dichte 'ne Schnulze aus Schmalz
Und hab schon ganz magere Beine
Und mager sind Arme und Hals
 Für 'n Ei und für 'n Butterbrot jetzt der Refrain
 Ich bitte nur Gott, mir den Kitsch zu verzeihn
 Ich hab nämlich magere Beine
 Und mager sind Arme und Hals

Der Schmerzenssohn
Wußte es schon
Als ihn der Judas küßte
Ach ja – wie schad!
Dieser Verrat
Gott, wenn man das vorher wüßte!
Teufel, jetzt fehlt noch ein Reimwort auf »Sonne«
Ich hab schon verbraten »Madonne« und »Wonne«
So sitz ich den Abend alleine
Und dichte 'ne Schnulze aus Schmalz
Und hab schon ganz magere Beine
Und mager sind Arme und Hals
 Ich werde wahrscheinlich in Bälde verrecken
 Dann werden die Würmer im Grabe entdecken:
 Der hat aber magere Beine!
 Und mager sind Arme und Hals

Darf ich dir paar Blumen schenken...

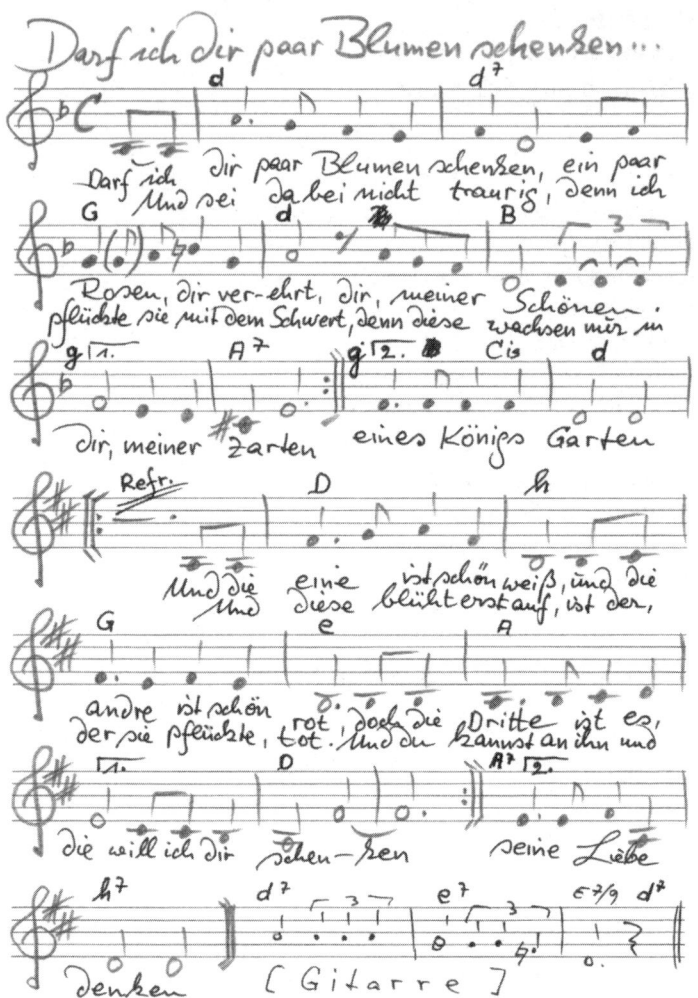

Darf ich dir paar Blumen schenken, ein paar
Und sei dabei nicht traurig, denn ich

Rosen, dir verehrt, dir, meiner Schönen.
pflücke sie mit dem Schwert, denn diese wachsen in

dir, meiner Zarten eines Königs Garten

Refr.

Und die eine ist schön weiß, und die
Und diese blüht erst auf, ist der,

andre ist schön rot, doch die Dritte ist es,
der sie pflückte, tot! Und du kannst an ihm und

die will ich dir schenken seine Liebe

denken [Gitarre]

Nils Ferlin
Fär jag lämna nägra blommor
Darf ich dir paar Blumen schenken

Darf ich dir paar Blumen schenken
Ein paar Rosen, dir verehrt
Dir, meiner Lieben, dir, meiner Zarten?
Doch sei dabei nicht traurig
Denn ich pflückte sie mit dem Schwert
Denn diese wachsen nur in
Eines Königs Garten

Und die eine ist schön weiß
Und die andre ist schön rot
Doch die dritte ist es, die will
Ich dir schenken
Und diese blüht erst auf
Ist der, der sie pflückte, tot
Und du kannst an ihn
Und seine Liebe denken

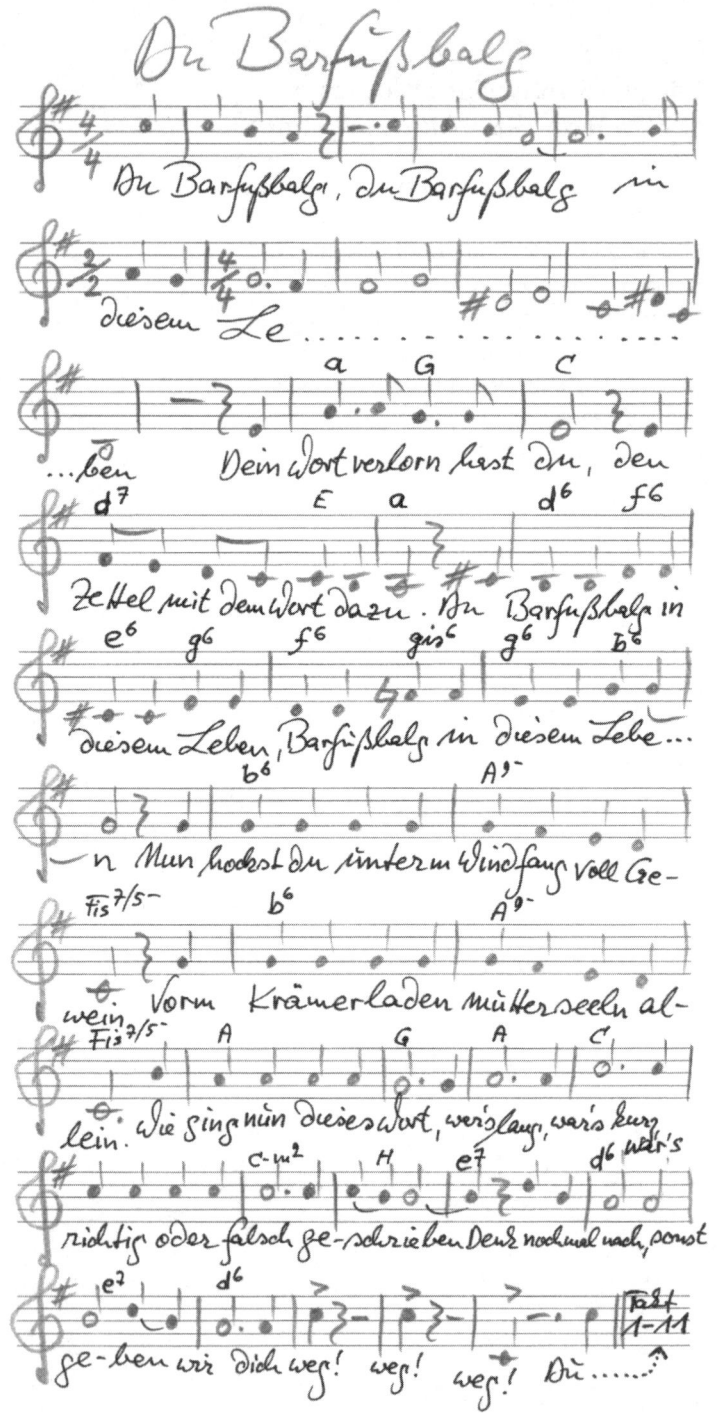

Du Barfußbalg

Du Barfußbalg, du Barfußbalg in
diesem Le ....
.... ben Dein Wort verlorn hast du, den
Zettel mit dem Wort dazu. Du Barfußbalg in
diesem Leben, Barfußbalg in diesem Lebe ...
... n Nun hockst du unterm Windfang voll Ge-
wein. Vorm Krämerladen mutterseeln al-
lein. Wie sing nun dieses Wort, war's lang, war's kurz
richtig oder falsch ge-schrieben Denk nochmal nach, sonst
ge-ben wir dich weg! weg! weg! Du ....

Nils Ferlin
Du barfotabarn
Du Barfußbalg

Dein Wort verlorn hast du
    den Zettel mit dem Wort dazu
      Du Barfußbalg
        in diesem Leben

Nun hockst du unterm Windfang voll Gewein'
Vorm Krämerladen mutterseelnallein
Wie ging nun dieses Wort? War's lang, war's kurz?
War's richtig oder falsch geschrieben?

Denk noch mal nach! Sonst geben wir
    dich weg, weg!
      Du Barfußbalg
        in diesem Leben

plebejisches Pathos:
wer dermaßen kaltherzlich droht,
der gibt sein Kind nie und nimmer weg!

Schenk mir ein' Tag

Schenk mir ein' Tag mit lind-lauem
Schenk mir ein Flensburger-För......de
Wind
Kind
mit einem Sandstrand und
Schenke uns Wärme und
Son – ne
Won – –ne

Olle Adolphson
Ge mig en dag
Schenk mir ein' Tag

Schenk mir ein' Tag mit lindlauem Wind
Mit einem Sandstrand und Sonne
Schenk mir ein Flensburger-Förde-Kind
Schenke mir Wärme und Wonne

Schenk mir ein' Kuß und kämme mein Haar
Mit deinen Fingern, und mache
Aus dir und mir wieder 'n Liebespaar
Weine ruhig, lächle und lache

Schenk mir 'ne Nacht voll Stillschweigen nur
Und laß die Nachtigall singen
Leiden in Moll und Lüste in Dur
So soll mein Lebenslied klingen

Laß uns die kurze Zeit nicht verliern
Laß uns im Blumenbett liegen
Steigen wie Lerchen und tiriliern
Und laß wie Schwalben uns fliegen

Schenk mir den Morgen, bleibe bei mir
Mit deinen Siebensachen
Gibt es mal Streit, gut, dann streiten wir
Nur bis wir Frieden machen

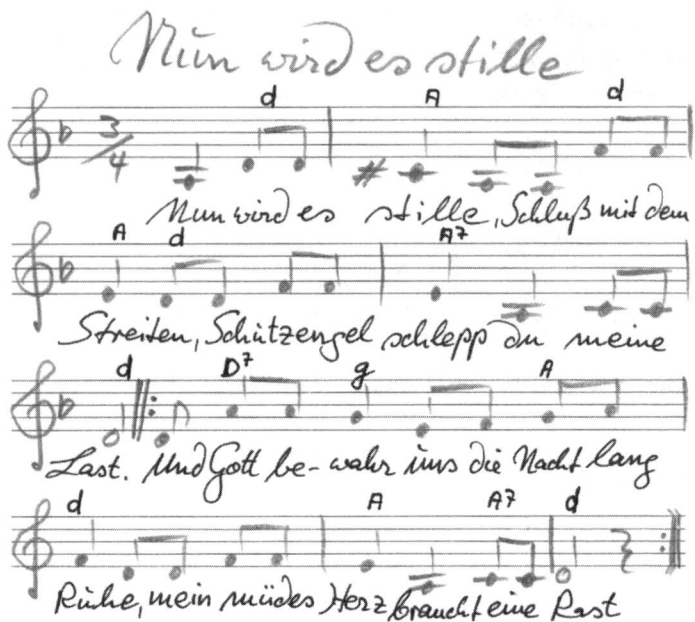

Nun wird es stille

Nun wird es stille, Schluß mit dem Streiten, Schutzengel schlepp du meine Last. Und Gott bewahr uns die Nacht lang Ruhe, mein müdes Herz braucht eine Rast

Lars Thunberg
Nu sjunker bullret
Nun wird es stille

Nun wird es stille
Schluß mit dem Streiten
  Schutzengel! Schlepp du meine Last
Und Gott, bewahr uns
Die Nacht lang Ruhe
  mein müdes Herz braucht eine Rast

Laß uns im Unrecht
Bloß nicht verderben
  befrei Gefangne und brich Gewalt
Bewach mein' Schlaf und
Mach, daß ich Menschtier
  hier mit den Menschen Frieden halt

Leben ist ein Rätsel

Leben ist ein Rätsel, du ent-
stehst und lebst schön lebendig. Nimm und gib! So ver-
rinnt die Zeit. Plötzlich Schluß damit! Vor-bei! Doch nur
eins weiß ich fest: Ich hab dich lieb

Stefan Forssén
Livet e en gåta
Leben ist ein Rätsel

Leben ist ein Rätsel, du entstehst
Und lebst schön lebendig. Nimm! Und gib!
So verrinnt die Zeit
Plötzlich: Schluß damit!
Vorbei!
Doch nur eins weiß ich fest: Ich hab dich lieb

William Shakespeare
Sonnets
40 Shakespeare-Sonette

6. Sonett

Freund, laß dein' Sommer nicht des Winters Beute sein
Dein Selbst braucht 'ne Phiole für ein Destillat
Von deinem Wesen. Träufle deine Schönheit rein
In einen Schoß, bevor sie sich zernichtet hat

Kein Zinsgeschäft! Du sollst nur wuchern mit dei'm Pfund
Investition! Das lohnt: Zehn Erben zahln sich aus!
Zehnfach kriegst du zurück: Gewinn mit wenig Schwund
Mit Kindern wär dein Leben echt in Saus und Braus

Zehn solche so wie du bedeuten zehnmal Glück
Es gibt nichts Höheres, wonach du sonst noch strebst
Und wenn du 'n Abgang machen wirst, dann bleibt zurück
Der Tod und kann dir nichts, weil du ja weiterlebst

Du bist zu schön fürs Sterben, also sei nicht stur
Erbeutet dich der Tod, dann erben Würmer nur

12. Sonett

Ich zähl die Stunden, wenn die Uhr Vergänglichkeit
Erzählt. Ein toller Tag sinkt ab in schieche Nacht
Erblick ich welke Veilchen nach der Blütezeit
Und seh ich schwarze Locken silbergrau gemacht

Entdecke ich den stolzen Baum brutal entlaubt
Der grad noch schönen Schatten einer Herde bot
Seh Sommergrün in Garben ich zusamm'geklaubt
Steif stachlig welk, gebündelt und im Grunde tot

Dann wird mir deiner Schönen Haltbarkeit suspekt
Sie hält ja gar nicht stand, wenn sie mit dir verdirbt
Das ewig Liebliche – ich seh, wie es verreckt
Weil schnell, wie Neues wächst, zugleich das Alte stirbt

Wenn er dich eines Tages holt, dann denk daran:
Dein Same, Mensch! Nur er besiegt den Sensenmann

18. Sonett

Ich dich vergleichen mit 'nem Sommertag? O nein!
Viel lieblicher bist du und nicht so kunterbunt:
In Blütenknospen bricht im Mai noch Eiswind ein
Der Sommer pachtet viel zu kurz das Jahr. Ach, und

Oft brennt das goldne Himmelsauge lichterloh
Und schon wird's trübe. Die Natur, als ob sie haßt
Zerstört die Schöne ihre Schönheit, einfach so
Aus Zufall oder weil's grad zum Kalender paßt

Dein Sommer aber wird nie welken, nie vergehn
Was du besitzt, raubt keiner dir. Ich weiß Bescheid
Nie wirst du in des eitlen Todes Schatten stehn
Mit meinem Vers gelangst du in die Ewigkeit

Solang im Mensch noch Odem ist, im Aug noch Licht
Wirst du unsterblich bleiben, leben im Gedicht

19. Sonett

Du große Fresserin, mach stumpf des Löwen Krallen
Zeit! Laß die Erde ihre eigne Brut verschlingen
Von mir aus laß dem Tiger Reißzähne ausfallen
Verbrenn sogar dem Phönix seine starken Schwingen

Mach, wie du willst, Zeit: schlechte oder gute Zeiten
Und rase: Reiß das Gute um, laß Schlechtes stehn
Verwüste diese Welt, all ihre Lieblichkeiten
Ein einziges Verbrechen darfst du nie begehn

Weh dir, verwüstest du sein Antlitz! Nimmer lesen
Will ich dort Furchen deiner Feder. Nie touchiere
Beim Ritt mein Idealmodell für Menschenwesen
Verschone meinen Freund, daß ich ihn nicht verliere

Die Zeit, die alte Fresserin, läßt nichts bestehn
Doch meine Liebe wird im Vers nie untergehn

20. Sonett

Weibsbild, du, dein Gesicht, es ist dermaßen lieblich
Von der Natur gemalt, Herr-Herrin meiner Lüste
Dein holdes Herz ist gar nicht flatterhaft, es trieb dich
Nie wie verdorbne Fraun in die Vergnügungswüste

Du glupschst nicht ordinär nach Kerls, dein Blick ist heiter
Schon weil du etwas anschaust, muß es uns beglücken
Du kommst in Herrscherhaltung, gehst gelassen weiter
Zu dir schaun Männer auf, Fraun schmelzen vor Entzücken

Natur schuf dich zuerst als Weib und kriegte 'n Schrecken
Und korrigierte sich zu mein' und deinem Schaden
Mir kann dein kleines Ding da vorne gar nicht schmecken
Ich steh nun mal nicht auf verruchte Eskapaden

Es pflanzte die Natur zur Freude dich der Frauen
Mein sei dein Herz, am Rest solln andre sich erbauen

21. Sonett

Wie mit so 'm Musenjüngling geht es nicht mit mir
Den regt ein Ölbild an zum Vers. Weil's ihm gefällt
Schmückt er gemalte Schönheit malerisch, zur Zier
Gleich mal mit Sonne, Mond und Stern am Himmelszelt

Bebildert sie bombastisch, macht sie talmireich
Es blüht und blubbert, Perlen perln, es edelsteint
Der ganze Ozean muß her zu dem Vergleich
Und was im Erdenkreis sonst rar und riesig scheint

Im Schreiben laß mich wie im Lieben sein: nur wahr
Mein Liebster ist für mich das Schönste, so wie's Kind
Für seine Mama – strahlt er auch nicht wunderbar
Wenngleich kein goldner Lichterglanz am Firmament

Aus Hörensagen wird Metaphernsurrogat
Dies Literatenpack verkauft, was es nicht hat

22. Sonett

Ich alt? Ach was! Das glaub ich meinem Spiegel nicht
Solang du jung bleibst, halt ich meine Jugend fest
Erst wenn ich erste Runzeln seh auf dei'm Gesicht
Weiß ich, daß mich der Tod mein Leben büßen läßt

Die Jugendschönheit, die dich kleidet, paßt mir gut
Als ob sie maßgeschneidert für mein Herze ist
Dein Herz pumpt meins – ja, und das meine pumpt dein Blut
Wie könnt ich also älter sein, als du es bist

Und drum, mein Allerliebster, sei dir selber gut
Wie ich es bin mit dir, nicht mein-, nein! um deinetwilln
Trag ich dein Herz – behutsam, wie's die Amme tut
Damit das Kind nicht speit und sich verschluckt beim Stilln

Und fordre nicht dein Herz zurück, wenn meines bricht
Zum schnöden Wiederkriegen gabst du's mir doch nicht

23. Sonett

Wie 'n schwacher Schauspieler ins Stottern kommt, das heißt:
Vor Lampenfieber aus der Rolle fällt. Wie 'n Stier
Vor Wut nicht stehn kann und dann Zäune niederreißt
Und dem das Herz dann stockt – genau so geht es mir

Ich fürchte, daß ich Falsches sag, die Étiquette
Verletzt sein könnte bei der Liebeswerberei
Denn Liebe buchstabiert nicht brav von A bis Z
Die Leidenschaft verlacht galante Heuchelei

So laß denn lieber für mich sprechen, was ich schrieb
Wort auf Papier springt für mein Herz als Herold ein
Huldreiche Antwort, darauf wartet meine Lieb
Und meine wilde Zunge soll geduldig sein

So lern du lesen, meine stumme Seelenbrunst:
Mit Augen hörn – das ist die feinste Liebeskunst

25. Sonett

Laß jene, deren Sterne günstig stehn, wo's lohnt
Mit Rang und Titeln prahln: Vor Kleinen tun sie groß
Mir reicht's, wenn mich mein Glück
                                mit solchem Glück verschont
Mein Ruhm blüht mir in deinem Herz, in deinem Schoß

Des Fürsten Günstling räkelt sich im Licht der Macht
So ringelt sich 'ne Blume hoch vorm Aug der Sonn'
Doch wehe, wenn des Herrschers Auge mal nicht lacht
Dann ist der Stolz verwelkt, verdorrt die Frucht der Fron

Der leidgeprüfte Kriegsheld, elend ramponiert
Er wird nach tausend Siegen schmählich weggescheucht
Wird aus dem ew'gen Buch der Ehre ausradiert
Vergessen ist, wofür er einst im Kampf gekeucht

Ich aber lieb' und werd geliebt, mein Glück ist mein
Ich reiße keinen um – und mich reißt keiner rein

27. Sonett

Erschöpft vom harten Arbeitstag flieh ich ins Bett
Nach schwerem Weg tut Rast den müden Gliedern gut
Doch dann, als ob mein Geist noch schwer zu schuften hätt'
Geht er auf Fahrt im Kopf, wenn schon der Körper ruht

Fanatische Gedanken taumeln wie besoffen
Auf Pilgerfahrt zu dir, kein Rasten gibt's, kein Ruh'n
Die Augen falln mir zu und bleiben trotzdem offen
Dann starr ich in die Dunkelheit, wie's Blinde tun

Bis dann dein Schattenbild aus meiner Seele schön
Erscheint in meinem Auge, das nichts sieht. So kann
In Düsternis die Nacht ich dennoch leuchten sehn
Wie ein Juwel erscheint in ihr dein Antlitz dann

Bei Tag die Glieder, nachts mein Geist. Dran schuld bist du
Um mein- und deinetwilln: Sie finden keine Ruh

29. Sonett

So steht's um mich: Ich bin verstoßen und verlorn
Vom Pack verachtet, von Fortuna kalt vergessen
Lieg tauben Göttern mit Gejammer in den Ohrn
Verfluch mein Schicksal, seh ich unter all den Fressen

Die eigne – wünsche ich, daß ich ein andrer wäre
Ein Beau! An Freunden reich, ja, ein gemachter Mann
Hätt' gern des einen Können und des andern Ehre
Mich frustet grade das, was ich am besten kann

Wenn ich beim Grübeln mich fast aufgeb, find mich nicht
Und denk stattdessen dein, seh ich – so kommt's mir vor –
Die Lerche steigen von der miesen Erd ins Licht
Sie grüßt den Tag mit Hymnen vor dem Himmelstor

Dann, Liebster, dämmert mir, was ich für 'n Glückskind bin
Gäb dich, mein' Reichtum, nicht für Königreiche hin

33. Sonett

Gar manchen Morgen sah ich stolz im Ost aufziehn
Auf die bekränzten Gipfel schaut er herrisch hold
Ein Himmelsalchimist! Er küßt die Wiesen grün
Flaugraue Flüsse strahln im Sonnenglast wie Gold

Und schon darf ihn 'ne Wolke stören, die wie Dreck
Den Himmel überzieht, verdeckt das Glanzgesicht
Und sein beflecktes Antlitz wendet er schnell weg
Der Morgen haut nach Westen ab wie 'n Bösewicht

So schien auch meiner Jugend Morgensonne hell
Ihr Strahl bekränzte mir die stolze Stirn so munter
Ein Stündchen nur – und schon passé – Gott, ging das schnell!
Was für 'ne Welt: Am Morgen geht die Sonne unter

Mein Morgen ist besudelt, Liebster, hä're nicht
Verfinstert ist manchmal sogar das Himmelslicht

35. Sonett

Was du an mir verbrachst, soll dich nicht länger grämen
Selbst Wolken störn des Mondes und der Sonne Lauf
Die Ros' hat Dornen. Schlamm trübt silberne Fontänen
Und süße Knospen frißt ein Wurm von innen auf

Der Mensch macht eben Fehler, ich ja auch, ich rede
Durch so Vergleiche deinen Fehltritt klein. Ja, fast
Rechtfertige ich deine Missetat und jede
Todsünde, nur weil du sie grad begangen hast

Nur deine Sinnlichkeit war schuld, und ich verkläre
Dich durch Erklärerei und mach aus Unsinn Sinn
Ich ausgerechnet spiel dein' Anwalt und verkehre
Schon Haß in Liebe, weil ich dir verfallen bin

Du süßer Dieb! Das macht mich sauer vor Verdruß
Daß ich für dich noch den Komplizen machen muß

49. Sonett

Verflucht der Tag, wenn er denn kommt und mich nicht schont
Und meine Schwächen öden dich nur noch, ich muß
Selbst sehn: Da rechnet einer, ob sich noch Liebe lohnt
Experten ziehn Bilanz und raten dir: Mach Schluß!

Verflucht der Tag: Du gehst an mir vorbei, so kalt
Und lächelst mir nicht mal ein' kleinen Sonnenstrahl
Abweisend wirst du sein und gar nicht mehr verknallt
Und gute Gründe wirst du finden – allemal

Dreimal verflucht der Tag, vor dem ich mich verkriech
Und kenn doch meinen wahren Wert: Nichts bin ich wert
Wenn es zum Schwur kommt, schwör ich Eide gegen mich
Ich hätte Schuld, du alles Recht. Ich! bin verkehrt

So urteilt alle Welt, sie rät: Verlaß den Hund
Für unsre Liebe find ich selber keinen Grund

55. Sonett

Von Fürsten keine Büste, nicht aus Marmor, nicht
Aus Gold soll überleben dieses Verses Wucht
Du überstrahlst sie alle hier in dem Gedicht
Wenn die versumpfte Zeit längst stumpfen Stein heimsucht

Und stürzt ein wüster Krieg die Statuen in den Schutt
Und roden Brände weg das Werk des Zimmermanns
Kein Feuer, Mars mit keinem Schwert kriegt je kaputt
Dies Zeugnis, das lebendig kündet deinen Glanz

Dem Tode widerstehn, dem Feind Vergänglichkeit
Du gehst im Licht, ein Gott vom niedern Menschenschlag
Durch die Epochen, nach uns glänzt du durch die Zeit
Die diese Welt verzehrt bis hin zum Jüngsten Tag

Ich sorg dafür, bis du demnächst zum Himmel strebst
Daß du im Blick der Liebenden hier weiterlebst

60. Sonett

Wie Wellen sterben an dem steinigen Gestad
So straucheln die Minuten unsrer Lebenszeit
– die immer nächste kommt, besetzt den Platz, der grad
Verlorenging. So geht's voran, mit Müh und Streit

Das Neugeborne kriecht heraus, durchs hohe Licht
Zur Reife: kaum gekrönt mit Ruhm, den es gewann
Schon kommt es, daß brutal die Finsternis einbricht
Weil das, was Zeit uns schenkte, mit der Zeit zerrann

Tief in die Stirn der Schönheit gräbt sie Furchen ein
Die Zeit zerfetzt der Jugend Blüte ohne Widerruf
ES IST EIN SCHNITTER, DER HEISST TOD. Zeit ist gemein
Frißt alle Kostbarkeit, die sich Natur erschuf

Doch kommen andre Zeiten, dann trotzt der Zeitlichkeit
Mein Lied auf dich, es widersteht dem Zahn der Zeit

64. Sonett

Seitdem ich sah, wie Zeit mit Eisenfaust zuletzt
Die hochgeprotzten Türme großer Zeiten schleift
Den mürben Rest von Glanz und Gloria zerfetzt
Wie endlich Fäulnis selbst am Messing sich vergreift

Seitdem ich sah, wie unersättlich wildes Meer
Das Königreich der Küste wegreißt und verschlingt
Wie festes Land die See verdrängt, wie seit jeher
Verlust Gewinn, ach! und Gewinn Verlust uns bringt

Seitdem ich sah: Gebaut für alle Ewigkeit
Verfaulte dennoch manches Reich und brach zusamm'
Nun weiß ich es: Die Zeiten wechseln! Und die Zeit
Reißt alles weg, auch meinen Liebsten irgendwann

Man weint und stirbt ein Stückchen, schon weil man kapiert:
Besitz heißt nichts als Zittern, daß man ihn verliert

66. Sonett

Müd müd von alldem, schrei ich nach dem Schlaf im Tod
Weil ich ja seh: Verdienst geht betteln hier im Staat
Seh Nichtigkeit getrimmt auf Frohsinn in der Not
Und reinster Glaube landet elend im Verrat

Und Ehre ist ein goldnes Wort, das nichts mehr gilt
Und einer Jungfrau Tugend wird verkauft wie 'n Schwein
Und weil Vollkommenheit man einen Krüppel schilt
Und weil die Kraft dahinkriecht auf dem Humpelbein

Gelehrte Narrn bestimmen, was als Weisheit gilt
Und Kunst seh ich geknebelt von der Obrigkeit
Und simple Wahrheit, die man simpel Einfalt schilt
Und Güte, die in Ketten unterm Stiefel schreit

Von alldem müde, wär ich lieber tot, ließ ich
In dieser Welt dabei mein Liebchen nicht im Stich

70. Sonett

Nicht deine Schande ist es, wenn dich Schimpf befleckt
Die Redlichen sind der Verleumder Ziel – ja, drum!
Des Schönen Liebreiz ist dem Pack seit je suspekt
Im hellsten Himmel fliegt schon mal 'ne Krähe rum

Sag lächelnd Ja, wenn üble Nachred kommt, Mensch laß!
Es steigt dein wahrer Wert noch, wenn du vornehm lachst
Grad zarte Knospen sind so leicht der Maden Fraß
Kein Wunder, daß grad du die Feinde gierig machst

In deiner Jugend Fallen tapptest du ja nicht
Schmutz konnt' nie dich beschmutzen, höchstens mal dein Bild
Erwartest du vom Schuft, daß er von dir gut spricht?
Begreif doch: Ruhm, dein Ruhm macht all die Neider wild

Dein Ansehn ist bedroht? Na und – laß sie doch schrein!
Gäb es ein Reich der Herzen – würd'st du König sein

71. Sonett

Trag, wenn ich sterbe, du nicht länger Leid um mich
Als gramvoll düster es der Glockenton verrät
Der schnöden Welt: Ein Mensch entfloh – und der bin ich!
Bei eklen Würmern wohnt er, wo's ihm bessergeht

Nein, wenn du diese Zeilen liest, erinnre dich
Nicht an die Hand, die sie dir schrieb. Ich lieb dich doch:
Zerdenken soll sich dein Gedenken nicht an mich
Kein Kummer soll dich quäln um den im letzten Loch

Falls dermaleinst mein Vers sich dir vors Auge stellt
Wenn ich, wer weiß, verfaul, zu Staub und Asche werd
Gib acht, daß dann nicht mal mein armer Name fällt
Dein Lieben mag vergehn mit mir in dunkler Erd

Bei meinem Tod lacht manchem Lumpen wohl das Herz
Zeig dieser neunmalklugen Welt bloß nicht dein' Schmerz

73. Sonett

An mir magst du sie anschaun, diese Jahreszeit
Da gelbe Blätter taumeln – paar noch kralln sich bang
An das Gezweig. Die Kälte reißt das letzte Kleid
Vom kahlen Chorgestühl, wo süß manch Vöglein sang

Das Zwielicht solchen Tags, an mir schau es dir an
Wenn in das Schwarz der Nacht der Sonnenwagen karrt
Dann kommt der Doppelgänger, der vom Knochenmann
Krallt sich das Licht und hält es fest, bis es erstarrt

Durchschau das Flackern solcher Flammen, deren Glut
Auf ihrer eignen Jugend Asche stirbt! Grad das
Siehst du an mir. Auf seinem Sterbebette ruht
Das Feuer, selbst gefressen nun von seinem Fraß

Na siehste – all dies stachelt ja dein Lieben noch
Du liebtest mich, grad weil ich schon nach Sterben roch

76. Sonett

Warum bloß trägt mein Vers 'nen abgetragnen Rock
Spreizt sich nicht groß im Ton vom allerletzten Schrei
Der Literaten? Warum habe ich kein' Bock
Auf zeitgeisthochgestylte Modereimerei?

Wie kommt's, daß ich nur schreib, was längst geschrieben steht
– und wenn ich Neues fand, kleid ich's in altes Kleid
Wie kommt es, daß mich schon das kleinste Wort verrät
– man riecht sofort, wo's herkommt, und man weiß Bescheid

O wisse, Liebste, du bist schuld, wenn mein Gedicht
Von dir nur weiß: Du und die Liebe machen das
Nur alte Hüte putz ich auf, mehr kann ich nicht
Ich liefer, was schon da ist. Wasser mach ich naß

So, wie die alte Sonne täglich neu aufbrach
Spricht meine Liebe auch – wie Liebe immer sprach

85. Sonett

Es schweigt manierlich meine Muse, wenn Ergüsse
Aus Lobgeseire über dir zusammenschlagen
Sie kennt das Schmatzen all der falschen Musenküsse
Wenn dir mit Phrasen Schmeichler in den Ohren lagen

Ich Dummer krächz' brav »Amen« nach dem Lobchoral
Der Hudelmeute. Dabei kenn ich diese Sorte
Die quasselt offiziös ein Jubelritual
Gedanken aber, meine!, wiegen mehr als Worte

Sei froh, wenn Großewortemacher dich groß feiern
Ich pflichte bei, doch denk ich mir mein' Teil dazu
Mein Denken ist mehr wert als alles, was die leiern
Ich liebe lieber stumm. Der, den ich mein', bist du

Genieß ruhig die Elogen – keiner meint es schlecht
Mein ungesagtes Wort jedoch ist Tat, in echt!

Mich hassen willst du? Also gut, dann tu es jetzt
Wo alle Welt sich gegen mich verschwört. Schlag los!
Spiel Schicksal, und verpasse, da die Meute hetzt
Mir nicht erst, wenn ich tot bin, deinen Todesstoß

Komm nicht erst, wenn sich all die bösen Winde legen
Wenn mein gekränktes Herz den Kummer überwand
Mach mir nach schlimmer Sturmnacht keinen Morgenregen
Nicht den Erstickten würg du noch mit der sanften Hand

Mach lieber du den Anfang: Du sollst mich zerreißen
Bin ich verbrannt, mußt nicht noch du das Feuer schüren
Bevor die Köter mich mit Niedertracht zerbeißen
Will ich viel lieber deine Löwenpranke spüren

Mein Freund, kein Kummer könnte mich so ruiniern
Das einzig Schlimme wär für mich: dich zu verliern

91. Sonett

Der prahlt mit Herkunft, der mit Was-er-alles-kann
Der macht mit Reichtum, der mit Muskelkraft auf Boß
Als Vogelscheuche putzt sich manch moderner Mann
Jagdfalken, Rasseköter zeigt man vor, sein Roß

Und jedes Temprament gibt seinem Affen Zucker
Frönt fröhlich jedem Größenwahn in Eitelkeit
– ich nicht! So 'n Tinnef paßt für arme reiche Schlucker
Ich übertreff sie himmelhoch und erdenweit

Warum – für mich steht Deine Liebe höher als
Hochwohlgeborenheit, Geld, Kleider, sie macht mir
Mehr Spaß als Falken oder Pferde jedenfalls
Dich haben heißt, daß ich als Mann stolz triumphier

Arm wär ich nur, nähmst du mir weg, was mir gefällt
Mit einem Schlag wär ich der ärmste Mensch der Welt

94. Sonett

Wer Macht hat, weh zu tun, und läßt es dennoch sein
Wer nicht herrscht, wie er könnte, sondern ungerührt
Gemeines Volk bewegt und bleibt dabei selbst Stein:
Herrscht hart, gelassen, kühl, durch keinen Schmus verführt

So einer zieht mit Fug den Segen auf sein Haupt
Hält haus, vergeudet nicht den Reichtum der Natur
Ein Herr, der ein Gesicht hat, das ihm keiner raubt
Ein Lord – dienstbare Geister sind die andern nur

Es ist der Sommer, den die Blumenpracht entzückt
Für sich wär sie ein Nichts aus Werden und Vergehn
Macht aber Mehltau Blumen krank, wird es verrückt:
Gemeines Unkraut wird im Rang dann höher stehn

Weil: Missetat hat manchen feinen Mann versaut
Schwertlilien, die verfaulen, stinken mehr als Kraut

97. Sonett

War nicht mein Wegsein wie ein Winter, fern von dir?
Es flieht das Jahr der Freuden. Ach, wo du nicht bist
Fühl ich nur Fröste, düstre Tage hab ich hier
Allüberall Dezemberöde leer und trist

Das soll nun Sommer sein! Der Früchte uns gebar
Zwar wird im Herbst des holden Frühlings Samen groß
Doch weißt du wie mir Ernte vorkommt dieses Jahr?
Wie Witwen werfen: Ihre Frucht bleibt vaterlos

Ja, all die hemmungslose Fruchtbarkeit kommt mir
Wie Warterei auf Waisen vor, und das ist dumm
Verführn will dich der Sommerzeit mit Lüsten hier
Doch wenn du fort bist, sind sogar die Vögel stumm

Ein traurig Jubilieren ist's, wenn doch wer singt
Dann bleichen Blätter, fürchten was der Winter bringt

107. Sonett

Mein Argwohn nicht noch fremder Leute Prophetie
Kann den Vertrag je brechen, der auf dieser Welt
In Treue Euch mein Herz verpflichtet, nein, Herr! Nie!
– obgleich manch Herzensfessel auch nicht ewig hält

Es überwand der schwarze Mond die finstre Nacht
Augurn verspotten ihre Deuterein
Was wacklig war, krönt sich nun als stabile Macht
Ein Friede läutet uns Olivenzeiten ein

Die Zeit des Balsams duftet, hat mein Herz gestärkt
Die Liebe lebt: Freund Hein gibt auf im Streit mit mir
Mein leises Lied hält aus, der Tod hat es gemerkt
Indes er dumpfe Völker schlachtet dort und hier

Mein Vers – Ihr Monument, Sire! – wird viel länger stehn
Als der Tyrannen Plunder, der wird schnell vergehn

109. Sonett

Mein Herz war falsch? Sag so was nie! Du irrest dich
In mir starb nie die Flamme, als ich fern war. Nein!
Ich wär schön blöd und ließe mich ja selbst im Stich
Denn meine Seele wohnt in dir, dort will sie sein

Dein Herz ist ihre Heimat. Rumgestreunt bin ich
Rechtzeitig komme ich nach Haus. In meinen Taschen
Ist leider nichts. Doch alles will ich sein für dich
Schlepp selbst das Wasser, meine Flecken wegzuwaschen

Glaub niemals, auch wenn ich mich manchmal treiben ließ
Vom bösen Blut, mein wahres Wesen könnte je
So dumm sein: Dich verkennen, gar verleugnen, dies
Wird nie geschehn, ich kenn dein' Wert, Geliebte. Nee!

Nichts ist für mich das Weltall, als ein Haufen Mist
Weil du ja, meine Rose, für mich alles bist

116. Sonett

Vermählen sich zwei wahre Seeln, dann lasse ich
Nicht Widrigkeiten gelten. Liebe wär ja nie
Nicht Liebe, wenn sie wankte, bloß weil 'n Umstand sich
Verändert. Scheiden muß nicht Scheidung sein, denn sie

Beharrt. Die Liebe trotzet jeder Sturmgewalt
Und sieht sie Unheil dräu'n, dann schwindet,
                                          schwankt sie nicht
Dem Schiff ist sie auf Fahrt am Himmelszelt ein Halt
Ein Stern – fern, unbekannt – und doch ein Rettungslicht

Rosige Wangen welken, Lippen auch. Doch Zeit
Narrt Liebe nie. Verhängnis eines trüben Tags
Es kann ihr nichts. Nach Wochen voller Seligkeit
Hält Liebe aus bis übern Rand des Schicksalsschlags

Wär's anders, wäre alles falsch. Wo's das nicht gibt
Würd ich nichts dichten, noch hätt jemals wer geliebt

119. Sonett

Sirenentränen-Elixier hab ich gesoffen
Im Kolben destilliert: Ein Höllenbranntewein
Log Hoffnung mir in Furcht um, Furcht in eitel Hoffen
Sah mich als Sieger schon und ging doch kläglich ein

Mein Herz, wie schwelgte es in falscher Seligkeit
Die Augen fieln mir aus dem Kopfe, weil sie sahn
Vor lauter Jubel war ich nicht mehr ganz gescheit
Verwirrt in der Zerrüttung, blind im Fieberwahn

O Wohltat aller Übel! Wenn ich spüren kann:
Das Beßre bessert sich noch durch ein Mißgeschick
Erneuert Liebe sich, die schon zugrund ging, dann
Wird heitrer als zuvor und stärker noch das Glück

Es rechnet sich am End: Die Qual hat mich kuriert
Dreifach gewann ich und hab einmal investiert

121. Sonett

Mies sein ist immer besser noch als miesgemacht
Wer ehrlich ist, der gilt als dußlich und gemein
Es bringt kein' Spaß, der Gutmensch wird nun mal verlacht
Das Echteste erscheint dem Pack als schlauer Schein

Wie sollten auch die scheelen Augen andrer Leut
Mir zuzwinkern, mir Bruder Lustig, der ich bin
Verderbte Spanner zetern: O Verdorbenheit
Sie schimpfen meine Neugier gallig Flattersinn

Nein – ich bin, der ich bin. Moralapostel, die
Mit Fingern auf mich zeigen, zeigen nichts als sich
Dem Schwein ist alles Schwein. Verlogne Prüderie!
So krumm, wie die sind, grad so gradeaus bin ich

Halunken mosern immerzu, der Mensch sei schlecht
Klar – Niedertracht macht den Erfolg – da hab'n se recht.

128. Sonett

Musik bist du für mich, doch wenn Musik erklingt
Aus diesem hölzernen, dem drahtbespannten Kasten
Weil jeder deiner süßen Finger lieblich singt
Wenn sie im Takt des Busens über Tasten hasten

Ach, wie beneid ich dann die Holzklötzchen um dich
Sie kitzeln deine Hände keck beim Rumklaviern
Und meine armen Lippen schmachten, röten sich
Vor Scham, wenn sich so Kerlchen mit dir amüsiern

Die necken, schmeicheln, treiben schamlos Schabernack
Mein Kußmaul wird verschmäht – ich leide Frust
Denn deine Finger tätscheln totes Tastenpack
Statt daß sie mich, der lebt, beseligen mit Lust

Na gut, wenn deine Hände Holz halt streicheln müssen –
Laß deine Lippen mir! Ich brauch sie doch zum Küssen

129. Sonett

Geist wird vergeudet, wälzt sich schlüpfrig im Morast
Wohin die Wollust lockt. Und triumphiert die Lust
Begeht sie blutig Schandtat, Meineid, Mord. So paßt
Zur Geilheit rohe Kraft – nimm dich in acht, du mußt

Sie, kaum genossen, schon verachten, denn es blüht
Der Wahnsinn immer mit der Gier. Ein Köder soll
Dich kirre machen und vergiften dein Gemüt
Erst foppt Begierde, und dann macht Genuß dich toll

Ob du nun hattest, hast, ob du noch haben willst
Du schwelgst beim Tun brutal in Seligkeit. Doch kaum
Ist es getan, bist du im Jammertal. Du killst
Durch die Erfüllung alles. Übrig bleibt ein Traum

Das weiß die Welt! Doch zeig mir 'n Weg, den keiner kennt
Auf dem man nicht durch Himmel so in Höllen rennt

130. Sonett

Mein Liebchen hat nicht grad ein' Sonnenblick. Zumal
Hat ihre Lippe nichts vom Rot, das die Koralle hat
Und nennt man weiß den Schnee, nenn ich ihrn Busen fahl
Wärn Haare Draht, wächst ihr das Haar wie schwarzer Draht

Ich kenne Rosen, Weiß mit Rot vermischt – bei ihr
Fand ich von Rosen auf der Wange keinen Hauch
Und manch Parfüm macht meiner Nase mehr Pläsier
Als meiner Liebsten Atem, steigt er aus dem Bauch

Ich mag es, wie sie plappert, doch ich weiß, es gibt
Musik, die nicht so unmelodisch kreischt und plärrt
Ich weiß: 'ne Göttin schwebt – doch meine, die mich liebt
Sie tappt voran, bleibt immer plump auf platter Erd

Und doch – bei Gott! –, ich sing viel ehrlicher ihr Lob
Als der, der sie mit Phrasen in den Himmel hob

138. Sonett

Wenn meine Liebste lügt, sie sei mir ewig treu
Dann glaub ich's gern und weiß doch, daß es Lüge ist
Sie hält mich für naiv. Die hält mich glatt für neu
Auf dieser Welt voll Falsch, Betrug und Hinterlist

Ich glaub, sie glaubt im Ernst, ich glaub, sie glaubt, ich sei
Noch frisch. Und dabei weiß ich doch: Sie weiß ganz gut
Die Blüte meiner Jahre, ach! ist längst vorbei
Die kahle Wahrheit halten wir hübsch unterm Hut

Warum gibt sie nicht einfach zu, daß sie nur lügt?
Was spiel ich Schwindler Jugend vor? Ich tu es halt
Weil: Liebe will betrogen sein, denn sie betrügt
Kein alter Lover liebt die Wahrheit: Er sei alt

Das schmeichelt uns: Sie lügt mich an – ich lüg sie um
Das bißchen Liebeslügerei ist gar nicht dumm

143. Sonett

Ein Gockel flattert, flieht davon, die Hausfrau rennt
Ihm schreiend nach, einfangen will sie dieses Vieh
Und läßt ihr Krabbelkind für solchen Konkurrent
Im Stich: ihr eigen Fleisch und Blut für 'n Kikeriki!

Sie rennt dem Hahn nach, dabei tappt ihr hinterher
Das arme Balg, es quäkt und bettelt, aber sie
Die Rabenmutter, kümmert sich ums Kind nicht mehr
Hat nur noch Augen für das blöde Federvieh

Genau wie dieses Weib rennst du dem nach, der dich
Jetzt flieht, und mich, dein Baby, läßt du barmen, gib
Dich nicht mit dem ab! Komm zurück und knuddel mich
Mach mir die Mama, küß mich und sei wieder lieb!

Komm nur zurück zu mir und schuckel mich in'n Schlaf
Ich nerv nicht mehr, laß dir mein' Nuckel – und bin brav

146. Sonett

Du, Seele, darbst im Sündenfleisch, dem Fraß für Maden
Genarrt von Lüsten, die dich mächtig attackiern
Du hungerst drinnen, Seele, aber die Fassaden
Läßt du dir außen mit viel Aufwand bunt beschmiern

Das kostet! Dabei ist dein Pachtvertrag befristet
Du hausest in der Bude nur zur Miete, ach!
Du schmeißt das Geld raus, denn in ihrem Körper nistet
Die Seele nur für kurze Zeit, drum rechne nach

Der Körper ist dein Schuldner und geht bald bankrott
Sei geizig, Seele, treibe Wucher und zugleich
Verschulde lieber dich und nimm Kredit bei Gott
Nach außen zeige Armut und sei innen reich

Verschling den Tod! Sei, Seele, du nicht sein Verzehr!
Und stirbt der Tod erst mal, dann gibt's kein Sterben mehr

147. Sonett

Ein Fieber ist mein Lieben, das sich nur verzehrt
Nach Medizin, von der man kränker wird: ein Giern
Nach Fraß, der hungrig macht nach der, die man verehrt
Es ist die kranke Sucht, dem Weib zu imponiern

Der Arzt für diese Liebeskrankheit, mein Verstand
Ging wütend weg, weil ich nicht schluck in meiner Not
Was er verschrieb. Verzweifelt hab ich nun erkannt
Die streng verbotene Begierde ist mein Tod

Gesund werd ich nie mehr, denn mein Verstand verließ
Mich ganz. Irr irr ich rum, dreh durch. Ich glaub
Ich denk und red schon wie 'n Verrückter das und dies
Bin für Frau Wahrheit, die vergeblich warnte, taub

Ich schwor auf dich, hab dich für rein und hell eracht'
Und bist doch höllenschwarz und finster wie die Nacht

154. Sonett

Als mal der kleine Liebesgott Cupido schlief
Die Fackel, die das Herz entflammt, an seiner Seit'
Da nahm 'ne Nymphe ihm das Feuer weg und lief
Davon, sie hatte sich der Keuschheit ja geweiht

So stahl die Keuscheste der Jungfraun ihm das Feuer
Das immerzu die Brände uns im Herz entfacht
Die Göttin hat den Herrn der Liebesabenteuer
Im Schlaf entwaffnet und um seine Macht gebracht

In einer kühlen Quelle löschte sie die Flammen
Der Liebe, so entstand ein warmes Heilbad da
Dort saß mit andern Liebeskranken ich zusammen
Zur Kur. Der Sklave meiner Liebsten bin ich ja

Ach, Liebesfeuer macht wohl Wasser heiß. Ich fühl
Nun aber: Wasser macht nie heiße Liebe kühl

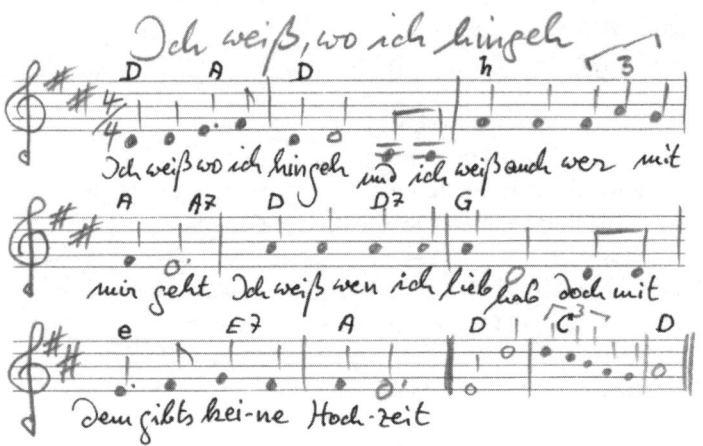

Ich weiß, wo ich hingeh

Ich weiß wo ich hingeh und ich weiß auch wer mit mir geht Ich weiß wen ich lieb hab doch mit dem gibts kei-ne Hoch-zeit

Joan Baez, als sie mich 1966 in der Clausseestraße besuchte, erklärte mir zu diesem Lied, daß es aus England kam, Der starke schwarze Johnny im Lied ist ein Bergmann im Kohlebau. In den USA eine neue Konnotation.

———— "

I Know Where I'm Going
Ich weiß, wo ich hingeh

Ich weiß, wo ich hingeh
Und ich weiß auch, wer mit mir geht
Ich weiß, wen ich liebhab
Doch mit dem gibt's keine Hochzeit

Seidenstrümpfe hab ich
Schnalln und schicke Dinger
Grüne Schuh' mit Schleifchen
Und 'n Ring für jeden Finger

Was soll mein Salon mir
Und weiche Daunendecken
In mei'm Bett fehlt John mir
Mein starker schwarzer Johnny

Grobe Hände und Füße
Doch ich sag: Er ist süße
Süßer als die andern
Ist mein starker schwarzer Johnny

Ich weiß, wo ich hingeh
Und weiß auch, wer mit mir geht
Ich weiß, wen ich liebhab
Doch mit dem gibt's keine Hochzeit

Und lieb sein kann ich auch!

Ich gammel rum als Spieler, ich spiel in der Unter-
In Washington, da war ich....

sta... dt. Ich knall mein Geld hin auf
Sti......ch. Und da fiel ich dummes Schwein auf 'ne

je-den Tisch wo man Po-ker-kar-ten hat
Zuckerpuppe

Refr. Po-ker-face und Colt am Band, und immer noch ne

Karte im Hemd, nichts Unmenschliches ist mir fremd. Und

lieb sein kann ich auch

142

Love Song
Und lieb sein kann ich – auch

    Pokerface und Colt am Bauch
    Und immer noch 'ne Karte im Hemd
    Nichts Unmenschliches ist mir fremd
    Und lieb sein kann ich – auch

Ich gammel rum als Spieler
Ich spiel in der Unterstadt
Ich klimper mein Geld hin auf jeden Tisch
Wo man Pokerkarten hat
In Washington, da war ich knapp
Drei Wochen und ohne ein' Stich
Und da fiel ich dummes Schwein auf 'ne Zuckerpuppe rein
Und auch die flog gleich auf mich

    Pokerface und Colt am Bauch
    Und immer noch 'ne Karte im Hemd
    Nichts Unmenschliches ist mir fremd
    Und lieb sein kann ich – auch

Sie nahm mich mit zur Mama
Mama war schwer entzückt
O Mutter, er ist nur ein Spieler, aber
Ich lieb ihn wie verrückt
O Tochter, liebste Tochter, diese
Schande tu mir nicht an
Du verläßt jetzt dein altes Mütterrütterlein
Und ein Spieler ist dein Mann

    Pokerface und Colt am Bauch
    Und immer noch 'ne Karte im Hemd ...

Ach Mutter, liebste Mutter
Ich liebe dich ja sehr
Ach, aber ich muß mit dem Spieler gehen

Den lieb ich noch viel mehr
Sie zog mit mir durch Kneipen und
Durch manchen Drink-Saloon
Und sie schaffte ran, und ich stand auch meinen Mann
Und sie ging in goldnen Schuhn

    Pokerface und Colt am Bauch
    Und immer noch 'ne Karte im Hemd ...

Wir ha'm uns krank gesoffen
Wir hungerten uns krumm
Viel Money gemacht – noch mehr durchgebracht
Was dann kam, war schön dumm:
Mir zitterten die Hände, und
Da fiel mir 'ne Karte raus
Und die Trottel sahn meinen Tricky-dicky-Trick
Und da war das Spielchen aus

    Pokerface und Colt am Bauch
    Und immer noch 'ne Karte im Hemd ...

Ich war fix mit den Karten
Die andren warn fix mit dem Colt
Und sie knallten aus Versehn meine Zuckerpuppe ab
Kein Mensch hat das gewollt
Ich sitz im Zug nach Georgia, und
Die Räder stampfen schwer:
»Ach Mutter, ich muß mit dem Spieler gehen
Den lieb ich noch viel mehr ...«

    Pokerface und Colt am Bauch
    Und immer noch 'ne Karte im Hemd
    Nichts Unmenschliches ist mir fremd
    Und lieb sein kann ich – auch

Lord Ronald

Oh, wo bist du gewesen, Lord Ronald, mein Sohn?

Oh, wo bist du gewesen
Lord Ronald, mein Sohn?
Oh, wo bist du gewesen
Lord Ronald, mein Sohn?
Ich war bei meiner Liebsten
Mach mein Bett schnell, Mutter, mach
Ich bin müde vom Jagen, müde vom Tag

Und was gab dir deine Liebste
Lord Ronald, mein Sohn?
Und was gab dir deine Liebste
Lord Ronald, mein Sohn?
Einen Gifttrank zum Sterben
Mach mein Bett schnell, Mutter, mach
Und mein Leben hab ich über und bin müde vom Tag

Oh My Darling, Clementine
Clementine

Lebt' ein Mann in Kalifornien
Kratzt' da Gold aus dem Gestein
Mit ihm haust' in seiner Höhle
Seine Tochter Clementine

    Oh my darling, oh my darling
    Oh my darling, Clementine
    Du bist hin und hin für immer
    Gott, das schmerzt mich, Clementine

Ach, mein lichtes leichtes Elflein
Konnte wie ein Nilpferd sein
Sie zerbrach mir dreizehn Rippen
Beim Umarmen, Clementine

    Oh my darling, oh my darling ...

Für die Füßchen ihre Schuhchen
Mußten Größe fünfzig sein
Darum lief sie immer barfuß
Auch im Sommer, Clementine

    Oh my darling, oh my darling ...

Jenen Tag, beim Gänsehüten
Stieß sie sich an'n spitzen Stein
Und da plumpste sie in'n Teich rein
Da ersoff mir Clementine

    Oh my darling, oh my darling ...

Rosenlippen brüllten HILFE!
Blasen blubbern groß und klein
Gottseidank, ich kann nicht schwimmen
– so verlor ich Clementine

    Oh my darling, oh my darling ...

Ach, nachtnächtlich Flüche fletschend
Sucht sie mich im Traume heim
Nein, das ist nicht, die ich liebte
Nein, das ist nicht Clementine

    Oh my darling, oh my darling ...

Wassertriefend tut ihr Geist mir
Jede Nacht was Schlimmes an
Und ich muß in Angstschweiß schwimmen
Wo ich doch nicht schwimmen kann

    Oh my darling, oh my darling ...

Gott, sie fehlt mir! Gott sie fehlt mir!
Ihre Schwester ist noch klein
Doch an der ihrn frühen Busen
Denk ich oft an Clementine

    Oh my darling, oh my darling
    Oh my darling, Clementine
    An der Schwester ihren Busen
    da vergaß ich Clementine

Mary-Ann

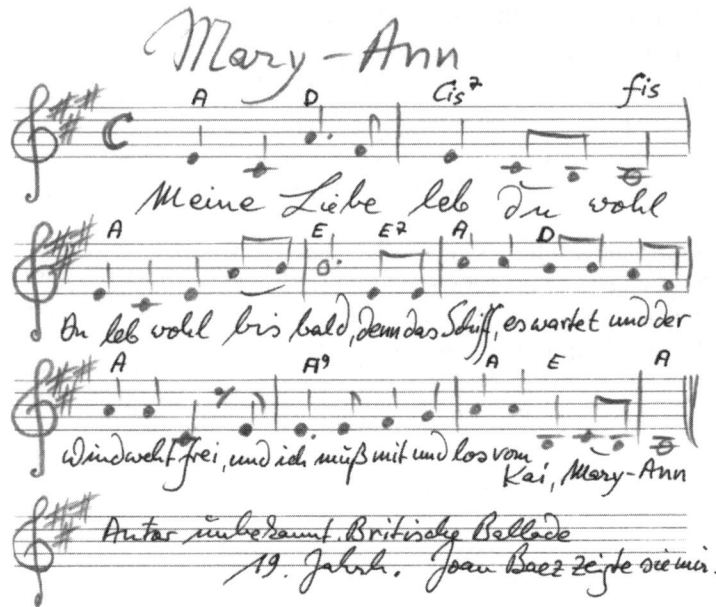

Meine Liebe leb du wohl

Du leb wohl bis bald, denn das Schiff, es wartet und der

Wind weht frei, und ich muß mit und los vom Kai, Mary-Ann

Autor unbekannt. Britische Ballade
19. Jahrh. Joan Baez zeigte sie mir.

Mary Ann
Mary Ann

Meine Liebe, leb du wohl
Du, leb wohl, bis bald
Denn das Schiff, es wartet, und der Wind weht frei
Und ich muß mit und los vom Kai, Mary Ann

Hätte ich 'ne Flasche Gin
Whisky noch dazu
Und zum Mixen einen löcherlosen Säuferhut
Ich mixte dir ein' Drink, mein Kind, Mary Ann

Kocht ein Hummer rot im Topf
Hängt im Netz ein Fisch
Was die leiden, ist noch gar nix im Vergleich zu mir
Denn die sind immerhin bei dir, Mary Ann

Meine Liebe, leb du wohl
Du, leb wohl, bis bald
Denn das Schiff, es wartet, und der Wind weht frei
Und ich muß mit und los vom Kai, Mary Ann

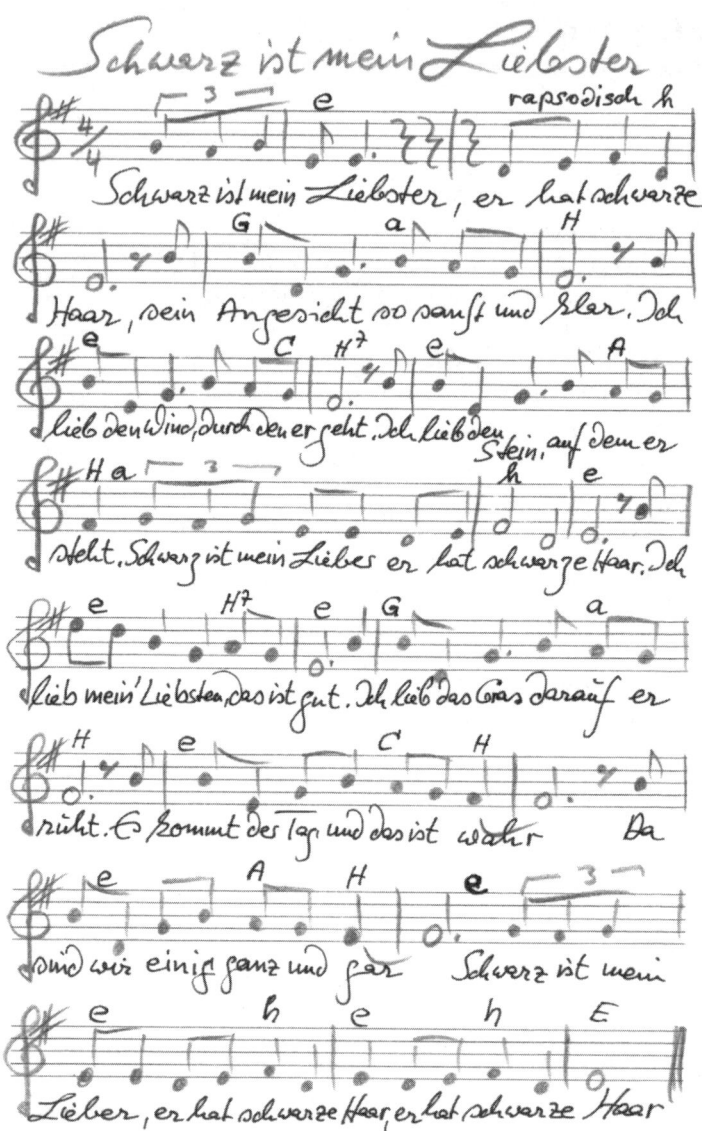

Schwarz ist mein Liebster

Schwarz ist mein Liebster, er hat schwarze Haar, sein Angesicht so sanft und klar. Ich lieb den Wind, durch den er geht. Ich lieb den Stein, auf dem er steht. Schwarz ist mein Lieber er hat schwarze Haar. Ich lieb mein'Liebsten, das ist gut. Ich lieb das Gras darauf er ruht. Es kommt der Tag und das ist wahr. Da sind wir einig ganz und gar. Schwarz ist mein Lieber, er hat schwarze Haar, er hat schwarze Haar

Black Is The Colour Of My True Love's Hair
Schwarz ist mein Liebster

Schwarz ist mein Liebster, er hat schwarzes Haar
Sein Angesicht so sanft und klar
Ich lieb den Wind, durch den er geht
Ich lieb den Stein, darauf er steht
Schwarz ist mein Lieber, er hat schwarzes Haar

Ich lieb meinen Liebsten, das ist gut
Ich lieb das Gras, darauf er ruht
Es kommt der Tag, und das ist wahr
Da sind wir einig ganz und gar
Schwarz ist mein Lieber, er hat schwarzes Haar

Ich hatt einen Liebsten

Ich hatt einen Liebsten und nun hab ich kein. Ich
nun hab ich kein'. Mit Sehnsucht und Sorgen, mit
Sehnsucht und Sorgen, mit Sehnsucht und Sorgen ließ
er mich allein

Once I Had A Sweetheart, And Now
I Have None
Ich hatt' einen Liebsten

Ich hatt' einen Liebsten, und nun hab ich kein'
Mit Sehnsucht und Sorgen, mit Sehnsucht und Sorgen
Mit Sehnsucht und Sorgen ließ er mich allein

Ich hab ihn ganz deutlich heut nacht im Traum gesehn
Wir lagen auf Rosen, wir lagen auf Rosen
Wir lagen auf Rosen und küßten uns schön

Ach, aber dann am Morgen, da lag ich auf Dorn'
Da sind meine Augen, da sind meine Augen
Da sind meine Augen zwei Springbrunnen worden

Durch Vietnam, durch Frankreich, nach
                       Schweden will ich ziehn
Mein Leben lang suchen, mein Leben lang suchen
Mein Leben lang suchen und kein' nur als ihn.

Ich hatt' einen Liebsten, und nun hab ich kein'
Mit Sehnsucht und Sorgen, mit Sehnsucht und Sorgen
Mit Sehnsucht und Sorgen ließ er mich allein

Vietnam – Frankreich – Schweden. Die Schweden boten Deserteuren der US-Army Asyl an. Und sowas schreibt der junge Wolf B. in das Lied rein, weil er drauf spekuliert, daß seine Freundin Eva-Maria es dann in Frankfurt an der Oder singen darf.

Rätsel-Lied

Ich gab mein Lieb ein Kirschlein, das hat kein Stein. Ich gab mein Lieb ein Küchlein, das hat kein Bein. Erzähl ihr 'ne Geschichte, die hat kein End. Und hat von mir ein Kindlein, das muß nicht wein' la la la la la la.....

The Riddle Song
Das Rätsel-Lied

Ich gab mein' Lieb ein Kirschlein, das hat kein' Stein
Ich gab mein' Lieb ein Küklein, das hat kein Bein
Erzähl ihr 'ne Geschichte, die hat kein End'
Und hat von mir ein Kindlein, das muß nicht wein'

Das gibt's doch nicht: 'ne Kirsche und hat kein' Stein
Das gibt's doch nicht: 'n Küken und hat kein Bein
Wo gibt es 'ne Geschichte und hat kein End'
Es gibt ja auch kein Kindlein und muß nie wein'

Ein Kirschlein, das am Baum blüht, hat noch kein Stein
Ein Küklein, das im Ei sitzt, das hat kein Bein
Mein Lieb, unsre Geschichte, die hat kein End'
Und in dei'm Bauch das Kindlein, das muß nicht wein'

dieses Lied gehört meinem Sohn Felix, der sich am Tage seiner Geburt 1975 am „Tag der Befreiung", dem 8. Mai, selbst befreite.

Johnny Sands
Ballade von Johnny Sand und Betsy Bucht

Ein Mann, ein Johnny Sand, hat mal
Geeh'licht 'ne Betsy Bucht
Sie brachte ihm Geld in die Ehe und Land
Und war im Bett auch 'ne Wuhuhucht

Doch leider war sie launisch verdreht
Mal ein- und mal übergeschnappt
Mal herrisch, mal hündisch – und, ihr versteht:
Der Laden hat nicht geklahahappt

So was von Hysterie gabs nie
Was die den gezwiebelt hat!
John hatte das Leben satt. Aber sie
Sie hatte den Johonny sahahatt

Ich werd mich am Ende noch, sprach John
Ersäufen im reißenden Fluß!
Na endlich! schrie sie, Mensch tu es doch!
Spring schon, und red keinen Stuhuhuß

Ach Betsy, ich fürchte, daß ich aus Angst
Im Wasser dann schwimmen tu
Ach Betsy, ach bind mir die Hände fest
Dann sauf ich ab im Nuhuhuu

Sie band ihm die Hände am Rücken fest
Und hing um sein' Hals einen Stein
Sie quetschte sich noch drei Tränen ab
Und sprach: Nun, Johnny, spring reiheihein!

Ach Betsy, muß denn geschieden sein
Leb wohl, mein Weib, Betsy
Nun nimm einen Anlauf und stoß mich rein
Mir zittern vor Angst die Kniehihie

Sie war ein Weib voll Saft und Kraft
Und raste auf ihn los
John sprang zur Seit' – sie plumpste rein
Wie in die Brühe ein Klohohoß

Sie japste, grapschte, planschte, schrie:
O rett' mich, mein Johnny Sand ...!
Gern, Liebling, schrie er, aber wie
Mit die gefesselten Händ' ...?

Johnny, I Hardly Knew You
Johnny, nun liegst du so da

Mit Blei und Schrei und Schrei und Blei – Hurra! Hurra!
Mit Blei und Schrei und Schrei und Blei – Hurra! Hurra!
Mit Blei und Schrei und Schrei und Blei
Wer hat denn nun wen geschlagen?!
Mein Mann, was ist an dir noch dran?
Johnny, nun liegst du so da

‖: Der Krieg ist aus, du bist zu Haus – Hurra! Hurra! :‖
Der Krieg ist aus, du bist zu Haus
Du siehst nicht mehr wie du selber aus
Dein Anblick reißt das Herz mir raus
Johnny, nun liegst du so da

Mit Blei und Schrei ...

‖: Die Arme ab, die Beine ab – Hurra! Hurra! :‖
Die Arme ab, die Beine ab
Du warst eins achtzig groß und stark
Jetzt paßt du in ein Kindergrab
Johnny, nun liegst du so da

Mit Blei und Schrei ...

‖: Sag mir, wo deine Augen sind – Hurra! Hurra! :‖
Sag mir, wo deine Augen sind
Warum hast du mich und das Kind
Allein gelassen im Kältewind?
Johnny, nun liegst du so da

Mit Blei und Schrei ...

‖: Das hab ich von der Siegerei – Hurra! Hurra! :‖
Das hab ich von der Siegerei
Dein General trinkt Sekt dabei
Und du bist gut zur Bettelei
Johnny, nun liegst du so da

Mit Blei und Schrei ...

‖: Das war die laute Blasmusik – Hurra! Hurra! :‖
Das war die laute Blasmusik
Fürs Vaterland: Der alte Trick
Den Männern bricht er das Genick
Johnny, nun liegst du so da

Mit Blei und Schrei und Schrei und Blei – Hurra! Hurra!

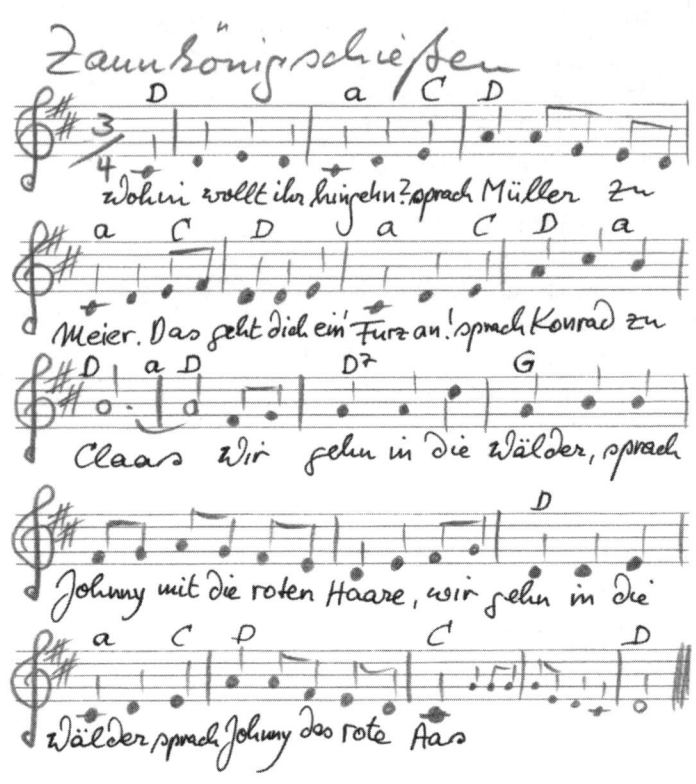

Zaunkönigschießen

Wohin wollt ihr hingehn? sprach Müller zu Meier. Das geht dich ein' Furz an! sprach Konrad zu Claas. Wir gehn in die Wälder, sprach Johnny mit die roten Haare, wir gehn in die Wälder sprach Johnny das rote Aas

Nb.: ein mittelalterliches Spottlied der Guerilla im alten England. Aber in verdeckter Sprache: Oder König wird hier „Zaunkönig" genannt. Und der Schnüffler Claas wird abgewimmelt mit ausweichenden Witzchen.

Cutty Wren
Zaunkönig schießen

Wohin wollt ihr hingehn?
– sprach Müller zu Meir
Das geht dich ein' Furz an
– sprach Konrad zu Claas
Wir gehen in die Wälder
– sprach Johnny mit die roten Haare
Wir gehen in die Wälder
– sprach Johnny, das rote Aas

Was wollt ihr da machen?
– sprach Müller zu Meir
Das geht dich ein' Furz an
– sprach Konrad zu Claas
Den Zaunkönig schießen
– sprach Johnny mit die roten Haare
Den Zaunkönig schießen
– sprach Johnny, das rote Aas

Wie wollt ihr ihn aber schlachten?
– sprach Müller zu Meir
Das geht dich ein' Furz an
– sprach Konrad zu Claas
Mit Messer und Gabel
– sprach Johnny mit die roten Haare
Mit Messer und Gabel
– sprach Johnny, das rote Aas

Und wer kriegt die Knöchelchen?
– sprach Müller zu Meir
Das geht dich ein' Furz an
– sprach Konrad zu Claas
Die spendiern wir den Armen
– sprach Johnny mit die roten Haare
Die spendiern wir den Armen
– sprach Johnny, das rote Aas

Ich bin meiner Mutter ihr einzig Kind

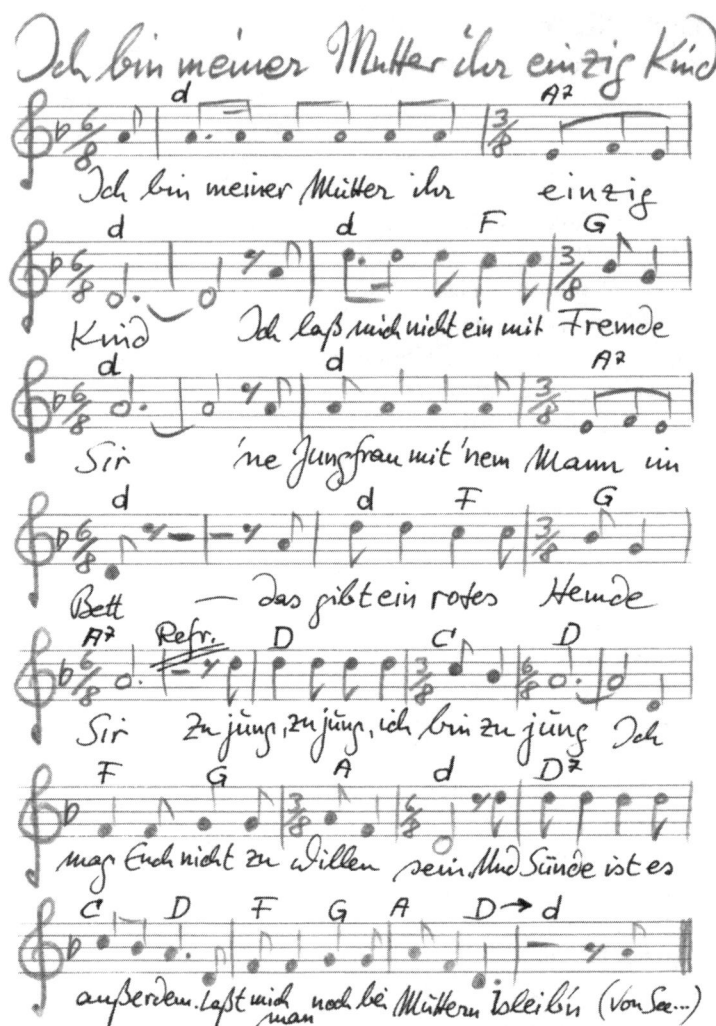

Ich bin meiner Mutter ihr   einzig

Kind   Ich laß mich nicht ein mit Fremde

Sir   'ne Jungfrau mit 'nem Mann in

Bett   — das gibt ein rotes Hemde

Sir   Zu jung, zu jung, ich bin zu jung   Ich

mag Euch nicht zu Willen sein. Und Sünde ist es

außerdem. Laßt mich noch bei Muttern bleibin (Von See...)
man

Robert Burns
I'm Owre Young To Marry Yet
Ich bin meiner Mutter ihr einzig' Kind

Ich bin meiner Mutter ihr einzig' Kind
Ich laß mich nicht ein mit Fremde, Sir
'ne Jungfrau mit 'nem Mann im Bett
Das gibt ein rotes Hemde, Sir

> Zu jung, ich bin zu jung
> Ich mag Euch nicht zu Willen sein
> Und Sünde ist es außerdem
> Laßt mich man noch bei Muttern bleib'n

Von See heult der Dezembersturm
Schwarz sind die Winternächte, Sir
Und Sie und ich in einem Bett
Ich mag nicht, wie ich möchte, Sir

> Zu jung, ich bin zu jung
> Ich mag Euch nicht zu Willen sein
> Und Sünde ist es außerdem
> Laßt mich man noch bei Muttern bleib'n

Jetzt sind die Tage kurz und kalt
Die Nächte lang und kälter, Sir
Wenn Ihr noch mal hier rüberkommt
Im Sommer bin ich älter, Sir

> Zu jung, ich bin zu jung
> Ich mag Euch nicht zu Willen sein
> Und Sünde ist es außerdem
> Laßt mich man noch bei Muttern bleib'n

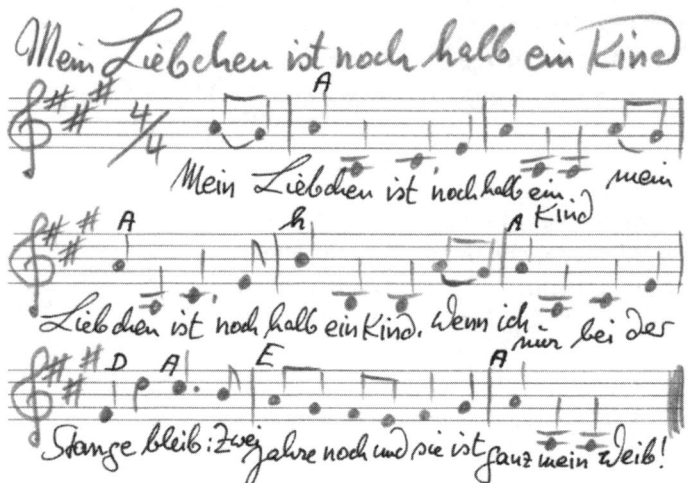

Mein Liebchen ist noch halb ein Kind

Mein Liebchen ist noch halb ein, mein
Liebchen ist noch halb ein Kind. Wenn ich nur bei der
Stange bleib: Zwei Jahre noch und sie ist ganz mein Weib!

Robert Burns

My Love, She's But A Lassie Yet
Mein Liebchen ist noch halb ein Kind

Mein Liebchen ist noch halb ein Kind
Mein Liebchen ist noch halb ein Kind
Wenn ich nur bei der Stange bleib:
Zwei Jahre noch, und sie ist ganz mein Weib

Verflucht den Tag, als ich sie fand
Verflucht den Tag, seit ich sie fand
Mein ist sie, doch ich hab sie nicht
Ihr Herz ist mein, doch nicht die Hand

Schenk ein ein' Schluck vom guten, Sir
Schenk ein ein' Schluck vom guten, Sir
Wenn ich schon keine Freuden hab
Hab ich doch Freunde und das Bier

Wir sind vom Saufen durstig, Mann
Wir sind vom Saufen durstig, Mann
Der Pfaffe küßt des Fiedlers Weib
Und morgen bei der Predigt pennt er dann

Mein Liebchen ist noch halb ein Kind
Mein Liebchen ist noch halb ein Kind
Wenn ich nur bei der Stange bleib:
Zwei Jahre noch, und sie ist ganz mein Weib

Ich geh nicht in den Krieg

Ich geh nicht in den Krieg, den Krieg mach ich auf meine Weise tam-ta-ram-ta-ram-tam-tam Ich geh nicht in den Krieg, den Krieg mach ich auf meine Wei-se. Ich zie-he los und ich be-sieg den Haß auf meiner Rei.......se

Robert Burns
Lines On War (I Murder Hate)
Ich geh nicht in den Krieg

Ich geh nicht in den Krieg. Den Krieg
Mach ich auf meine Weise:
Ich ziehe los, und ich besieg
Den Haß auf meiner Reise

Ich töte nur den Haß und nie
Kein' Mensch nicht. Meine Waffe
Ist die, die bricht beim Sieg, damit
Sie sich von neuem straffe

Ich stürme nur den Venusberg
Ruhm gibt es dafür keinen
Der Graben, den ich halten will
Liegt zwischen drallen Beinen

Ich weiß am besten, was mir frommt
Ich liebe keine Nöte
Mach lieber einen, wenn's so kommt
Als daß ich zwanzig töte

Zu Robert Burns

das weltweit populärste Lied des
Robert Burn's stammt nicht von ihm:

> Auld Lang Syne

— ein alter Schotte sang es dem Dichter
irgendwann irgendwo vor, und danach
schrieb Burns es auf, dh. ab. ——→
Musik ein folk-song.
Ich hab versucht, es in mein Deutsch
zu bringen: zu schwer! (für mich.)
Die deutschen Pfadfinderversionen sind
Schund. Falls aber for a' that and a' that
ein Leser dieser Zeilen es schafft, eine
authentische und zugleich antarge Nach-
dichtung zu liefern, werde ich ihn bitten,
sie mir für eine Nachauflage von
    „fliegen mit fremden federn"
zu überlassen. Aber nb.: singbar !!

Should auld acquaintance be forgot and never brought to min'...

Greensleeves
Lady Greensleeves

Feinsliebchen, ach! Ihr tut nicht recht
Verstoßet ohne Erbarmen mich!
Ich aber liebte Euch treu und echt
War so glückselig in Euren Armen

> Greensleeves war mein Wonneweib
> Greensleeves meines Leibes Lust
> Greensleeves – all mein Seelengold
> Keine andre als Lady Greensleeves

Greensleeves —— wörtl. grüne Ärmel.
musik.: Romanesca
Legende: Heinrich VIII., der humanistisch
gebildete Menschenfresser (Frauen!)
soll das Lied gemacht haben (Anne Boleyn)

Und wenn ich tot bin

Und wenn ich tot bin, Liebster, sing mir kein Lied voll Schmerz. Pflanz keine Rosen auf mein Grab, kein' Schattenbaum aufs Herz. Sei du mein Grün, mein Schauer, mein Morgentau im Licht. Mach wie du willst: vergiß mich — der vergiß mich nicht

Christina Georgina Rossetti
When I Am Dead, My Dearest
Und wenn ich tot bin, Liebster

Und wenn ich tot bin, Liebster
Sing mir kein Lied voll Schmerz
Pflanz keine Rosen auf mein Grab
Kein' Schattenbaum aufs Herz.
Sei du mein Grün, mein Schauer
Mein Morgentau im Licht.
Mach, wie du willst: vergiß mich
– oder vergiß mich nicht.

Ich merk ja doch kein' Regen
Kein Lied – und wenn sie zirpt
Die Grille nicht, die Nachtigall
Die singt, als ob sie stirbt.
Ich lieg bloß da im Zwielicht
Das wird nie Tag noch Nacht.
Mag sein, vielleicht vergeß ich,
Mag sein – vielleicht auch nicht.

Sally Gardens

Das war down bei den Sally – Gardens, dorthin
Und mit schneeweiße Füß durch den Garten', so

sing ich, mein Lieb' zu sehn
sah ich sie zu mir gehn sehn Sie

bat mich: Nimm leichter das ~~Leben~~ die Liebe denn sie

wächst wie das Blatt dort im Licht. Aber ich, ich war jung und

störrisch. Ich war blöd und verstand sie nicht

William Butler Yeats
Down By The Sally Gardens
Sally Gardens

Das war down bei den Sally Gardens
Dorthin ging ich, mein Lieb zu sehn
Und mit schneeweiße Füß durch den Garten
So sah ich sie zu mir gehn
Sie bat mich: Nimm leichter die Liebe
Denn sie wächst wie das Blatt dort im Licht
– aber ich, ich war jung und war störrisch
Ich war blöd und verstand sie nicht

Ach, und unten am Fluß in den Wiesen
Als mein Liebchen mit mir da stand
Da legte sie mir auf die Schulter
Ihre liebe schneeweiße Hand
Sie bat mich: Nimm leichter das Leben
Denn es wächst wie das Gras dort am Wehr
– aber ich, ich war jung und war störrisch
und jetzt wein ich mich tränenleer

Calypso

Ick sach dir, ick war'n Dreikäsehoch, als mir schon die Frage in' Schädel kroch. Ick löcherte mein Vadder noch und noch: Wie iss diss nü mit den Klappastock. Er stammelte stotterte spückte aus, und so kam die Sache raus: dat di Frau da-atta ün der Mann da-atta mit die ritze-ratze-zille-zille-mullemüsch heider rappelstock-pappelstock zappelstock üh! in die olle dolle kritz-kratz

Harry Belafonte
Man Piaba
Calypso

Ich sach dir, ich war 'n Dreikäsehoch
Als mir schon die Frage in'n Schädel kroch
Ich löcherte mein' Vadder noch un noch:
Wie is dis nu mit den Klapperstoch?!
Er stammelte stotterte spuckte aus
Und so kam die Sache raus:

    dat di Frau da atta un der Mann da atta
    mit di ritze ratze – kille kille – mulle musch
    hei der rappelstock pappelstock zappelstock uh!
    in di olle dolle kritz kratz

Das war klar wie Kloßbrühe mit Tinte und Teer
Ich war durchgedreht bis zum Gehtnichmehr
Ich fragte mein' Freund, dis is nämlich kein
Geringerer als dieser Albert Einstein
Der sagte: Mein Sohn,
Seit die Schöpfung in Raum und Zeit dasteht
Existiert absolut meine Relatität
Bei Wurzel aus Pi Err ins Quadrat
Hat Gott einen auf der Naht
In der Milchstraße ist ein Lichtjahr kurz
Und das Siebengestirn ist ein Engelsfurz
Und Marx geteilt durch Stalin hoch Mao
Da is das Ergebnis so:

    dat di Frau da atta un der Mann da atta
    mit di ritze ratze – kille kille – mulle musch
    hei der rappelstock pappelstock zappelstock uh!
    in di olle dolle kritz kratz

Das war klar wie Kloßbrühe mit Tinte un Teer
Ich war durchgedreht bis zum Gehtnichmehr
Ich hab Albi sein' Quatsch nich wiedergekäut
Ich trampte nach Wien zu Sigmund Freud
Der sagte: Mein Sohn,
Schluß mit dei'm alten Seelenknautsch
Pack deine Knochen mal auffe Couch!
Da unten bistu total frustriert
Und da oben haste das sublimiert
Liebe und Haß sind psychosomatisch
Der Test zeigt mir klar: Du bist hysto-phlegmatisch
Das Vaterblut und der Mutterkuß
Wir wissen seit Ödipus:

    dat di Frau da atta un der Mann da atta
    mit di ritze ratze – kille kille – mulle musch
    hei der rappelstock pappelstock zappelstock uh!
    in di olle dolle kritz kratz

In die Welt hab ich mich nun rumgeschaut
Ich fand Menge Leute, doch keine Braut
Von Schlaumeiern bin ich zu Weisen geirrt
Die haben mich nur verwirrt
Ich zog durch die Menschheit durch un durch
Und fragte die Frage vom Klappersturch
Nu bin ich klapprich krumm und kahl
Nu is es mir scheißegal:

    ob di Frau da atta un der Mann da atta
    mit di ritze ratze – kille kille – mulle musch
    hei der rappeltock pappelstock zappelstock uh!
    in di olle dolle kritz kratz

Nina Simone

I Sing Just To Know That I'm Alive
Ich sing nur, damit ich weiß: Ich leb!

Ich sing nur, damit ich weiß: Ich leb!
Ich spiel nur, damit ich weiß: Ich geb
Mich niemals auf. Ich sing
Den Blues, auch wenn ich swing
Ich sing bloß, damit ich weiß, ich leb!

Ich leb bloß, damit ich singen kann
Ich leb bloß, damit ich swingen kann
Ich sing mich in dich rein
So bin ich nicht allein
Ich leb bloß, damit ich singen kann

Ich liebe das Leben nur, wenn's lebt
Ich liebe dein Herz nur, wenn es bebt
Los, lieb mich ganz und gar
Mit Herz und Haut und Haar
Ich liebe das Leben nur, wenn's lebt

Ich sing bloß, damit ich weiterleb
Ich sing bloß, damit ich weiß: Ich geb
Mich niemals auf. Ich sing
Den Blues, auch wenn ich swing
Ich sing nur, damit ich weiß: Ich leb!

To His Coy Mistress
Für seine scheue Herrin

Tja, Lady, hätten wir mehr Raum, mehr Zeit
Wär kein Verbrechen Eure Blödigkeit
Die Tage unsrer Liebe könnten wir
Vertun, ob morgen, heut, ob dort, ob hier

Ihr fern in India am Gangesfluß
Rubine suchend – ich, der warten muß
Bis Sintflut kommt am Tag Sankt Nimmerlein
Von mir aus laßt Euch auch erst innig ein

Nachdem der Himmel uns zu Tode näßt
Erst wenn sogar der Jud sich taufen läßt
Mein Liebespflänzchen wucherte sogleich
Und wüchs dann langsam wie ein Königreich

Gut hundert Jahr hätt' ich zum Loben Zeit
Für Euren Blick, der Stirne Lieblichkeit
Zweihundert Jahre Zeit für Brust und Brust
Und dreißigtausend für was sonst noch Lust

Mir macht. Viel Muße hätt' ich für den Rest
Und was mein Herz ansonsten zittern läßt
Zeitalter! brauchte ich für ein Gedicht
Auf Euer Herz, denn flotter geht es nicht

Das stünde Ihnen zu, Madame, ich weiß
Euch preisen hat nun mal so 'n hohen Preis.
Ich hör die Zeit, die mir von hinten naht
Wie 'n Karrn rast sie, der Riesenflügel hat

Im Jenseits warten auf uns Wüstenei'n
Die müssen endlos öde zeitlos sein
Dort, Schönste, wär's mit Eurer Schönheit aus
Und schlaft Ihr dermaleinst im Totenhaus

In einer Marmorgruft, wo nichts ertönt
Nicht mal das Echo meines Liedes höhnt
Wenn Würmer Euch tief in der Dunkelheit
Fraßgierig rauben die Jungfräulichkeit

Die Ehre wird zu Staub, schlecht alles Gut
Zu Asche wird all meine Liebesglut
Das Grab ist heimlich, ein geweihter Platz
Doch wer umarmt da schon sein' Herzensschatz?

Und drum, solang das Licht der Jugend glüht
Wie Morgentau auf Euren Wangen blüht
Solang noch Eurer Seele Sinnenlust
Aus jeder Pore brennt: Ihr müßt! – Du ... mußt

Laß scherzen, schnäbeln uns, solang es geht
Wie Liebesvöglein, ehe uns verweht
Die Zeit. Wir wolln einander schlingen, komm
Mein stures Liebchen, schmachte nicht zu fromm

Was soll uns der Enthaltsamkeiten Qual?
Im Garten unsrer Lüste sanftbrutal
Erbeuten wir uns lachend Lebenssaft
Laß Knäul uns sein aus Süße und aus Kraft

Und halten wir den Sonnenball nicht auf
– wir treiben ihn voran in seinem Lauf

Halt am Wald

Ich weiß, der Wald rundrum ist sein
Ich seh sein Haus im Dorf da stehn
Ich halt hier halt. Er wird's nicht sehn
Es schneit und schneit, sein Wald schneit ein
Das ist die lange Winterzeit. Mein Gaul
trabt in die Dunkelheit

Den Refrain hab ich dem Frost reingesetzt,
die Musik wollte es so haben.

Robert Lee Frost
Stopping By Woods On A Snowy Evening
Halt am Wald am Abend im Schnee

Ich weiß: Der Wald rundrum ist sein
Ich seh sein Haus im Dorf da stehn
Ich halt hier halt – er wirds nicht sehn
Es schneit und schneit, sein Wald schneit ein
     Das ist die lange Winterzeit
     Mein Gaul trabt in die Dunkelheit

Mein Pferdchen stutzt: Was halten wir?
Nicht mal 'n Bauernhof gibt's hier
Nur schwarzen Wald, eisweißen See
Die längste Nacht bricht nun herein
     Das ist die lange Winterzeit
     Mein Gaul trabt in die Dunkelheit

Mein Pferdchen schüttelt sich man bloß
Als ob es fragt: Was ist jetzt los?
Die Glöckchen im Geschirr erschalln
Ein Windhauch fegt, die Flocken falln
     Das ist die lange Winterzeit
     Mein Gaul trabt in die Dunkelheit

Der Wald steht schwarz und schweiget süß
Ich büß mein Wort, ich halt mich raus
Kutsch lieber weit weit weg, nach Haus
Da schlaf ich ein – und endlich aus
     Das ist die lange Winterzeit
     Mein Gaul trabt in die Dunkelheit

Robert Lee Frost, er lebte von 1874 bis 1963 und spielte die Rolle des reimenden kauzigen Dorfphilosophen in den USA. Seine Verse sind dort sehr populär, weil die Schüler seine Gedichte by heart, also auswendig, lernen. Auch mit Vorliebe dies hier.

Interessant ist, daß er in seiner Jugend gefördert wurde von einem, der elf Jahre jünger war: Ezra Pound. Verdrehte Welt. Der blutjunge Pound »förderte« also junge Talente, als er man selber erst mit einem einzigen Gedichtbändchen *(Bei erloschenem Licht)* aus den USA in London gelandet war. Ezra Pound, ein Mussolini-Faschist und schlimmer noch: das, was Verlaine einen Verfasser von »Literatur« schimpfte, dieser Pound war immer schon ein modischer Geschaftlhuber! Er avancierte zur Lieblingslektüre – zusammen mit Gottfried Benn und Ernst Jünger – von Heiner Müller, als der Krebs parallel ihn und seine DDR zerfressen hatte. Goyas monstruos verdunkeln den Himmel, wenn Schruftstaller auf dem Wege in die Gruft sind!

Kurz vor seinem Tode las der greise Poet Robert Lee Frost auf den Stufen des Capitols in Washington zur Amtseinführung des Präsidenten John F. Kennedy 1961 ein staatstragendes, ein vaterländisches Kaisersgeburtstagsgedicht vor, das sehr gut zu Kennedys Slogan paßte: »Fragt nicht, was das Vaterland für euch tut, sondern nur: Was tue ich fürs Vaterland ...«.

Sein Gedicht hat den Titel: »The Gift Outright«, d.h. auf deutsch: »Totale Hingabe an das Vaterland«.

In einem frühen Lied von Bob Dylan heißt es etwa: Ich traf einen jungen Kerl aus Deutschland, da wurde mir klar: Was für die Deutschen Adolf Hitler ist, das ist für uns hier Robert Lee ... Wen meinte Dylan da? Etwa den legendären Südstaatengeneral Robert Lee aus dem amerikanischen Bürgerkrieg? Oder nicht vielmehr den Leib-und-Magen-Dichter der US-amerikanischen Patrioten?

Selbst wenn Dylans Wutanfall gegen diesen Robert Lee grotesk falsch sein sollte – sein Vergleich, seine Gleichsetzung des patriotischen USA-Dichters Robert Lee Frost oder des Generals Robert Lee mit dem nationalsozialistischen Massenmörder Adolf zeigt ungewollt eine wichtige Wahrheit: Die Leute in den USA haben keinen Schimmer, haben keine Erfahrung mit dem totalitären Drachen. Und das ist ihr Glück!!

John Keats
To Fanny Brawne
An Fanny Brawne, die Verlobte

Noch ist sie lebenswarm und immer noch imstand
Dich fest zu halten – wär sie aber kalt und läg die Hand
Dann in des Grabes eisigem Geschweig, sie würde dir
Dermaßen deinen Tag verfinstern, schrecken deinen Traum
Zur Nacht, daß lieber du dein eigen Herz ausbluten ließest
Damit der rote Saft durch meine Adern wieder pulst
Und Ruhe kommt in dein Gemüt, es weiß – da ist sie, schau –
Hier diese Hand, dir strecke ich sie hin

John Donne
The Sunne Rising
Sonnenaufgang

Du Närrin, Sonne, neugiergeiles altes Weib
Du nervst auf eine blöde Tour!
Durchs Fenster, durch den Vorhang – glotz du nur!
Die Sonnenuhr gilt nicht für Liebende, die Leib an Leib
Verglühn. Pedantisch penetrante Hippe, mach dich fort
Weck Schuljungs, faule Stifte schmeiße aus den Federn raus
Jag Jäger in den Wald, sag: Euer König reitet aus
Ameisen hol zur Ernte, Körner sammeln im Akkord
– die Liebe aber kümmert 's Wetter nicht,
                              noch Stund, Tag, Jahreszeit
Sie feiert jeden armen Augenblick wie eine goldne Ewigkeit

Du hältst wohl deine Strahln für stark,
                              anbetungswürdig – ach, gewiß
Mit einem Augenzwinkern könnt ich ganz
Bewölken dich, versonnenfinstern deinen eitlen Glanz
(Ich laß es, weil ich sonst den Anblick meiner Frau vermiß.)
Solang ihr Blick dich nicht geblendet hat,
                              schau nach. Und hängst
Du über Indien, Land der Gewürze,
                              oder über meinem Indien dort
Im Westen – dann erzähl, ob beide liegen,
                              wo sie lagen, oder längst
Auf unserm Laken! Frag nach den Königen.
                              Gleich an welchem Ort
Du sie grad sahst: Ich sage dir, sie alle sind komplett
Versammelt hier bei mir, die liegen längst in unserm Bett

Ich bin für meine Liebste alle Fürsten, sie ist jedes Land. So, wie
Wir beide sind, gibts nichts auf dieser Welt
Das Pack äfft uns nur nach, und den Vergleich
                              mit unsrer Liebe hält
Kein Fürst aus, all sein Pomp ist Talmi,
                              aller Reichtum Alchemie

Du Sonne hast das junge Glück nicht so wie wir
Bedenk dein Alter! Ruh dich aus, mach dir die Arbeit leicht
Wenn du schon Strahlen schicken willst, schein einfach hier
Es ist nun mal dein Amt, daß du die Erde
                                        wärmen mußt. Es reicht
Wenn du uns beide wärmst. Drum, Sonne,
                                bleibe stehn und mach
Dies Bett zu deinem Zentrum, diese Mauern
                                sind dein Sphärendach

John Donne
No Man Is An Island
Kein Mensch ist eine Insel für sich selbst

Kein Mensch ist eine Insel für sich selbst
Denn jeder Mensch ist Kontinent ein Stück
Ist Teil vom Ganzen
Und wenn die See was wegwäscht von der
Festlandscholle, dann verkleinert sich
Europa
Wenn eine Klippe wegbricht irgendwo
Auch, wenn es wegriß
Deiner Freunde festes Landhaus
Oder deins
Ja, jedes Menschen Tod
Er mindert mich
Als wär's ein Stück von mir
Weil ich der Menschheit zugehör
Und darum schicke niemand aus
Wenn du es wissen willst
Wem grad das Glöckchen läutet – dir!
Dir schlägt die Stunde

Berühmtes Zitat aus einer Predigt des »Metaphysical Poet« *John Donne* (1572–1631) in der St Paul's Cathedral, London. Er verfaßte neben all seinen Gedichten auch eine Streitschrift gegen die Pseudo-Märtyrer unter den fanatischen Katholiken.

Der Dichter John Donne lebte im Zeitalter der Entdeckungen. In dieser Epoche durchpflügten auch die Engländer mit ihren seetüchtigen Segelschiffen die Weltmeere und erlebten dabei, daß die Erde tatsächlich kein riesiger Teller ist, sondern eine Kugel. Damals eroberten sie nicht nur ferne Länder. Wenn die Kolonisatoren auf ihren gefährlichen Fahrten fremde Völker entdeckten, andere Rassen und Kulturen genossen und ruinierten, dann begriffen sie bei solcher Gelegenheit – trotz aller Überlegenheits-Illusionen – eine sensationelle Neuigkeit: Es gibt so etwas wie eine Menschheit. Jeder einzelne gehörte von da ab offensichtlich nicht nur zu einer Familie, einer Schicht, einer Religionsgemeinschaft, einem Clan, zu einem Volk oder sogar zu einem Imperium, sondern zur Gattung Mensch.

John Donne folgerte daraus poetenlogisch: Wenn also irgendwo am anderen Ende der Welt irgendein Exemplar unserer Art stirbt, dann stirbt auch in jedem von uns ein Teilchen mit, und dann ist dessen Tod ein Verlust für die ganze bunte Menschenfamilie auf diesem Erdenball. Damals war solch banale Einsicht eine unerhörte Entdeckung, die heute jedes Kind als Selbstverständlichkeit in der Schule lernt. Zudem weiß jeder Hinterwäldler dies aus eigener Anschauung in der Glotze. Ein Blick aus der Stube durchs Television-Fensterchen macht jeden Blinden zum Augenzeugen, einfach darum, weil er beim Zappen durch die Fernsehprogramme und bei Gelegenheit jeder Nachrichtensendung über die neuesten Blutbäder in zehn Minuten um die ganze Welt durch »bloody seas« segelt.

Was also kann einen wie mich heute noch an dieser Sensation von vor vierhundert Jahren erschüttern? Was entzückt unsereins an diesem Text eines Predigers auf den britischen Inseln, wenn der im 17. Jahrhundert auf seiner autarken Insel das Wort »Kontinent« in den angelsächsischen Mund nimmt? Einfach das: Wir Heutigen entdecken am Ende dieser Epoche, daß die Menschheit, aus moderner Perspektive, doch auf einem riesigen Teller sitzt und sich in der Gefahr bewegt, daß sie über den Rand in ein globales Verderben stürzt.

Mir gefällt es, daß Bob Dylan schon als junger Kerl 1963 in seinem Poem »Eleven Outlined Epitaphs« für die Pointe des ganzen elfteiligen Gedichts ein Zitat aus dieser Predigt des Poeten John Donne verwendet, wie vor ihm schon Hemingway für sein Buch über den Spanischen Bürgerkrieg: *Wem die Stunde schlägt.*

Jonne Donne
Holy Sonnet XIV
Brich mein Herz

Mit deinem Rammbock brich mein Herz, Gott, mach mir Qual
Dreifacher Sanfter du! Poch nicht nur sachte an
Um mich zu bessern, aufzurichten. Nein! Geh ran!
Zerschmettre! Brenne! So erschaffe mich noch mal

Wie 'ne berannte Stadt in fremder Hand bin ich!
Hingeben möchte ich mich dir – doch schaff ich's nicht!
Dein Vize, die Vernunft verfinstert mich mit Licht
In mir ist sie befangen, kneift, läßt mich im Stich

Von Herzen lieb ich dich und bitt': Lieb du auch mich
Verkuppelt wurd ich an dein' Feind. Ich bin bereit
Entbinde mich, los! Lös den Knoten! So komm ich

Zu dir. Ja, unterwirf mich, wie nur du es kannst
Du mußt mich fesseln, anders werd ich nie befreit
Keusch bin ich erst, wenn du mich lustvoll übermannst

John Donne
Break Of Day
Früh am Morgen

's ist wahr, der Tag brach an, mein Freund – na und?!
Ist das für 'n Aufbruch etwa 'n Grund?
Bleib liegen, Aufstehn macht keinen Sinn
Wir legten uns ja auch nicht hin
Weil's dunkelt, sondern weil wir uns so gerne küssen
Drum weil's nun hell wird, mußt du doch nicht gehen müssen

Mit scheelem Auge glotzt auf uns das Licht
Zum Glück hat's keine Zunge nicht
Kann also nie verraten, nicht wie's mir
Gefährlich gut im Bett gefällt mit dir
Nun hau nicht ab, du frecher Dieb, mein Herz ist dein
Mein Ruf ist futsch, jetzt bleib doch noch! Sei nicht gemein

Ich spüre, mehr als Lust lockt dich die Pflicht
So lebt man doch kein Leben nicht
Ob arm, ob faul, selbst falsche Liebe kann
Noch Liebe sein. Doch was soll mir 'n Mann
Der loskeucht in Geschäften und so blöde handelt
Wie 'n Gatte, der zugleich auf Freiersfüßen wandelt

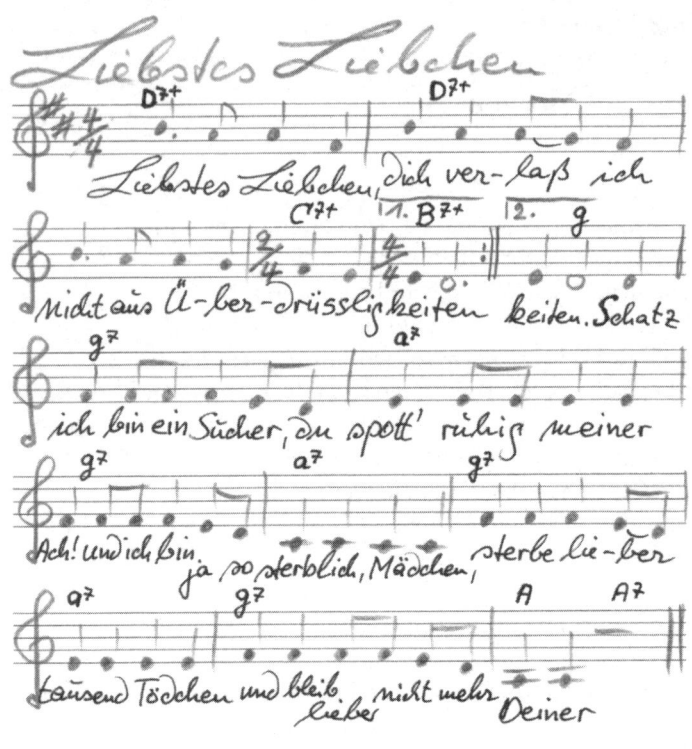

John Donne
Sweetest Love, I Do Not Go
John-Donne-Song

Liebstes Liebchen, dich verlaß ich
Nicht aus Überdrüßlichkeiten
Noch weil ich mir einbild, daß ich
Beßres find in unsern Breiten
Schatz, ich bin ein Sucher, du spott' ruhig meiner!
Ach, und bin ja so sterblich, Mädchen
Sterbe lieber tausend Tödchen
Und bleib lieber nicht mehr Deiner

Letzte Nacht verschwand der Sonnen-
Ball auf seiner Bahn zum Morgen
Der sucht keine Liebeswonnen
Hat viel Zeit und keine Sorgen
Ich bin anders, Liebste, wisse
Ich brauch wilde kurze Lieben
Habe Flügel, triebgetrieben
Bin schon fort, wenn ich dich küsse

Meine Kraft ist gleich im Schwinden
Wenn mal aussetzt unser Glücke
Will 'ne Stunde mehr rausschinden
Und kein Stündchen kommt zurücke
Droht ein Unglück, dann erliegen
Wir und wolln doch widerstehen
Bis wir dann im Straucheln sehen
Wie die Götter uns besiegen

Schatz, dein Seufzen, Weinen, Wüten
Macht mir angst, macht Seelenschmerzen
Böses Lieb, ich muß mich hüten
All mein Blut weicht aus dem Herzen
Du verfluchst mich und umwirbst mich
Sag, was soll mit uns noch werden
Bist mein bestes Stück auf Erden!
Doch ich fürchte, du verdirbst mich

Hex mir bloß kein böses Ende
Auf den Hals! Die Unglück spüren
Schrei'n herbei oft Schicksalshände
Die den Fluch ex-e-ku-tieren
Statt dich quälen und mich hassen
Laß uns lieber Liebe machen
Laß uns gut sein, weinen, lachen
Und einander nie verlassen

John Wilbye
O Wretched Man
O Elender, der das irdische Leben liebt

O Elender, der das irdische Leben liebt
Das nichts als Gram und endlos Ärger gibt
Genuß gebärt nur Unglück allemal
Ein Stündchen Spaß verdoppelt noch die Qual
Lust zeugt auf Erden Unzufriedenheit
Drum flieh dies Leben – es bringt nichts als Leid

John Farmer
A Little Pretty Bonny Lass
Ein nettes, hübsches Ding

Ein nettes, hübsches Ding ging schön spaziern
Vor Sonnenaufgang war das, Mitte Mai
Ich nahm sie bei der Hand, wollt nur poussiern
Versprach ihr dies und das und schwor dabei:
Ich würde dir auch ... Doch sie sagte: Mann
Tu du, was ich gern tät und noch nicht kann

Von den Menschen

krieg raus wer du bist — und schnüffel nicht

Gott hinterher   denn das, was die

Menschheit ist, be-greifst du am besten an dir

Ich tummel wie du auf dem schmalen Grat. Bin
Denn wo wir glänzen da sind wir fad, sind

ganz und vom Zweifel zerrissen   und wo wir
albern in all unsrem Wissen

groß sind, sind wir grob: Ein Kuß mit dem Vorschlag-

hammer, ein Streicheln mit der Forke. Im

Lieben blöd, im Hassen öd, verklemmt zwischen Baum
                                              und

Borke

Alexander Pope
An Essay On Man
Von den Menschen

krieg raus, wer du bist! und
schnüffel nicht Gott hinterher!
denn das, was die Menschheit ist
begreifst du am besten an dir

Ich taumel, wie du, auf dem schmalen Grat
Bin ganz – und vom Zweifel zerrissen
Denn wo wir glänzen, da sind wir fad
Sind albern in all unserm Wissen
Und wo wir groß sind, sind wir grob:
Ein Kuß mit dem Vorschlaghammer
Ein Streicheln mit der Forke
Im Lieben blöd, im Hassen öd
Verklemmt zwischen Baum und Borke

Gezottelt zwischen Gejammer und Spott
Wir schwanken beim Tun wie beim Lassen
Und wissen nicht: Bin ich Tier oder Gott
– Gott oder Tier –
Ein Raubtier, das betet, ein Gott, der beißt
Was ist denn im Menschen der Mensch?
Was man wohl menschlich heißt
Das faule Fleisch, der laue Geist
Das ist im Menschen der Mensch

Das große wie das kleine Licht
Geborn, um zu krepieren
Erleuchtet sind sie beide nicht
Wir grübeln, um zu irren
Und auch in deiner Brust verwirrn

Sich Leidenschaft und Verstand:
Der Mensch weiß das, was er glaubt!
Er täuscht. Er wird ent-täuscht. Und was
An Täuschung er braucht, grad das
Wird ihm geraubt

Du auch, ich auch. So sind wir gemacht
Wir rutschen ab in den Aufstieg
Die Weisheit lächelt, die Dummheit lacht
Und wenn er auch mal was rauskriegt
– der Mensch tappt rum im Erdenrund
Ist Herr über alle Dinge hier
(Und vorzüglich in der Meute)
Gewappnet gegen Gott und Tier
Nur seinesgleichen ist der Mensch
So leichte Beute

frei nach Alexander Pope, der 1732
in seinem „An Essay on Man" schrieb:
   „ Know then thyself,
   presume not God to scan
   The proper study
   of mankind is Man "

e. e. cummings
somewhere i have never travelled, gladly beyond
froh irgendwo, wohin nie meine reise ging
und jenseits

froh irgendwo, wohin nie meine reise ging und jenseits
gelebten lebens, da schweigen deine augen ihr schweigen:
in deiner gebrechlichsten geste sind dinge, die schließen mich
ein, oder ich kann sie nicht berühren, denn zu nah sind die

aufschließen wird und leicht mich dein
                              flüchtigster blick, obgleich
ich mich in mir verschloß wie in der faust die finger. du öffnest
immerzu mein selbst: ein blütenblatt nach
                        dem andern. so wie frau
frühling geheimnisvoll anrührt und öffnet
                              kunstvoll ihre erste rose

oder wenn du beliebst, mich zu verschließen, dann werden wir
beide: ich und mein leben, dichtmachen, hübsch brav und
prompt, wie wenn das herz dieser blume sich einphantasiert
daß da ein schnee niedersinkt, sachte bedacht und allüberall

nichts von dem, was wir je begreifen an dieser welt
kommt an macht gleich deiner starken zerbrechlichkeit
deren struktur mich hinreißt mit der färbung ihrer landstriche
die immerdar mit dem tod vergilt, bei jedwedem atemzug

ich weiß nicht, was das ist an dir, nicht was da schließt
und öffnet. nur irgendetwas tief in mir versteht am ende
daß deiner augen stimme tiefer ist als alle rosen
        nicht mal der regen, niemand hat so kleine hände

e. e. cummings
it may not always be so; and i say
mag sein, so bleibt es nicht

mag sein, so bleibt es nicht, ich sag es dir
falls deine lippen, ach, die ich so liebte, einst
an einen anderen geraten, wenn heftig deine finger
wie meins grad eben noch, sein herz ergreifen; und
läg auf eines anderen gesicht dein liebes haar, so
wie ich's kenne, wenn es schweigt – oder gekrümmt
von großem schmerz, getrieben in die enge
die worte hilflos vor der seele stammeln
– sollt alles jemals das so sein, ich sage falls
dann, du mein herz, gönn mir ein kleines wort
damit ich zu ihm gehen kann und greifen seine hände
und sagen: nimm hin alle glückseligkeit von mir

dann wende ich mich ab und hör den grauen vogel, der
singt furchtbar ferne, ach! aus dem verlornen land

e.e. cummings
**no man, if men are gods
dichter**

der ist kein mann, falls männer
götter sind. doch sollten götter
männer sein, dann ist der manchmal
nichts als mann. und ist gemeinster unter den
gemeinen. und gut für jede schlechtigkeit
der trieft mit jeder trauer mit. und mehr
als bloße lust ist seine lust und kostbar

der ist ein teufel, falls je teufel
wahrheit sagen. und falls engel sich
verbrennen an dem eignen ungetrübten
licht, das sie verschwenden. oder
wenn von diesen oder jenen welten
voll ekel er sich lieber wendet, ach!
als daß er je ein unergründlich schicksal
nicht besteht: ein feigling, faxenmacher
der, ein idiot, verräter, träumer, vieh

das alles war er, soll er sein, der
dichter, und das ist und bleibt er. wer
wagt sie auszulotsen, diese, ach! untiefen
tiefsten schreckens, wenn er 's leben
einsetzt, nur um eines sonnenstrahls
architektur zu stützen. und wer metzt
in stein unsterbliche verzweiflungs-
dschungel, bloß damit er eines felsens
herzschlag hält, in seiner hand

Wystan Hugh Auden
Musée des Beaux Arts
Musée des Beaux Arts

Was immer das Leiden angeht und seinen Rang
– die Alten Meister, da sahn sie durch!
Wie die verstanden, es einzuordnen ins
Menschenleben. Und wie so was abläuft, das
Unerhörte, indessen irgendwo wer am Futtern ist
Oder öffnet grad wo ein Fenster
Oder schlendert gelangweilt wohin
– oder aber, wenn in Ehrfurcht die Alten
Und inbrünstig harren auf die Wunderheilige
Die Geburt
Dann sind da auch immer noch Kinder und
Gar nicht ergriffen von dem, was passiert
Wenn sie leicht hingleiten auf ihren Kufen
Über das Eis, hart am Gehölz übern Weiher

Die Alten Meister, so was wußten die eben:
Grad das Martyrium, das Schauderschlimme
Geht seinen Gang nebenbei in einer gammligen
Ecke, wo Hunde hinleben, wie Hunde halt leben
Wo des Folterknechts Gaul sich am Baumstamm
Schubbert das schuldlose Hinterteil

Nimm nur den ICARUS, den von Breughel
Sieh, wie da alles sein' Gang geht, gemach
– Katastrophen, wen kümmern die groß
Der Pflüger da hat es womöglich gehört
Wie der Körper aufschlug aufs Wasser, den
abgegurgelten Schrei. Ach, der unerhörte
Fall, für ihn war's eben keiner. Die Sonne
Was soll sie auch anders, sie schien auf
Beine, weißhäutige, wie grad des Wassers
Grün sie verschluckt. Noch auch das kostbare
Kauffahrerschiff, sah da kein Aas denn

Nicht irgendwiewowas Erstaunliches geschehn:
Ein Junge! Wie er kippt aus dem Himmel ...
Nichts. Es ist auf dem Weg nach irgendwohin
und segelt gelassen davon

Wystan Hugh Auden
der Brite in den USA war es, der
uns vom Olymp herab verriet, daß
von den sämtlichen 154 Sonnets, die
wir seit 1609 von Shakespeare
kennen, genau 40 Güteklasse A
sind. _____ Aber welche ?!
Mustergültig alle. Und I. A meine
vierzig. Das allerstärkste: Nr. 66
(Ulrich Erckenbrecht in Kassel knows)

George Orwell
The Italian Soldier Shook My Hand
Der junge Soldat im Spanischen Krieg

Der junge Soldat aus Italien gab
Mir en passant in der Wache die Hand
So trafen zwei Hände sich, eine schmal
Die andre vom Arbeiten auf dem Land

Schön schwer. So fanden zwei Daumen sich
Und Friede war – mitten im Kriegsradau
Ich sah sein Gesicht, verwüstet und doch
Ein Antlitz, so klar und fein wie 'ne Frau

Besudelte Phrasen – zum Kotzen für mich –
Für ihn sind sie immer noch heilig rein
Was der von Geburt an im Kopf hat, krieg ich
Durch Lernen erst langsam in'n Schädel rein

Die Mündungen spucken uns Märchen aus
Wir haben die Kugeln von vorne geschluckt
Von hinten die Lügen. In diesem Spiel
Da hab ich dem Tod in die Karten geguckt

Dir! Dir wünsch ich Glück auf 'n Weg, Soldat
Ach bloß: die Tapfersten hab'n ja kein Glück
Du gabst alles hin für die Welt, jedoch
Was gibt sie dir jemals dafür zurück?

Gespenster verbluten im Schattenkampf
Verrat wuchert zwischen Weiß und Rot
Erschossen von Kugeln und Lügen zugleich
Paß auf, dein Kopf! Uns blüht der Tod

Denn wo blieb Gonzales, der Manuel?
Und wo find ich Pedro Aguilar
Ramon Fenellosa, wo sind alle hin?
Die Würmer im Boden, die wissen es ja

Bevor dein Gebein noch gebleicht sein wird
Verlöscht deine Tat und dein Name sogar
Und hinter der Lüge, die dich erschlug
Da grinst eine Lüge, die noch schlimmer war

Doch keine Macht der Welt löscht je aus
Das Leuchten von deinem Menschengesicht
Im Bombenhagel – ich hab es gesehn
So geistig rein wie Kristall: dein Licht

Dylan Thomas
To Others Than You
Du nicht, die anderen sind gemeint

Freund, als ein Feind ruf ich dich aus
Du mit der falschen Münze in der Augenhöhle
Mein Freund, du mit dem Flair, das so entzückt
Hast mir die Lüge angedreht und ohne Scham
Du gafftest auf mein heimlichstes Geheimnis
Gelinkt hast du, gelockt mit Augenzwinkern
Und meiner Liebe Kuchenzahn biß auf Granit
Verschrammt zuletzt, gestrauchelt, ausgelutscht
Du stehst, von mir gebranntmarkt als ein Dieb
Im Angedenken, das aus blinden Spiegeln kommt
Und unvergeßlich dieses Lächeln bei der Tat
Die harte schnelle Hand im Samthandschuh
Ach, und mein Herz kam unter deinen Hammer
Und warst ja auch mal 'n offnes Menschenkind
Warst froh, zufrieden und vertraut mit uns
Ich hätte nie und nicht einmal im Traum gedacht
Daß du mal Wahrheit bläst wie Dreck in alle Winde

Als ich sie noch um ihrer Fehler willen liebte
Wie auch um dessentwillen, was an ihnen Gutes war
Warn meine Freunde lang schon Feinde hoch auf Stelzen
Mit ihrem Kopf da oben in der Wolke des Verrats

Bob Dylan
Eleven Outlined Epitaphs
Elf Entwürfe für meinen Grabspruch

I

Schluß, aus! Ich komm zum Ende
der Abend ist noch jung
ich tapp 'ne fremde Straße runter, seh
die Häuser schwer verrammelt wie
Tresore
blind baller ich mit bloße Hände
an irgend so 'ne Jalousie
schwer keuchend
stammel ich und stotter
dann brüllt was aus mir raus:
     Wo lang?
        Was läuft verkehrt?
           Wen anknalln? Welchen nassen Sack
              mit Spottgesängen niedersingen?
                Und welche Killer in die Knie zwingen?
                  Wie zeigen wir's dem etablierten Pack?

Und wo ist hier ein Fenster, hinter dem
ich wenigstens mal irgend so 'n Normalo
spüren kann
wie's den vom Tisch vielleicht
beim Abendbrot hochreißt
und wie es aus ihm rausgeblubbert kommt:
     »War da nich was?
        Hab ich nich grade
           irgendwen gehört?
              Vor unserm Haus,
                wer macht da rum?«

Vor Ewigkeiten, also: grade eben
kam's helle über mich
und in Sekundenschnelle
ein Gedankenblitz!
und alles, alles war
urplötzlich sonnenklar
jetzt seh ich durch
wie all die andern klugen Dummen
die denken: Jaa, genau! So isses!

Nee, doch nich:
    nein, kann sein
        is alles noch verborgen
            das Neue muß sich wohl
                erst mal vermummen

Der Flash traf mich ins Mark
niemals zuvor hab ich gehört
so 'n Fegefeuer-Sound
da brachen über mich herein
wildwüste Hirngespinste
und ich hab nicht schlecht gestaunt:
Apokalypse! Welt stürzt ein!
Ein Rappel: Erde geht kaputt!
Und Panik: Menschheit geht zugrund
Dann legte sich der Sturm
mein Rippenkäfig
war heil geblieben und
der Puls ging runter
Herzmuskel kerngesund

Die Wut ist abgeflaut, hat hinterlassen
so menschheitsretterische Überreste
ins ausgewaschne Leintuch eklig eingepreßte
das Laken tropft am Pfahle einer Wäscheleine aus
Ich meine das: die keine Not je wenden
so Schnapsideen von heile Welt
das Paradies herbeigequasselt
und unser bißchen Erdenglück
wird uns zerredet und vermasselt

Doch dieser Schock hat – das ist wahr
mich aufgescheucht für 'n Weilchen
aus der Gemütlichkeit mit all den bunten
Postern
aus Flowerpower Friede Freude Eierkuchen
Erlöserphantasien beim Dracheneiersuchen
zu Ostern

Protestcollagen aus so Fetzen
im großen Weltgeschichte-Müll
Marx, Marilyn und Micky Mouse
alternaive Malereien in Acryl
halb subversiv und halb schi-schi
aus Freiheit und Democracy
an meiner Wand, für mich gepinselt,
Freund und Feind schön Ton in Ton
die Revolution ohne Revolution
aus Ku-Klux-Klan und Rassenwahn
aus Rassenkampf und klasse Hanf
mal paradox als Klan-Klux-Klu
ich dreh dem chaotischen Idyll
aus Pappe und Leinwand und Plastikzeug
mein hinteres Auge zu

Doch als ich wieder hinsah, warn se weg
beamtete Gorillas vonner Müllabfuhr
die hatten grad mit ihren groben Pfoten
mir meine kleine heile Welt zersaut
und haben alles einfach liegenlassen
die Trash-Man-Monster hinterließen
Containerladungen voll Modedreck
und der erbrach sich über all die Bilder
verschmierte mir die Farben

Dann dies: ein Stachel stieß
gewaltsam meine Augendeckel zu
zugleich hat Neugier mich gestachelt
denn das, genau das wollt ich wissen:
Wann schlag ich meine Augen wieder auf
und zwar mit einem Blick, dem keiner standhält
auch nich so 'n Piesel, der da penetrant
auf mich herunterstiert
– grad jetzt! – und sich mokiert
und über mich zu seinem Kumpel motzt:
»Wann klappt der Scheks die Augen wieder hoch?«
»Wer, der? Der is mit Selbstbegeisterung bekotzt!
der reißt nicht seine Augen auf, der nicht!«

»Dann sieht er ja rein gaanix vonne Welt!«
»Der lebt in eine Sonderwelt in sein' Gehirn«
»O Himmel-Arsch-und-Zwirn!
    dann isser wirklich abgedreht
      in echt! Der Typ is nicht ganz dicht!«

Im Diamantenzauber eingeschneiter Straßen
lausch ich auf Wegen übers Land
dem Klingeling-Gebimmel
hör Glöcklein von 'nem Pferdeschlitten
Weit über weiße Felder schwirrt
die Kicherei, das glucksige Gesinge
der Mädchen, die fast Frauen sind
mit flirrenden Stimmen
Kehllaute verklingen
die kleine heile Welt ist ein Gefühl
'ne wunderbare Illusion, sonst nischt
wie angewurzelt bleib ich stehn
schiefmäulig lächle ich dazu
genieße, wie der Himmelsbrand erlischt
wenn sacht das Sonnenlicht vernachtet
Und weil meine Augen
    verschlossen sind
      bleibt all solche Schönheit
        unbeachtet

2

Erinn'rung hab ich keinen Schimmer an das Kaff
wo ich geboren ward, jedoch
die Tuuterei der Nebelhörner weiß ich noch
den Nieselregen und die Felsenriffe
Gefühle hab ich keine mitgenommen
von diesen Hügeln da am Lake Superior

Da war das schöne Land noch nicht verwüstet
schon gar nicht wie am Erie-See
bei Cleveland, wo die Hochöfen vergammeln
da fließen Industrieabwässer in Gewässer
Der Abfall von Maschinen, Menschen, Tieren

Die ganze Seenlandschaft eine kranke Schlampe
wo klares Wasser war, ist jetzt 'ne Jauchegrube
die Fische tot, genießbar ist nur noch der Blick
die Leute sagen über diese giftverseuchte Pampe
zum Pflügen mit Traktoren isse noch zu dünn
zum Schwimmen für die Schiffe
schon zu dick

Vor meiner Zeit in Minneapolis kam ich nach Hibbing,
wo ich allmählich wurde, der ich noch nicht bin
den schnellen Blick, Einbildung, Phantasie, Gesichte
wenn ich verdrecktes Blau vom Himmel runterkiffe
das alles konnt ich prima erben von
der Stadt, der großen: große Einsamkeit. Ich kriegte
für 'n Stolz des Unverstandenseins den Sinn
dazu den Duft der Fäulnis für Gedichte

'ne reiche Stadt war's nicht
und meine Eltern waren keine Reichen
'ne arme Stadt war's nicht, desgleichen
warn meine Eltern keine Armen
die Stadt war halt 'ne Stadt im Sterben

O ja, sie starb. Und wo der ganze Ort
durchschnitten wird von Gleisen
der Eisenbahn, kann man sie sehn
da ist die wunde Stelle dort, von dort
hab'n sie sich weggemacht
die Eltern, meine. Väter, Mütter
meiner Freunde, alle zogen um
von Hibbing im Norden
         nach Hibbing im Süden

Nord-Hibbing, das alte, ist lange verödet
ein totes Viertel, verwüstet die Straßen
Da steht das Gericht. Der Prachtbau in Stein
ist längst seinem Schicksal überlassen

Die eitergelben Ziegel verwesen im Wind
die Fensterhöhlen starren stockblind
wie Augen, von Sturmvögeln ausgepickt
das Hauptportal röchelt in Agonie
weil Moos das Mauerwerk erstickt

In die meine Mutter mal ging, die Schule
ist altersschwach, ein verrottetes Loch
und doch, der Kadaver lebt immer noch
Die Mauern stehn sprachlos und kalt
im Winde ...
mit abgehauenen Armen
Wenn er vorbeigeschwommen kommt
der Mond, und lächelt gelinde
und sieht die Ruine, die elend zerfetzte
dann wendet er schaudernd seinen Blick
so läßt er ihr die Würde, die letzte

Und über den Friedhof hin heulten die Hunde
die Grabsteine selber warn schon krepiert
kein Stöhnen mehr, kein Sterbelaut
nur Wind kämmt das wilde Gras

Und Ziegelsteine
vormals mit Mörtel schön aufgeschichtet
Stück um Stück falln sie wieder zurück
in den Dreck, aus dem sie gebrannt warn
weil nämlich ein Lufthauch
bei einer Brise brutal sie herabstößt
als hätten Feuerstürme des Kriegs
das Land mit Bomben vernichtet

Süd-Hibbing
nach da zog nun alles um
da wollten sie ihr Klein-Babylon
ganz neu aufrichten
doch das ist gescheitert am Wind, am Wind
der Höllenhund, das himmlische Kind
der Nordwind war es, in Wut entbrannt

und weil ihm keiner was angetan hatte
folgte er ihnen mit Rachsucht, ja und
– so flohen die Jahre durch das Land

Ich aber. Ich war jünger drauf
wollt unbedingt noch andre Steine lecken
mal andre Regenbogen sehn
Geborgenheit war mir ein Schrecken
ich haute ab und hörte seitdem
nie wieder auf mit dem Stiftengehn ...

So 'n Abhau-Typ bin ich und brauch es so
bin seßhaft auf Achse,
bleib der, der nicht bleibt
Und sein will ich nichts. Ich will werden ...
Punkt!
Mich fesselt, was mich in die Ferne treibt
ich wandel nicht abgeklärt auf Erden
ich stehe ihn durch: steten Wandel
Bin rumgestreunt, ein bunter Hund
verbring meine Zeit, die auf Erden mir
gegeben ist, als extremer Flüchter
im Geiste wie im Fleische. Und
so bin ich ins Leben davongerannt
so habe ich manche Furcht gebannt
mit mancher Pose fiel ich auf'n Bauch
verblüht ist mir manch schöner Traum

Doch niemals vergeß ich dich
du tiefverschneiter Norden
– wart's nur ab
ich weiß es: wir sehn uns wieder

Doch dann:
Mit neuen Augen will ich sehn
und lässig die Straßen runterschlendern
am Stadtrand lungern, an Geländern
treff ein paar Kumpels aus fernen Tagen
sofern es die dort noch gibt

Mit Alten will ich reden, auch mit Jungen
und wieder abhaun – ja
und innehalten im Vorübergehn
ans Herze drücken will ich das,
was ich verlor

Liebhaben will ich sogar
    diesen lieblosen Ort
        das ward mir inzwischen klar
Was ich verlor – o Mann
      ich warte nicht mehr drauf
        daß mir die Stadt je wiedergibt
          was sie keinem liefern kann

3
Ja, früher mal
da träumte ich davon, es hätt'
mich in den Hungerjahrn, den Dreißigern
nach New York City
so wie den Woody Guthrie reingeweht

Ich hätte wie der da rumgetingelt
für 'n paar Dimes
in U-Bahn-Zügen
wo du für 'n Ticket einen Nickel blechst

Die Kneipen hätt' ich abgeklappert so wie er
das läppert sich, wenn da der Hut rumgeht
die Achte Avenue rauf runter
hätt' meine Runden da gedreht
durch die Gewerkschaftsbuden, doch
als ich mich durchschlug
von unserm Minne-haha-Creek
am Missisippifluß im Lande des Loon
bis runter und rüber nach New York
da war der Fahrpreis schon geklettert
auf fünfzehn Cent
und immer noch im Steigen

So 'n gammelromantisches Bumslokal
wo Woody Guthrie dazumal
mit der Gitarre lässig klampfte
die abgemafften Schmuddelbars
sind nicht mehr das, was sie mal warn
sind aufgestylt auf neuesten Nepp
auf Schickimicki, da spreizen sich jetzt
schwer geldparfümierte Stenze

Und in so Gewerkschaftsbuden von
der NMU und vom CIO
wird unsereins weder warm noch froh
bei denen ist so 'n gerupfter Vogel wie ich
nich grade das Gelbe vom Ei
da wartet kein Aas
auf den Songwriter aus der Provinz
auf eine Balladensingerei
auf so ein verkrachtes Genie wie mich
da jiepert keiner und zahlt paar Pence
für einen Folksong oder zwei

Ach! Wo sind sie inzwischen hin
die Helden vom vorigen Jahr
keine Lokalgröße nimmt mich hier
in Empfang wie 'n Superstar
begrüßt mich groß und klatscht Beifall
für meinen kleinen Abgesang
mit Knüttelvers auf »underground«
waschecht im Underdoggy-Sound

Underground ist neuste Masche
        Schornsteinfeger schlucken Asche

Soll ich deinen Schornstein fegen
        mußt de dich schon selbst hinlegen

Undergroundy schwimmt wie 'n Kork
        auf der Jauche von New York

Underground liegt schon im Koma
  brülln die Glocken in Oklahoma

Tote sind noch dreimal toter
  sterben sie in Minnesota

Jetzt aber reißt mich aus dem Triefen,
meine eingeborene Gier
nach dem Lebenselixier
Sonne brandet, Schaum der Lichtgischt
bricht durch aufgerißne Fenster
zieht mich aus den seichten Tiefen
ich komm wieder hoch, mach Schluß
Faules Abgehänge? – Nee!
  Rumgetriefe is mir nicht nischt
    und die tristen Abgesänge
      sind passé

Ohne Furcht seh ich Gespenster
die hier rausgekrochen kommen
aus den Stahlzeit-Endmoränen
wo die Autowracks verrotten,
Schrottgeburten, so wie Oldie
Ford Tin Lizzy, unverwüstlich

Lizzy hat mich abgeschmettert
Wenn ich mich auch noch so krallte
an die alte Auto-Lady
mit geschminkter Blechkarosse
bin zu Fuß dann rumgetippelt
ja, so war es, ungelogen!
Tür verrammelt und kein Schwein da
keiner läßt mich rein da
wüste Winde heulten kalt
um zerbrochne Werbeflächen
Ein Plakat, halb abgerissen
schönes Foto: Stahlarbeiter
ohne Arbeit,
    ohne Chance
      ohne Geld und ohne Rat

stehn vor einer kalten Steel-Mill
und darunter 'n Marx-Zitat:

The production
    of too many useful things
        results in too many
           useless people

Was gehn mich schon Sachen an ...
(denke ich und renne weiter)
... die ich doch nich ändern kann!
Noch so andre Spießersprüche
schwirrten mir im Kopf herum:
Wer nicht wagt, der nicht gewinnt
      Hunger ist der beste Koch
         Halbe Wahrheit – ganz gelogen
           Armut ist ein Glanz aus innen
              Jeder seines Glückes Schmied!
              Keine Macht den Drogen!

An der nächsten Mac-Donald's-Bude
is 'n Zettel angepinnt:
»Keiner da! Alle ausgeflogen«
Mann, da guckte aber einer
blöde aus'er Wäsche: Ich!
glatt verkackt, echt abgefuckt
kurz geschluckt, zusamm'gezuckt
sag aber nich brav: »Jaa – o. k.!«
sondern denke mir: »Nee, nee!«

Ich lauf weiter
hundsgemein:
nächste Tür schon wieder zu!
nächste auch, wie kann das sein ...
Ist hier jemand unerwünscht?
– Etwa ich? – Quatsch, ich! Von wegen!
Nein, mir machte das nix aus
Ungeliebt? – Was, ich? Ach was!
war nun mal kein Schwein zu Haus

war kein Schwanz zu sehn, kein Mensch
der mich brauchte oder nich
der mich liebhat oder nich

Daß da trotzdem welche Leute
drinne saßen, kann wohl sein
lassen mich nich rein? – Was soll's!
So was scheut das Risiko
mit so windigen Gestalten
die frech an die Haustür rocken
kann so ein' wie mich das schocken?
Nie und nimmer, doch nicht mich!

Immerhin, das spürte ich:
Würd ich auch nur für 'n Momentchen
heulen, betteln, Flappe ziehn
hieße das: Jetzt ha'm wa 'n endlich
auf dem Arsch und auf den Knien
Also kehrt! Ich renn die Straße
weiter, immer weiter runter
baller blind an fremde Türen,
die verrammelt sind

Ich Ich Ich – verloren' Kind?
Quatsch mit Sauce, ich doch nich!
Fremdling, der herumstreunt – ich?
Bin kein Fremder, bin bloß einer
der hier nicht zum Kiez gehört
mach nicht groß auf den, der weiß
wo der Barthel hier den Most holt
aber bin auch nicht das letzte
Würstchen, das beim Grilln am Ende
eurer Party auf dem Rost kohlt

Immerhin, jetzt seh ich Land
bin die bösen Geister los
die mein Kinderherzchen foppten
auf beknirschte Wege lockten
und verführn zum Trauersaufen

ausgerechnet ein' wie mich!
Hörste draußen vor der Türe?
Du da drinne – hörste was?
Falls du rumtriefst, halte inne
und dann schnallst du:
      Ich bin ich!

4
Jimmy, o Jim
      zu welche Partei
          gehörn wa bloß hin?

Zeig mir die Party, die eine, die meine
so 'ne Partei, wo alle echt gleich sind
wo die Bestimmer nicht
immer auch reicher sind
wo nicht die Schweine
immer noch gleicher sind
So was hat Bert Brecht geschrieben
      jeder wird als Mensch gesehn
      keinen wird man übergehn
gar nicht so schlecht, wa?
Copyright Brecht, tja!
      keinen wird man übergehn
      jeder wird als Mensch gesehn

Auch Democracy kann niemals
alle Menschentiere
glücklich machen
– du mußt dich schon selbst bequemen
Freiheit kann dir nun mal keiner
geben, du mußt sie dir nehmen
Mörder und Karrierelumpen
irgendeine Sorte Drachen
wird's auf Erden immer geben
Und wer aufrecht geht, kriegt leider
leicht was auf die Schnauze, aber
auch auf allen vieren wolln wir
und wenn es noch dicker kommt:

Sogar totgeschlagen werden
wir uns wieder erheben

Leide nicht an Patriotenpathos
doch mokieren werde ich mich
niemals übers Sternenbanner
wenn wo Schweinerein grassieren
oder sogar Staatsverbrechen
will ich ohne Furcht mich wehren
werde brüllen, schweigen, sprechen
meine Wahrheit will ich singen
mich macht keiner so leicht ein
niemand kann mich flapsig gegen
schwer erkämpfte Freiheitsrechte
hetzen
So soll's sein – so wird es sein
daß die freigebor'nen Bürger
feierlich geloben
sich für diese Denke einzusetzen

Ja, das wolln und das brauchen wir:
Wahlverein ohne Unten und Oben
Wähler, die noch was wählen wolln
Massen, die keinen zu Tode trampeln
die auf dem Pfade der Tugend sich tummeln
ob steinig, ob glatt, ob schmal oder breit
Wege, die jeder sucht, also auch ich
Mensch will ich sein, ohne Geifern und Hassen
einer, der sich zum Besseren drängt
losschreit, als ob er am Kreuze hängt:
»Gott, warum hast Du mich verlassen!«
Da kannste ruhig über mich lachen:
»Ich renn gegen alles an, absolut
            was der Natur Gewalt antut!«
(der menschlichen oder sonst irgendwelcher)
»Ich bin Rigorist, der mächtig aufdreht
        wo's gegen die Alleskaputtmacher geht!«
(egal ob Menschen, Tiere oder Sachen)

Wo lern ich die tolle Truppe kennen?
Los, schleppt mich ab in so 'n Wahllokal!
Und welchen Kandidaten schickt man ins Rennen?
Verquaste Quaßler braucht man da nicht
Wir brauchen ein' Typ, der gut reden kann,
und dem man sogar dann noch glaubt
wenn er die Wahrheit spricht

Und wieviel Geld muß in unsere Kassen?
Und wie viele Stimmen braucht's überhaupt
damit wir den Fressen im Kongreß
ein neues Gebiß verpassen?
Wie viele Wähler müssen die Hand hochheben
für das Gute und Echte und Wahre
bis sie dem Weißen Haus auf dem Schädel
endlich mal wieder wachsen: die Haare?

O nein, das ist nicht der tolldreiste Ton
wie früher. Nix is mehr so, wie es war
in wildbewegten Gründerzeiten
Und nu sach mal du:
Was ward aus dem Geiste der Rebellion
ich meine in Boston den Teeparty-Coup

Wer heute im Tee ist, der braucht dazu Gras
und wenn ich GRAS sag, dann meine ich GRAS
das kerbt euch in eure Holzköpfe ein
die Party von damals ist aus und vorbei

Doch wo find ich heute 'ne Gutmensch-Partei
die Brandstifter, Folterer, Schlächter stoppt
Fanatikerpack, mit dem brennenden Kreuz
und spitzer Kapuze auf hirnlosem Schädel
das legt unsre halbe Welt noch in Asche
nur weil es 'ne dumpfe Bedrohung fühlt
und immer mit Streichhölzer inne Tasche

Tja, gäb es in echt so 'ne beßre Partei
mit der wär's im Handumdrehn vorbei

Wo find ich 'ne wirkliche Opposition?
Auf welche Verschworenen kann ich schwören?
Auf welch gute Rechner kann ich rechnen?
Der Wahnsinn blüht als Vernunftsreligion
wo doch jeder Blinde schon sehen kann
sein Leben hängt nur noch am Faden dran
und halten immer noch treudoof zur Stange
die lächeln noch im Würgegriff
und schnappen nach Luft
da macht keiner schlapp
loyal bis in'n Tod
marschierten gehorsam ins Massengrab

Wer also wird reden und danach handeln?
wer wird dieses knallbunte Grauen beenden
und wie viele Meere werden wir noch
bis dahin in Kloaken verwandeln?

Als man mich lernen ließ
was Leute so wissen
damit ich folgsam nach Höherem strebe
damit ich auch in der sogenannten
Wahrheit lebe, der nackten
damit ich meine düsteren Traumgespinste
zerreiße im Licht der Erkenntnis
da verbannte man mich ins verdorrte Land
der Buchdeckel und der Akten

Und alles das in dem Geist jener Mächte
die man mir aufgeschwatzt hatte
das Motto beim Pauken war Stuß:
Es hieß nämlich: Wissen ist Macht
Wer hat denn gesagt, daß ich Macht haben muß!
Da irrte ich einsam, total verloren –
durch Talschluchten in dem Herdengetrampel
da wird nicht geweint und wird nicht gelacht

Mit Knäblein und Mägdlein auf Lernwut dressiert
das Wissen suchend, als sei es Erlösung

so schleppte ich mich durch dörrende Hitze
unter der Sonne, von der man verbrannt wird
Aufklärung, wie es von Lehrern genannt wird
unter dem schwebenden Schatten der Adler
(waren wohl Geier, die witterten Aas)
lautlos
fraßgierig
warten sie ab
beobachten scharf
vom hohen Felsen
die Beute gelassen
und immer stapfte ich weiter voran
mit meinen Schmetterlingen im Schädel
war schon verknittert geworden und bitter

Das laß dir gesagt sein, und präg es dir ein!
Warum denn, mein Herr,
        die Arme sind mir ja so schon schwer
Ich sag dir: Nimm lieber was an von mir!
        zu deinem Besten, junger Mann
Ich hab ja noch nicht mal die Lektion
        von gestern abend begriffen, Sir!
Muß ich mit dir andre Seiten aufziehn?
Nein, lassen Sie's gut sein! Weil ich mich beug
        ich seh alles ein, ja, geben Sie her,
                ich leg's zu dem anderen Zeug
Na, siehst du! Und wenn du schön lernst, du du du
        dann kriegst du von mir auch 'ne fette Eins
                mach alles genau so, wie ich es tu tu

Mit jedem schlauen Gaga-Spruch
wuchs meine Wut, ich konnte nix machen
in meiner Ohnmacht kam es mir vor
als ob unsereins zum Verblöden geborn is
von Mal zu Mal rutschte ich tiefer und tiefer
der tumben Verworrenheit in den Rachen

Mir knickten die Beine ein unter der Last
Karussell ohne Pferdchen in meinem Kopf

ich wußte nicht mehr, was hinten und vorn ist
kam keinen Meter voran
wurde matt und matter
mit glasigen Blicken
und dann am Ende hörte ich
das gierige Krächzen der Totenvögel
ich aber, der blutige Anfänger
torkelte über das Lernstoffgeröll
am Fuße der Berge
paar Blitze rissen die Himmel auf
vom Donner gerührt blieb ich stehn
mein Herz schlug zum Hals hoch
ich brüllte los:
Genug! Mir reicht's!
Ob schlecht oder gut
ich will nicht mehr büffeln!
Ich habe genug von Zensurenpeitschen
von Lehrerlob wie von Zuchtmeister-Rüffeln!
Aus und vorbei mit der Paukerei!
Dann holte ich tief Luft
machte kehrt, aber wie:
Ich rannte schreiend um mein Leben
schrie und schrie
ich rannte von steinigen Wegen auf Straßen
Chausseen, per Anhalter Highways und weiter
zurück in den Asphaltdschungel der Städte
bloß weg von diesen Schluchten und Bergen

Ich muß nicht die Gipfel der Wissenschaft stürmen
muß nicht meine Stirn auf'm Plättbrett bügeln
und nie wieder soll mich stumpfen
was dumpfe Lehrer in Schüler reinprügeln
was alleswissende Zwerge
        vom Ding-an-sich wissen
so 'n Zeug will ich nie nicht mehr wissen müssen
kein Steißtrommler soll mich je
        zu einem Hirntrommler machen
wohl aber möcht ich hinter das kommen
was ich mit eigenen Augen seh

und noch nicht versteh
auch hinter den verrammelten Türen
was Leute über die Dinge der Welt
tief ahnen und spüren

Von da ab schlug ich ganz andre Wege ein
naturgewachsener Menschenwürde
die Nesthocker ließ ich Nesthocker sein
zog niemals mehr meine Stiefel aus
egal, wie endlose Meilen lang
mir meine Socken qualmten

Und, Jim, auf solchen Wegen renn ich noch immer
noch immer schlaf ich am Straßenrand
genieße, was ich zu essen fand

Gern lauf ich da, wo kein Grenzverhau
mich nervt, wo kein Spürhund mich wittert
und wo sie keine Geige spielt
die University
im piekfeinen Berkley oder auch
bei 'n Bums auf der Bovery

Ich suche noch immer 'ne Party, wo
ich Partei nehmen darf für Gefühle
verletzte Seelen, für zarte Gemüter
von Vorschlaghämmern plattgemacht
für Herzen, grausam aufgerissen
von alten rostigen Eisenpflügen
Nach alldem, Jimmy, frag ich noch mal:
Sag mir ohne Eierei, ohne Schmu:
    Wo finde ich diese Partei,
       die gut ist, auch
          für so Empfindsamkeiten?
Sag, wie kann man professionelle Gangster
die an unserm Glücksrad manipuliern
endlich erwischen und stoppen?
Die zocken uns ab und zinken die Karten
Wann werden wir endlich kapiern

daß man diese Schieber Schummler Betrüger
aus unserm Spielchen rauskicken kann
die solln uns nicht länger blutig foppen
ich will die weghaben – und zwar sofort
im Diesseits, im Jenseits, für alle Zeiten!

5
Das Weib von Al
hat mal
auf mich ein böses Schicksalswort gegiftet
so 'n Wort verwüstet wie Naturgewalten
das war, als in New Jersey uns die Nacht
'ne Rolle rückwärts machte
und wir mit Ohrenschlackern schnallten
wie so ein Abend in die Finsternis entschwindet

Da machte dieses Weib von Al
gewaltig auf griechische Parze
Sie sagte: »Bob, wenn du im Dunkeln rumballerst
        dann triffste immer ins Schwarze«
Und dann behauptet noch dieses Stück:
»O Bob, deine Seele ist rabenschwarz
        drum kannste nie glücklich sein«
Da hielt ich gegen:
»Die Farben in dem Schwarzweiß der Nacht
        kann ich sehr wohl erkennen,
            ich kann sie sogar genießen –
                ich kann mich glücklich nennen«
Nu wieder sie: »Du singst so Songs,
        die ziehn ein' nur runter«
»So siehst es nur du, durch deine Brille«
Nun sie: »Wieso! Ich sehe die Dinge, wie sie sind«
»Trotzdem, du siehst das alles nur durch deine Brille«
»Und was ist mit denen, die so sehn wie ich?«
»Es gibt keine schlechten Wörter, es kann
        nur schlechte Gedanken geben
– so sagt Lenny Bruce. Und da hat er recht:

Miese Gedanken
      ziehn einen runter, jedoch
         ein schlechtes Wort ist niemals schlecht
Nun wieder sie: »Wie kannst du glücklich sein und wann?«
»Mir reicht mein Glück – grad jetzt und hier«
»Wieso?«
»Weil ich in Ruhe rausschau und schön sehen kann
wie grad die Nacht sich von der Spule rollt«
»Was soll nun wieder das: Die Nacht rollt von der Spule ...?«
»Will sagen: ... hat kein Ende. Und ist eben groß
      so groß, daß: Jedesmal, wenn ich es sehe,
         kommt es mir vor, als wär's
            zum allerersten Mal«
»Na und?«
»Weil alles, was kein Ende find't
      und ist dermaßen groß
         das muß halt Dichtung sein
            auf die Art oder andre«
»Nun ja, blabla ...«
»Und Dichtung macht halt, daß ich glücklich bin«
»O.k., und doch ...«
»Ich kann's grad nicht in beßre Worte bringen ...«
»Was aber mit so Songs,
      warum mußt du dein' Blues so bluesig singen?«
»Ich sing nix weiter als mein Glücksgefühl
      das von der blauen Spule rollt«

6
Der Woody Guthrie, mein Idol – mein letztes
mein letzter Abgott, weil er auch mein erster war
– wir haben es geklärt, wie man so sagt:
von Angesicht zu Angesicht
als wir alleine waren, hab ich Menschenkind
zum ersten Mal kapiert, daß alle Menschen
nur Menschen sind

So hat er es zertrümmert, ja, er selber
mein Woody-Guthrie-Götzenbild
und lehrte mich, daß Leute Gründe haben

für das, was sie verstecken oder zeigen
für das, was sie grad tun und lassen,
und was sie sprechen oder schweigen

Und Zweifel muß erlaubt sein
nicht gegen Worte nur, auch gegen jede Tat
kein Tier, das Menschenantlitz trägt
soll blind befolgen irgendein' Befehl
und dann noch das:
Kein Mensch darf seine eigene Natur
verleugnen oder gar vergessen
im Lieben nicht, auch nicht im Hassen
(denn da gibt's abertausend gute Gründe inner Welt
Millionen Mal Naturinstinkte
Milliarden Triebe, ungezähmte
und es passiert nicht grade oft
daß auch nur zwei von unsrer Art
zusammenpassen)

Wenn unsereins den Gott nicht überprüfen darf
macht mir das angst
Wenn Götter stürzen, reißen sie
auch unser Hoffen mit in'n Abgrund

Der Woody hat mir solchen Sturz erspart
und weggerissen hat er nie 'ne Hoffnung,
'ne gute Illusion, die mich am Leben hielt
wo immer er auch seine Lieder sang
im prallgefüllten Liedersack trug er
ein Buch vom Menschen mit sich rum
er gab's mir für ein Weilchen, daß ich darin lese
will sagen: Meine wichtigste Lektion
hab ich von dem gelernt

Nach alldem kommst du mir mit diesem Kohl:
»Wie fühlst du dich nun selber als Idol?«
Es wäre ganz schön dußlig, würde ich
dir darauf eine Antwort liefern. Etwa nich?

7

Drei rote Augen hat der Iwan und ein halbes
Dazu fünf flammende Antennenspitzen
Er schleppt am Fuß die Kette mit der Eisenkugel
und die sieht russischrot aus, wie 'ne Runkelrübe

Der Russe möchte uns Bazilln reinschmuggeln
den Cola-Automaten will er mir verseuchen
Nun fordern sexverquaste Geisteskranke
von der gewählten Obrigkeit im Kapitol:
»Brennt jeden Baumstumpf nieder an der Grenze!«

Kriegskrämer kreischen los, von früh bis in die Nacht
»Vergiftet unsern Himmel gegen rote Rußki-Bomber!«
So tobt im Kalten Krieg die Völkerschlacht
Knechtsvolk verschanzt sich hinter Freiheitsphrasen
es heuln mit Striemen auf'm Rücken Rußlandkenner
»Bringt alles um, was nicht gut-amerikanisch ist
        und haltet sauber Gottes eignes Land!«
So patrioteln diese eingeschribnen Buchverbrenner
»Fünf Bücher ha'm wa letztes Wochenend' verbrannt!«

Derweil streunt Bobby Lee, mein Freund,
durch Greenwich Village, er genießt
daß er sich endlich rausgezogen hat
aus diesem Harlem-Sumpf, aus dem er kam
wo seine Mutter noch die Nacht durchwachen muß
hört Ratten da rumoren im verfaulten Ausgußbecken
und unterm Bett aus Apfelsinenkisten
bricht durch die Risse der maroden Wände
die Kälte ein
So liegt die Mutter starr vor Schreck
im Dreck der Decken eingemummelt
Dabei ist diese Frau nicht schuldig
weiß Gott (Gott wird's wohl wissen!)
dermaßen gütig und geduldig ...
Gibt's also keine Bösewichte hier
        bei uns, direkt vor meiner Tür?

O Mannomann
        gibt's etwa nur die kinderfresserischen
            Russenmonster weit
                weit weg von unserm reichen Land?
auch Ratten fressen ja die Babys an

Als ich mich am andern Ende der Welt
in Holland mal rumtrieb ohne Gitarre
da quatschte 'n junger Deutscher mich an
der hat mir verklickert: Die Amis sind
kulturlose Wichte ohne Geschichte:

Wir haben also nur Indianer gekillt
die armen Schwarzen zu Sklaven gemacht
wir haben Europa nur Unglück gebracht
wir fressen nur Fastfood und andern Mist
wir spielen uns auf als Weltpolizist
Und Wahlen sind nur ein holder Wahn
und deutsch ist die Freiheit der Autobahn

Ich ließ ihn reden und war ganz Ohr
so stellt sich also Klein Fritz die Löcher
im amerikanischen Käse vor
ein herziger Nachkriegsgermane war das
und das mit den Juden war gar nich so wild
»Ihr Amis habt da ein ganz falsches Bild!«
Er hat mir dann wortreich angedreht
was er so unter Geschichte versteht:
der sieht seinen Adolf Hitler an
        – das is kein Spaß! – genauso wie
            wir unseren Südstaatengeneral
                vom Bürgerkrieg: Robert E. Lee

War das nun ein Rechter? Ein Linker von Rechts?
die Fronten sind wirr in der Alten Welt
das war zum Glück nie mein Drama
Nu schnall dein Pistolenhalfter fester
Hey, Mister Revolverheld in Alabama
kauf dir gefälligst mal neue Scharniere

für dein steifes Roughneck-Genick
Es gibt nämlich keine Rechten mehr
schon gar keine echten Linken
es gibt nur brutale Hochkommerei
oder das große Sinken

Ich hatte die letzte Nacht einen Traum
da war ich grad oben in Harlem dabei
beim Zimmerdeckeverputzen
und hab da was lodern gesehn
ganz Canada sah ich in Flammen aufgehn
kein Aas hat 'ne Ahnung, wer nun da
gefährlich mit Feuer spielt
Nur einer weiß es, versteht sich, er
der grade das Streichholz hielt

8
Wohl bin ich ein Gedankendieb, doch nicht
bloß das nich: Menschenfresser
der Seelen klaut, kaut und verdaut

Zerstört hab ich, wiederaufgebaut
auf das, was ja nur darauf wartet:
Sogar auf Treibsand errichte ich
sturmfeste Burgen aus haltbaren Wörtern
an manchem abgelegenen Strand
Ich bau gern auf das
        was 'n andrer erfand
            und lange
                vor meiner Zeit:
Ein Wort
        eine Weise
            'ne Story
                'ne Wendung

Windschlüssel schließen die Sinne mir auf
– ich bin nun mal bißchen platzangstdoof
brauch frischen Aufwind im Hinterhof
mein Ding ist es nicht, hier rumhängen

tiefsinnig grübeln und Welt anglotzen
kostbare Zeit vergammeln und dreist
niemals gedachte Gedanken denken
nie nicht geträumte Träume austüfteln
Ideen ausbrüten, die kein Mensch je hatte
sich krümmen und spreizen und winden
Wortmonster in die Sprache reinsetzen
eitles Drauflos-Erfinden

Und das, Mister, war schon gar nie mein Ding
Daß ich zwei Menschen in Reime zwing
die sich nun mal nicht reimen – Nie! Nein!
Das wäre im Lied wie im Lieben gemein

Höchste Kunst wie plattes Leben:
Was sich reimt, das reimt sich eben
find ich kein Reimwort, dann reimt es nicht
nur für den Stümper sind Reime 'ne Fessel
manchmal dichten die Dichter dichter
manchmal dichten sie gar nicht so dicht
Formfetischisten sind Krümelkacker
Inhaltsfanatiker Seelenaushacker
Nichtskönner fürchten sich vor den Meistern
So 'n Literat auf'm Schreibtischsessel
ist nicht so einfach zu begeistern

Ob im Schweigen, ob im Schrei'n
Ich will bei meinen Poeterei'n
das bißchen Wahrheit nicht noch verkleistern
niemals den Bruch in der Welt verkleben
Denn wie es kommt, so kommt's. Und wenn
nich, dann nich. So dichte ich eben!

Attacken muß ich parieren mit Attacken
muß Schnellfeuertöne spucken
Nur treffende Worte sind Munition
ich tarn mich mit Melodien, die eingehn
Die alten Lieder, die Bibelgeschichten
wahrhaftige Lügenmärchen, steinalte

beflügeln mein Herz, damit ich die Weise
nur clever ein bißchen umgestalte
paar raffiniertere Harmonien
verbarrikadiern mein kleines Versteck
vor all den dämlichen Spießerfressen
die meine Songs gar nicht schlucken wolln
und lieber den Star mit Haut und Haar
roh schlingen als Hauptgericht
die machen das hier so auf Erden
damit sie am Ende bloß selber nicht
von andern gefressen werden

Ob ich was abgeschrieben hab von andern?
Na logo! An die hunderttausend Mal
Ich geb ja auch immer mal andern was ab
bin ungeniert im Ideen-Zappzerapp
ich klau ja nur das, was mir wirklich paßt
Myriaden fremder Töne sind mein Eigentum
denn alles, was Lied ist, Song, Chanson
kommt uns Menschen her aus dem weiten Meer
Vor Urzeiten gab's noch nicht Zungen, die
Gesänge des Ozeans nachsingen konnten

Das ist mein Trick: Ich zucke
nicht mit der Wimper, wenn ich so olle
Gassenhauer wie Kröten schlucke
Aus der verbrauchten Häßlichkeit
forme ich mir die jungen Schönen
den neuesten Ton erfinde ich euch
aus lang schon zersungenen Tönen
aus Alt mach Neu – gilt auch für Poeten
und mach mich bloß keiner meschugge
mit Künschtler-Knigge-Benimm-dich-Regeln
denn gültige Normen gibt es noch nicht
um im Gesang mein Herz auszuschrein
und dabei weiß ich sehr wohl:
Ich bin es und solche wie ich!

Die auf der Gegenseite? – Die nie!
Wir! und nich sie. Wir leben und dichten!
Wir stelln uns auf kommende Regeln ein!
　　Falls überhaupt, die nach uns kommen
　　　sich je nach so Regelkram richten

Also rottet euch ruhig zusammen
　　Gedankenschnüffler, Klugscheißer und
　　Beckmesser, Denkpolizisten und
　　Dummbeutel vom Dienst, ihr
　　　Mac-Carthy-Kartell im Musenbordell
　　　Staatsanwälte für Kunstproduktion
schreibt sauber den Satz euch ins Merkheft ein:
PARAGRAPHENHENGST KANN KEIN PEGASUS SEIN!

Und dann versucht es mal! Nur immer ran!
Nicht uns – euch läuft ja die Zeit davon
ja, macht die Bühne zum Tribunal!
– dem seh ich mit Grinsen entgegen
mit einem bösen Lachen
die Angeklagten nämlich kenn ich besser
als ihr. Und während ihr und euresgleichen
wie der Hund seine eigne Kotze schlingt
und zur Hexenjagd
　　zum Krieg gegen Sänger
　　　zur heiligen Dichterhatz
　　　　das Tätärätää trompetet
sind wir schon feste und fröhlich bei
Der eine zwitschert, der andere singt
wir pfeifen – und gar nicht auf'm letzten Loch! –
wir misten ihn aus, euern noblen Saustall
das vaterländische Kriegsgericht
wir Denkdeserteure fegen fegen
und spitzen die Ohren
wir zwinkern einander zu wie Ganoven
Nehmt euch in acht,
　　in Bälde wird euch
　　　der Prozeß gemacht!
Unterdessen

steht euer Todesurteil längst fest:
Ihr müßt mit der Schande weiterleben
Und alles wird euch vergeben, jedoch
nichts wird euch jemals vergessen

Kennt ihr die Höllen des Dante nicht
    die schrecklichen Terzetten?
      Der deutsche Jude aus Paris
Heinrich Heine, hat euch da eingesperrt
    kein Geld und keine Macht der Welt
    – auch ich kann euch nicht retten!

9

Wo eigentlich warn all die saubren
    Schmuddelblattverwalter
was trieben all diese Reptilien
    aus Zeitungsdruckpapier?
Ja, damals bewegte ich mich im Offnen
da war ich noch kein Skandalmaterial
für Magazine
als ich mich rumtrieb, rauf runter dies Land
die kreuz, die quer, auf abgelegnen Straßen
ein Niemand war ich und brauchte nicht viel
Geheimtipp: ein fröhlicher Unbekannt
und machte zu eurem bösen Spiel
gute Miene

Wer weiß, die Menschenfresser machen nur
ein Nickerchen – Siesta im Schatten
und ruhn wie Gott am siebten Tag, wenn sie
ihr Skandalfleisch verschlungen hatten
hoch droben auf dem Journaille-Thron ...
Die alten Gerüchte-Nattern verdauen
'ne junge kleine Medienmaus
Rufmord-Krokodile zerkaun ihre Beute
sie dösen im Zwielicht und klappen lässig
ein Lid hoch, wenn da ein Mensch passiert
erwarten, daß Männer und Frauen
sich bis auf die Nase verbeugen

und im Vorübergehn stammeln:
»Oh, danke, Herr von und zu Schmuddelblatt
hab ich auch brav geantwortet, Herr
auf all Ihre hochinteressanten Fragen?«

Nee nee, liebe Leute, dis is nich mein Fall:
Den Beißbalg spieln für die Pressemeute
Wer tanzt nach der Pfeife von so Reportern!
Ich mach nicht den Affen bei affigen Fragen
es geht nicht nach Schnauze so eines Wichts
damit er dann rülpsen kann:
»Der Dylan is auch so wie wir: ein Nichts!«

Solche Torturen schenk ich mir lieber!
Daß ihr nix kapiert, das weiß ich
ihr Alligatoren, dämmert ruhig weiter
und späht mal in eure Annoncen rein
im Käseblatt, page dreiunddreißig

Ich bin nicht gern eingepfercht in Gedrucktes
noch eingesperrt gerne in Schädel, die
nur Fastfood schlingen und süßes Geschwätz
Ihr Hirn eine Sondermüllkippe für Schund
so 'n Pack ist mit Phrasenfraß zufrieden
ist chronisch krankhaft supergesund

Und haben die Blinden sich blindgeglotzt
dann kennen sie unsereins ganz genau
nun weiß Lieschen Müller intime Details:
womit schmiert so 'n Star sich die Stullen
das Frühstücksei, schluckt er es weich oder hart
und liebt der sein' Köter mehr als sein Kind
und welche Klamotten trägt seine Frau
und was sind sonst seine Schrullen?

Hier liefer ich also mein Statement, Sir:
Ich heiß Robert Zimmerman, alias Dylan
        Kaue mit falschem Gebiß, schlucke Pillen
        Die Lieder sonder ich ab wie Schleim

Wenn es mich packt, laufe ich nackt
Hobby: Ich horte Propellerleim

»Nu mach schon, Bobby, unsre Leser wolln schließlich
        über 'nen Star, der grade steigt
            völlige Klarheit ...«
»Was reden Sie, Sir, mit mir so verdrießlich
        ich bin ein Fiedler, der Arschgeigen geigt
            – das ist sie, die nackte Wahrheit«
»Herr Dylan, Sie sind ein Scherzkeks
        Doch jetzt im Ernst ...«
»Mehr habe ich, Herr, heut nicht mitzuteilen«
»Es wär besser für Sie, wenn Sie unsern Lesern
        'ne ehrliche Antwort geben«
»Das klingt ja wie 'ne Drohung«
»Iwo! Mister Dylan, es könnt nur passiern
        da kommt was Peinliches auf Ihr Haupt ...«
»Und welche Strafe droht mir so prompt?«
»Pikante Kolportage über
        Weiber Leiber Zeitvertreiber
        Gigs ohne Gage, Bettenblamage
            Kiffersex mit kleinen Mädchen
                egal! Was jeder Leser gern glaubt,
                und was dem Image eines guten
                    Amerikaners gar nicht frommt
                    hohohoo! hahahaa!!«
»Was also konkret? Herr Hoho-haha?«
»Das zeigt sich, Bob Dylan, wenn's kommt!«

Ich sah
will sagen: Ich hab es durchschaut:
Auch wir liegen, wie wir uns betten
ich haß eure albernen Fragen, sie sind
so bunt wie die Illustrierten und
schwarzweiß wie eure Gazetten
Wenn die ihren Standardleser abfüttern
der nichts von mir wissen will, als daß
der Popstar im Grunde nichts anderes ist
als der nette Junge von nebenan

ich werde dem Affen von so ei'm Reporter
nicht auch noch Zucker geben
den solln ihm gefälligst andre
wahnsinnig nette Jungs
aus Mixpickledorf besorgen

Und wenn sie mich auch schon morgen
fertigmachen und mies gemacht haben
– das kann mich nicht beschämen
denn was ich geschafft und geliefert hab
das kann mir kein Lump mehr nehmen

Sie können mich leicht mit Häme beklackern
und in meinem Abfall rumschnüffeln
nach Dreck und Indizien suchen
sie können mich wie einen Gott verehrn
und wie einen Teufel verfluchen
– das soll mich nicht schern
Im Auge ihrer Leser
können sie mich aufbaun zum Popanz
und den dann zerrupfen nach Lust und Laune
am Hals aufhängen oder am Schwanz
meine Unterhose auf Leine hängen
»entblößen« können sie mich jeden Tag
nach ihrer Fasson
so zeigen halt Blinde den Blinden die Farbe
das Spielchen heißt: »Kiek ma, was ich nich seh!«
– wie lästig und außerdem dämlich:
Es kommt nämlich keiner auf die Idee
daß ich mich selbst radikal »entblöße«
jedesmal wenn ich raus an die Rampe
auf irgend'ne Bühne geh

10
Nun macht diese Nacht sich mir schnell davon
und hat sie ihn ausgetanzt, ihren Tanz
die schwarzen Gewänder runtergerissen
dann steht sie bleich im Morgengraun
drückt in den Asphalt die Zigarette

steht splitternackt, geniert sich ein bißchen
dann lächelt die Nacht
dreht extra für mich eine Pirouette
sachte, ganz sacht
So wegschleichen sah ich sie viele Male
sie läßt mich zurück, todmüdehellwach
mit tausend verworrenen Grübeleien
im Zwielicht seh ich diffuse Gestalten
Erinnerung überrumpelt mein Herz
aus Traumgespinst und Ernüchterung
– die Freunde kommen mir in den Sinn

An Sue denke ich am allermeisten
die schöne Sue
in guten Tagen
mit ihrem Schwanenhals
leicht in die Flucht zu schlagen
scheu wie ein Reh versteckt im Wald
in tiefe Träume hat sie sich verkrochen
ihr Haar gespreizt wie 'n Pfauenrad
die Farbe fein aus Sonnenblond gemacht
durchnäßt vom Sternschnuppenregen
ihr Haar verströmte ein wonniges Licht
in das Kellerverlies meiner Dauernacht

So phantasier ich mir Lovesongs zusammen
wie 'n elender einsamer Krüppel
Kenne trotz alledem sehr wohl meine Macht
zertreten kann ich –
ja, wär ich auf so etwas jemals erpicht
das Herz der Straßenbewohner
das keine andre Krankheit kennt
als Wohlwollen: nackte Freundlichkeit
(Nach Liebe fragst du? Wieso?
Im Schweigen nur gibt's Liebe
und das Schweigen redet nicht)

Ach, aber Sue. Die kannte mich gut
zu gut vielleicht, sie hat mich durchschaut

das konnte sie in unsrer Zeit für mich sein
'ne ehrliche Wahrsagerin für meine Seele
die einzige, bild ich mir ein

Was fragst du nach Wahrheit
– die gibt es doch nicht
im Leben nicht noch im Gedicht
und welcher Tor kann schon behaupten
daß er die Wahrheit gepachtet hat!
Im Suff ist sich mancher Sack sicher
Das hab ich nun endlich kapiert:
Romantische Träumereien? – O ja!
Doch tragisch, was mir und mit uns passiert?
– Ach was, das denke ich nicht

Noch knarrt die Tür
noch heult der Wind
bläst mir Erinnerungen hoch
an Freunde, an Töne, an Farben, an alle
die sich nicht davonstehlen können
für sie war ja das Schlüsselloch
in jeder geöffneten Tür
nur wieder 'ne neue Falle

Und Eric! ... Mit seinem Waldschratbart
im fernen Boston, der Eric, mein Kumpel
begraben unter dem Fenster hier
so geht es mir
ausbuddeln möcht ich den Kerl
Ach, aber ich bin hundemüde
weiß nicht, wo ich Spaten und Schaufel finde
es rütteln und schütteln die Winde das Haus
rumpeldipumpel, mit dem isses aus

Der Wind weht mir auch den Geno her
der sabbelt mich voll mit Storys von
so Spießern, auf die er traf in der Nacht
er trampelt quer
durch meine Bude

und ich muß lachen
trink Kaffee, kalten
dazu dann Wein, schön alten
und dann berauscht es mich fast:

Mit eigenen Ohren höre ich da
wie eine meiner drei Zungen mir
durchgeht wie ein Hengst
Ich schnalze und geb ihm die Sporen
er hat mich den falschen Weg gebracht
Er schmeißt mich ab
am Ende der Nacht
da klink ich mich wieder ein
Paß auf, daß er grad noch die Kurve kriegt
Bratsch! knallt die Tür
Auch Geno ist auf und davon
und draußen heult 'ne Sirene los
die lockt mich in eine andere Spur
ich springe auf und schlag einen Haken
weil plötzlich weit unten Schritte hallen
über das Straßenpflaster, sie kommen dicht
(ich steh als ein anderer fremd neben mir
und meine Gedanken gehorchen mir nicht)

Jetzt denk ich kopfüber darüber nach
ob in der Fünfzehnten Straße wohl
die Kakerlaken noch immer krabbeln
in Davids und Terris Küche
und frage mich wie ein staunendes Kind
ob's noch dieselben cockroaches sind
denn schließlich ändern sich Zeiten
Nur eines blieb gleich:
der David verachtet mich immer noch
er schimpft mich ein' Lesemuffel
doch Terri, die blieb mir gewogen
ihr paßt bloß nicht mein Luderleben
– was soll's, diese Straße ist abgehakt
wir sind schon lange verzogen …

Liebestoll kreischen die Katzen vom Kiez
miaun ihren ätzenden Gesang
die haben sich auf'm Flachdach versammelt
das ist mir Musike! Ein geiler Sound
da wird gesungen und nicht nur gerammelt
die blasen ins Blech der Regenrinnen
der Katerblues kommt von tief innen
mein Ohr ist nämlich weit aufgerissen
für niemals zuvor gehörte Töne
Ich lausche entzückt, weil ich Katzen mag
ein Silberstreifen am Sound-Horizont
verströmt eine katzige Seelenruhe
und gibt mir den Kick für den kommenden Tag

Ich rappel mich hoch mit einem Gähnen
doch innen drin hämmert der Herzschlag
Ich müd? – Nie und nimmer!
Ich traurig? – Von wegen!
(Mensch, wer mich gut kennt: Ich
liefre den Jammerern kein Gewimmer!)
Ich schuldbeladen?
– Ach was, nicht die Bohne!

Ich war uralt von Anfang an
hab meine Jugendzeit abgerissen
und wenn ich von jetzt ab noch paar Jährchen
in meinem verschlissenen Körper wohne
dann werd ich so langsam endlich jung
Hab immer nur redliche Rennen gemacht
und meine Kampfbahn? – Nur! nur die Nacht
mein einziger Konkurrent ist dabei
die Morgendämmerung

II
So wird zum Ende noch alles gut:
Der Himmel hüllt sich heute für mich
in freundliches Grau
und ich versteh:
das Grau kündigt Regen an

vielleicht wird ein Gott ihn auch als Schnee
heruntersenden
Kennst du mein' Hit: »The Times Are A-Changin'?«
Auf deutsch gibt's diesen Slogan auch
»Nun muß sich alles, alles wenden«

Ein Wandel kommt nie ohne Vorwarnzeichen
sei es ein Wolkenhimmel, der sich lichtet
sei's 'ne Gewitterwand, die Sturm anzeigt
dann flutet alle Lebenslust zurück
mich mit sich reißend
nie furchteinflößend
am Ende wie ein alter Freund vertraut
das ist mein Feuer, das Leitlicht für mich:
Über alle Brücken
      durch düstere Tunnel
         die Lebensgier
            läßt mich nie im Stich
beim Tippeln durch tote Straßen

Da hör ich ihn von weitem schon
den Widerhall vom frechen Ton
des Poeten aus Paris: le son
Balladen von François Villon

Ich stolper über Zigarrenstummel
die Brecht als Emigrant in L. A.
mit proletarischer Gebärde
auf Bürger-Steige spuckte

Mein Fuß kickt leergesoffene Buddeln
in die (von eigenen Worten berauscht)
poetenbestialisch tief
der Brendan Behan guckte

Und jeder übergeschnappte Spruch
von A. L. Lloyd hypnotisierte mich:
Ein einziges Wort im Gedicht bild't sich ein
gleich ganz ein Lied für sich zu sein

Gespinste, zauberzart, wie Claytons Paul
sie sich erfindet, machen mich baff
Mich überflutet die Tongewalt
im Blasebalg von Madame Edith Piaf

Marlene Dietrich, die ewig Geheimnisvolle
Von Eddie Freeman längst verloschene Gedichte
Von Allen Ginsberg Liebeslieder ohne Kuß
Und von Ray Bremser knallhart Knastgesichte

Die kummerkargen Stimmungen von Modigliani
Der Klartext, wie ihn Harry Jackson nur
zustande bringt. Ich schätze sogar
die schicken Schluchzer von Charles Aznavour

Pathetisch gegen Stalins Erben
tönt bis zu uns der sibirische Tiger
Jewgenij Jewtuschenko blamiert
von Moskau aus auch im Pentagon
all unsre Kalten Krieger

Miles Davis cool im stillen Feuer
filigran gepreßter Ton
Vor allem William Blake, wie der die Glocken läutet
und Johnny Cash mit 'ner verrückten Beat-Version
und Seine Dröge Heiligkeit Pete Seeger

Ja, sie entzünden alle meine Sinne
halb ziehn sie mich, halb sink ich hin
hinab hinab
Shalom Secundas peijeslockige Broadway-Schlager
Joan Baez ging auf den Markt mit seinem Liedchen
vom Kalb, das auf dem Karrn zum Markte fährt
»Bei mir bistu schejn« – nicht schlecht, jedoch
auch Shoa-Fiddle-Jiddelei in bunten Showbiz-Buden
(ob man mich ashkenasisch schimpft oder Sepharde)
macht aus'm Judenkind noch keinen Juden
Kantorgesang aus Synagogen, Gospelchor
A'kadian-Song vom Sheffalaya-Basin

Franz Schubert – Good Old Germany
und Bach, der mir gehört schon seit Geburt
John Brown, Lead Belly, Big Bill Broonzy
– egal. Die Töne überfluten und betäuben mich
wenn's mir in'n Kram paßt, trinke ich sie alle und
tauch tiefer ein
ertrink in nie gehörten Weisen
steh fest auf Woody Guthries Schultern, doch
so 'n Folksinger bin ich im Grunde nicht, sing nie
Protestpamphlete, bin mehr einer von den Leisen
Und Menschenhassern meinen Haß entgegenbrüllen?
– Nein!

Bin das, was Leute von mir meinen
eins von den Blumenkindern. Und
der möchte ich wohl gerne sein und gebe zu:
Ich mag die sanfte Rebellion mit Liebesliedern
die Welt ist aber manchmal gar nicht rund
wahrhaben will ich's nie und weiß es doch:
Der Knüppel liegt beim Hund

Und wo Gewalt herrscht, wächst auch Aufruhr
weil meine Wege sind mir vorgezeichnet,
gesalbt bin ich und bin gebrannt
bin unverwüstlich elend krank
bin einer, der ernüchtert und verzückt
mit Rauschbalsam aus Blättern, Blütensäften
mit Dieselöl und Todesröcheln, Blutgestank
aus Napalmbomben in verbrannten Gärten
sah eine sonderbare Frucht im Baume hängen:
Ein Mann, der seine Zunge bläkt, den pflückt
sich keiner mehr
weil Gott in seinen Psalmen
mit ausgerißner Zunge spricht
erheben sich, wenn Blumen singen
die Stimmen der Verschütteten, Gequälten
die un-er-hört zugrunde gingen
herauf, herauf
und höher, höher

alles was Menschenantlitz trägt
all die Beseelten
egal welcher Glaube
egal welche Farbe
egal welche Sprache
egal welches Land
denn alle lachen und weinen
mit gleicher Zunge, ja, mit der einen

Das Leben rollt nun mal
von einer Spule ab, findet kein Ende
was Lässiges hat jeder Blues
denn alles endet ja in einem Lied
die große Welt ist menschenklein
in eins gemacht aus diesem Klang
und jedes Herz hat seinen Beat

Und jedem Menschenkind gehört
sobald es nur endlich singt, der Gesang

Ich einsam? – Klar, was sonst!
Doch wenn die Blumen
und das Bild der Blumen in dem Spiegel
sich ineinanderwinden mit den Einsamkeiten
wird meine Einsamkeit un-über-windlich
mir freundlich
dringt in mich ein
in meiner Freiheit Innerstes
und das genau soll mal ...
(im Ton von gestern würde ich
pathetisch sagen: dermaleinst ...)
das Bleibende in meinen Liedern sein

Es gibt so 'n Film, der heißt:
Wir bitten, auf den Pianist zu schießen
Und ganz am Schluß, da sagen sie
ein' Satz, der mich bewegt:
»Musik, o Mann, das ist das einzig Wahre«

genau die Worte sagen sie
(dis is ja schon 'ne
    re-li-gi-öse Zeile
ganz gleich, wem grad die Stunde schlägt)
Und draußen schlugen die Glocken dazu
    'ne lange Weile und
      immer noch schlagen sie

Dunkler Traum

Oj, oj oj in der Abend-Dämmerung
oj ich schwamm schon halb im Schlaf
Oj, das war an diesem A-bend, als ein
Dunkler Traum mich traf

Oj, to ne večer, to ne večer
Dunkler Traum

Der Traum des Stepan Razin

Oj, oj, oj, in der Abenddämmerung
Oj, ich schwamm schon halb im Schlaf
Oj, das war an diesem Abend
Als ein dunkler Traum mich traf

Ich ritt im Traum auf einem Rappen, wild
Bäumte er sich unter meinen Spor'n
Unter meinen Schenkeln flog er dahin
Doch er hat mich nicht verlorn

Oj, oj, da schlug mir ins Gesicht voll Wut
Oj, von Osten her ein böser Sturm
Oj, da rissen kalte Winde
Mir vom Kopf den schwarzen Hut

Oj, und am nächsten Morgen fragte ich:
»Liebste, sag mir, was der Traum bedeuten tut!«
Sie sprach: »Dein stolzer Kopf wird fallen
Fallen wie dein schwarzer Hut«

Vdol po Piterskoj
Piterskaja Troika

Ja! Da! Die Piterskaja rauf, oj!
kommt das wilde Bimmelbimmel, ja! Da
um die Ecke Twerskaja
Da! Drei Schimmel, die Troika, oj da
kommt schon die zweite und die dritte
Junge! Mein Alter mittendrinne
Ich spinne wohl! Die Wattejacke offen!
– Hier wird gesungen! Und nicht bloß gesoffen!

Nu laßt mich mittenmang, nu fahr los!
Väterchen, nu mach ma halblang, prost!
Wir fahren mit dem Schlitten mitten
in den Himmel, laß die Tittn wippn!

Laß mich auch mal ran
an den Nuckelhahn!
Au watte! Gevatter, du dampfst ja
satte Wodkawölkchen ab!

Hab man keine Angst
daß du nicht mehr kannst!
Daß auf einmal das Eis bricht
oder eine Mücke sticht ...

Jetzt komm ran mit dem Fisch, ja!
Stell die Suppe aufn Tisch, gut!
Die Brühe, die schmeckt so
daß sie auch die Toten weckt

Oh, mein Süppchen du!
Gib mir Küßchen zu!
Komm, mein liebstes Radieschen,
komm ins Paradieschen!

Komm mal her mit dei'm Kußmaul!
Eh, du! Sei nich so kußfaul!
Komm mit unter mein' Pelz hier!
Komm, mein allerliebstes Pelztier!

Lachen! – Weinen auch
– fühl mal meinen Bauch!
Kuschel dich mal ein
in die Muschel rein!

Wenn ich streicheln soll
kneif mich nich so doll
und paß auf, daß kein Eis bricht!
Oder eine Mücke sticht ...

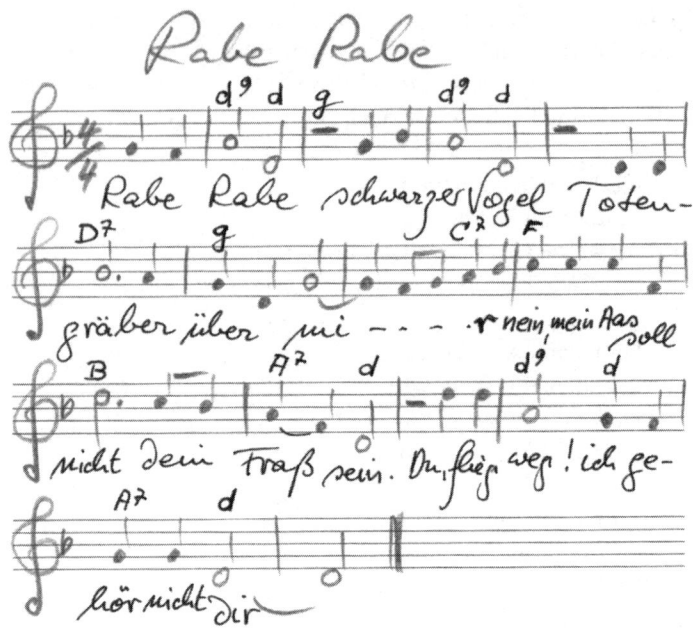

Rabe Rabe

Rabe Rabe schwarzer Vogel Totengräber über mi - - - r nein, mein Aas soll nicht dein Fraß sein. Du, flieg weg! ich gehör nicht dir

Černyj voron
Rabe, Rabe

Rabe, Rabe! Schwarzer Vogel
Totengräber über mir
Nein! Mein Aas soll nicht dein Fraß sein
Du, flieg weg! Ich gehör nicht dir

Mit den Flügeln, du! Was schlägst du
Mit den Flügeln so nach mir
So als wär ich schon ein Aas, ein Fraß –
Du, flieg weg! Ich gehör nicht dir

Flieg nach Haus zu meiner Mama
Flieg zu meiner Mama hin
Sag der lieben, daß ihr Söhnchen
Sag ihr, daß ich gefallen bin

Und dies Tuch bring meiner Liebsten,
Das von meinem Blut so schreit
Sag ihr, daß ich sie jetzt freigeb
Eine andre hab ich gefreit

Ach, der Pfeil, der mir bestimmt war,
Kam noch vor der Schlacht zu mir
Schwarzer Tod! Du schwarzer Vogel
Freundchen komm! jetzt gehör ich dir

Rot und Rosa

Rot und rosa blühn zwei Blumen in mein' Fenster
und das tut was bedeuten. Sascha weiß es
sonst keiner und das ist gut oj-oj..........

Cvetali dva cvetka, krasnyj da rozovyj
Rot und rosa

Rot und rosa blühn zwei Blumen
In mei'm Fenster, und das tut
Was bedeuten. Sascha weiß es
– sonst kein ein' – und das ist gut

Saschaliebchen, nimm von mir dies
Halstuch, schau, wie schön es ist!
Zeig die Stickerei ruhig allen,
Sag bloß nicht, von wem es ist!

Laß die Tannen säuseln, Liebster
Und die Tulpen wiegen sich
Unterm Apfelbaum, da war es:
Ich und du – und du und ich

Schnelle Schlitten brauchen Glocken
Und ein Pferd, das feurig ist
Meinen Liebsten lieb ich, weil er
Zärtlich, grob und schön verrückt und
Doch dabei ganz einfach ist

Sascha, der ist ganz schön schlau! Am
Ärmel hat er mich gezupft
Doch ich bin viel schlauer: Ich hab
Nicht gezuckt und nicht geguckt

Einen Ring mit einem weißen
Stein hat Sascha mir geschenkt
Doch das lange Warten hat mich
Ausgetrocknet und gekränkt

Singt nicht immer lange Lieder
Schön ist auch ein kurzes Lied
Und ein kurzes Glück ist besser –
Als ein Leid, das lebenslänglich
Schwarz durch meine Seele zieht

Es rollten die Welln

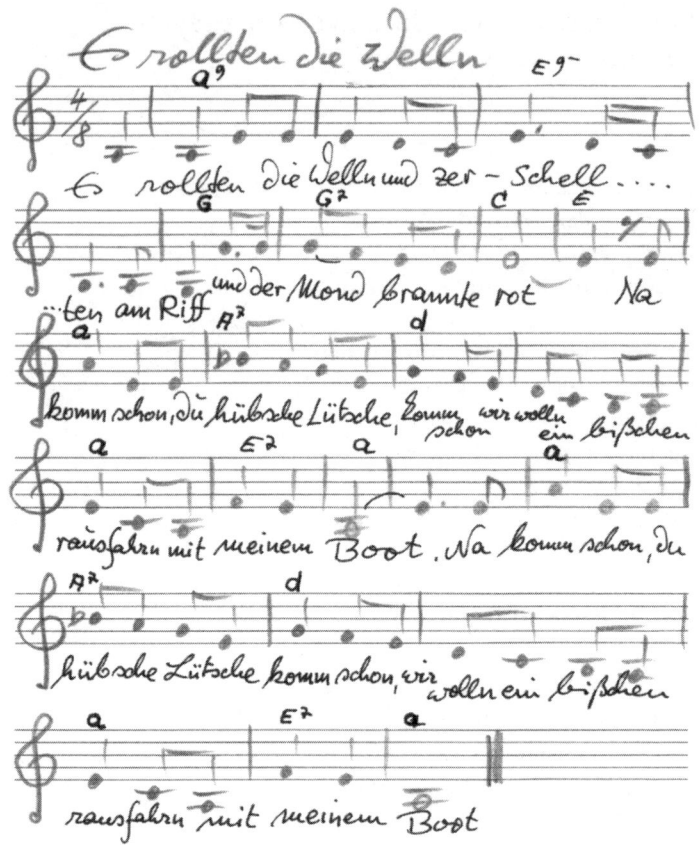

Es rollten die Welln und zer-schell....
..ten am Riff und der Mond brannte rot. Na
komm schon, du hübsche Lütsche, komm schon wir wolln ein bißchen
rausfahrn mit meinem Boot. Na komm schon, du
hübsche Lütsche komm schon, wir wolln ein bißchen
rausfahrn mit meinem Boot

Okrasilsja mesjac bagrjancem
Es rollten die Welln

Es rollten die Welln und zerschellten
Am Riff, und der Mond brannte rot
»Na, komm schon, du hübsche Lütsche, komm schon, wir wolln
Ein bißchen rausfahrn mit meinem Boot!«

»Ja, Liebster, mit dir fahr ich gern bißchen raus
– wenn wir nur beisammen sind!
Ich liebe die Wellen, und ich fürchte sie nicht
Und ich steuer uns hart am Wind«

»Du Wahnsinnsweib, laß das! Das darfst du doch nicht!
Kehr um! Gott! es stürmt hier so sehr
Du, bitte! kehr um! Bei solchem Wetter vertraut
Ja kein Mensch sich dem offnen Meer!«

»Von wegen: ich darf nicht – ich darf, was ich will!
Das ist nur gerecht, daß dir jetzt graut
Du Hund warst ja wilder als das wildeste Meer
Und dir hatt' ich mich anvertraut!

Du Feigling, du Weiberheld, zitterst ja so
Und stammelst und bist ganz blaß
Ja, oben die Wolken sind schön wild und schwarz
Und die Wellen sind schwarz und naß

Und bist du mein Liebster, so bist du kein Mensch
Und bist ja ein wildes Tier
Du hast mich getötet wohl tausendmal
Doch heut nimmt dich der Tod mit mir«

Der Sturm hat gewütet die dunkle Nacht durch
Die See kochte mächtig auf
Am nächsten Morgen warn die Wasser wieder glatt
Nur paar Planken, die schwammen drauf

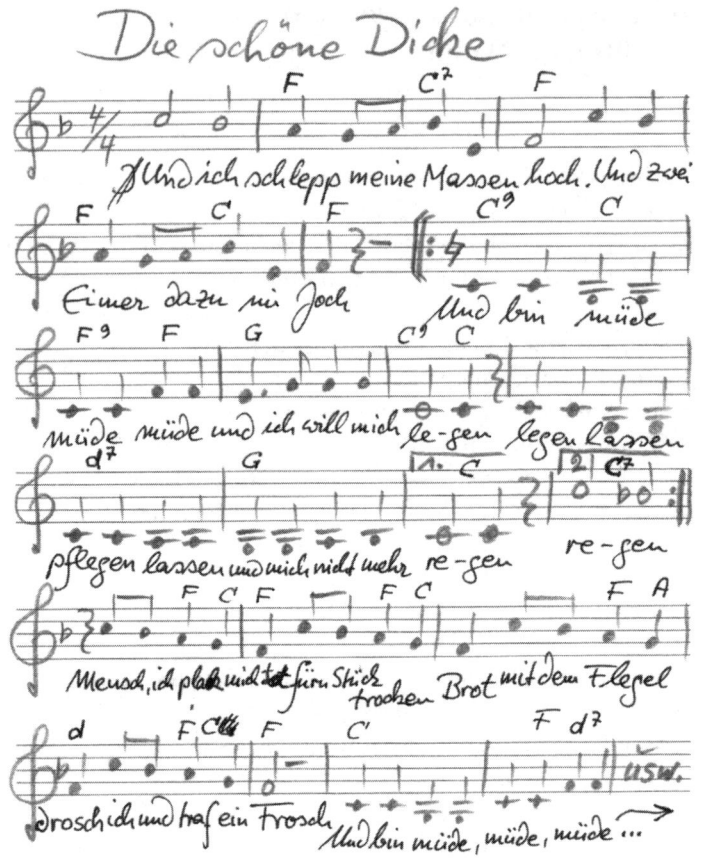

Ja na gorku šla
Die schöne Dicke

Und ich schlepp meine Massen hoch
Und zwei Eimer dazu im Joch
    – und bin müde, müde, müde, und ich will mich legen
    legen lassen, pflegen lassen und mich nicht mehr regen!

Mensch! Ich plack mich tot
Für 'n Stück trocken' Brot
Mit dem Flegel drosch
Ich und traf ein' Frosch
    – und bin müde, müde, müde ...

Und ich kam verschwitzt nach Haus
Und ich zog mich gleich mal aus
    – und bin müde, müde, müde ...

Mann! Mein lieber Mann
Kuck mich doch mal an!
Du, mein Tauber, du
Hör mir doch mal zu
    – ich bin müde, müde, müde ...

Ach, mein Mann, wozu habe ich
Bloß geheirat' und dann noch dich?!
    – ich bin müde, müde, müde ...

Frau, ach, liebe Frau
Mir ist flau, flau, flau
Immer Hirsefraß
Ohne Fleisch, ach, das
    – macht mich müde, müde, müde, und ich will mich legen
    Wenn das Essen besser wäre, würd sich auch was regen!

Ach! Du Schlappschwanz! Pack
Dich, du nasser Sack
    – immer bist du müde, müde, müde, und ich will mich legen!

Ich lief weg, zu Serjoscha hin
Und der weiß, wie ich wirklich bin
    – müde, müde, müde ...

Und das macht eine Lust im Bauch!
Und wir tanzen und singen auch
    – müde, müde, müde, und ich will mich legen
    legen lassen meine Massen und mich nicht mehr regen!

Ach, Mutter, ach Mama

Ach, Mutter, ach Mama
auf dem Feld, was staubt........... da
Ma-ma mei-ne strenge Mutter sagt
auf dem Feld, was staubt da so

Matuška, čto vo pole pylno
Ach Mutter, ach Mama

Ach Mutter, ach Mama
Auf dem Feld, was staubt da?
Mama, meine strenge Mutter, sag:
Auf dem Feld, was staubt da so?

Nichts! Nichts, mein Kind, das sind
Nichts als wilde Pferde
Du, mein Licht, du, du mit dei'm Gesicht
Von Alexander Sergeijewitsch

Ach Mutter, ach Mama
Gäste fahrn durchs Hoftor
Mama, meine strenge Mutter, seht:
Und sie steigen aus, und sie stiefeln zu uns hoch!

Kind! Kindchen, hör mich an!
Klammer, jammer, wein nicht!
Du mein Licht, du, du mit dei'm Gesicht
Nie und nimmer geb ich dich weg an einen Mann

O Mutter, ach Mama
Seht! Sie sind gekommen!
Werber sind sie, und ich bin die Braut
Denn sie haben schon die Ikonen abgenommen ...

Kind, Kindchen, ja mein Kind
Geh und nimm den Segen!
Beug dich! Freu dich! Und das ist der Brauch
Du! Mein Licht. Und meinen Segen hast du auch

Grün mein Garten

Grün mein Garten, grün und grün. Warum
bist du schon so weit? Viel zu früh bist du er-
blüht und wirst welken vor der Zeit

Už ty, sad, ty moj sad
Grün mein Garten, grün und grün

Grün mein Garten, grün und grün
Warum bist du schon so weit?
Viel zu früh bist du erblüht
Und wirst welken vor der Zeit

Blüh! Und welke, wie du willst
So wie du will ich nicht sein
Und, mein Liebster, sag: Wie lang
Lebst du und bin ich noch dein?

Liebster, ach, und mußt du los
Und sagst allen hier ade
Und für mich kein einzig' Wort
Ich bin jung, und das tut weh

Mich!, mein Lieber, schlag, doch sag
Sag ein liebes Wort zum Schluß!
Vater Mutter kenn ich nicht
Wenn ich an dich denken muß

Grün mein Garten, grün und grün
Blüh du auf! Und welk dahin!
Aber ich will leben und
Lieben. Weil ich anders bin

Grün mein Garten, grün und grün
Warum bist du schon so weit?
Viel zu früh bist du erblüht
Und wirst welken vor der Zeit

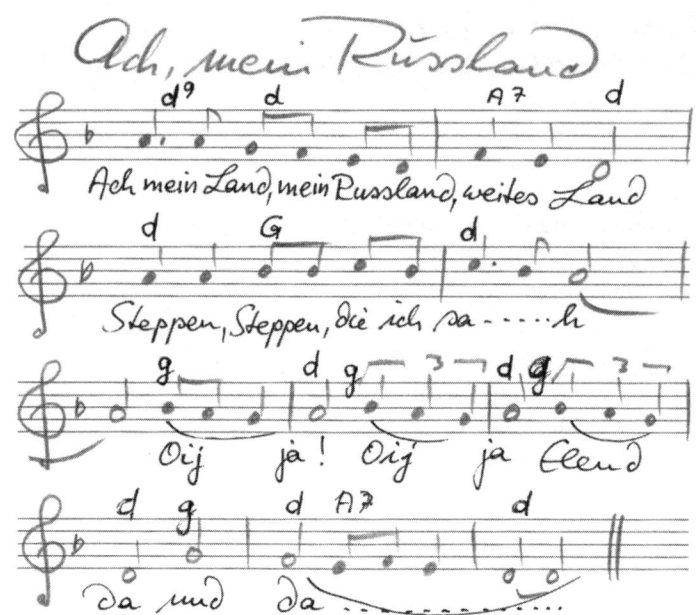

Ach, mein Russland

Ach mein Land, mein Russland, weites Land

Steppen, Steppen, die ich sa - - - - - h

Oij ja! Oij ja Elend

Da und da - - - - - - - - - -

264

Oj, strana moja, Rus, strana širokaja
Ach, mein Rußland

Ach, mein Land, mein Rußland, weites Land
Steppen, Steppen, die ich sah
Oj ja! Oj ja
Elend da und da

Und die Hochzeit mit dem alten Mann
Den ich vorher niemals sah
Oj ja! Oj ja
Liebe war nicht da

Und mein' Liebsten mit dem Herzmund, ach
Holten sie zu der Armee
Oj ja! Oj ja
Der ist nun Soldat

Ach, wir laufen alle fest im Joch
Keine Freiheit ist nicht da
Oj ja! Oj ja
Keine da und da

Frei, frei, frei

Meine Augen sehn sich nie nicht satt
Sieh! was schwarze Haar mein Schöner hat
Schwester sieh! sein Mund ist weich, so
reich hat Gott ihn mir ge-schaffen. Frei, frei
frei, frei sein wie ein Vogel. Und doch wir zwei sind ja
vogelfrei. Geht leis vorbei! mein
Liebster schläft und soll gut schlafen

Oj, ne budite tume man molodogo
Frei, frei, frei und vogelfrei

Frei, frei, frei sein wie der Vogel
Und doch, wir zwei
Sind ja vogelfrei
Geht leis vorbei!
Mein Liebster schläft
Und soll ja schlafen

Meine Augen sehn sich nie nich satt
Sieh! Was schwarze Haar mein Schöner hat
Schwester, sieh! Sein Mund ist weich
So reich hat Gott ihn mir geschaffen

Frei, frei, frei sein wie der Vogel ...

Oj, oj, Kindchen, ach, wir sind
Schwache Menscher, und uns reißt der Wind
Wie die Blätter ab vom Zweig
Wir betteln Brot und fressen Steine

Frei, frei, frei sein wie der Vogel ...

Schlagt! und jagt uns noch und noch
Schreckt uns! Steckt uns in das dunkle Loch
Unser Lachen strahlt ja doch
So sicher wie die Sonn' am Himmel

Frei, frei, frei sein wie der Vogel
Und doch, wir zwei
Sind ja vogelfrei
Geht leis vorbei!
Mein Liebster schläft
Und soll ja schlafen

Zigeunergebet

Gott, und bist du nichts als ein Loch

Gott, und bist du nichts als ein Loch

dann laß mich durch, verfludt, la-la-la-la-la

la-la-la-la-la-la, dann laß mich durch!

Kumuška
Zigeunergebet

Gott! und bist du nichts
als ein Loch
– dann laß mich durch, verflucht!

Gott! und bist du nichts
als ein Schluck
– dann komm in meinen Hals!

Gott! und bist du nichts
als ein Brot
– dann komm in meinen Bauch!

Zigeunergebet

Das Lied auf der zehn mal
kopierten Tonbandkassette aus
Moskau sooo schön! Aber den
Text konnte mir keiner übersetzen:
kein Russe, kein Zigeuner dort,
keiner hier in Deutschland. Also
schrieb ich einfach neue alte Worte.

Dann fuhr ich wieder heim

Dann fuhr ich wieder heim, mein Herz schlug hoch zum Hals, von Glück so aufgewühlt, wie ich es nie gefühlt hab, und wie die Leute die lange Fahrt mich ansahn: mit Lächeln und mit Neid, mit müder Zärtlichkeit ----

Marija Puare
Ja echala domoj
Dann fuhr ich wieder heim

Dann fuhr ich wieder heim
mein Herz schlug hoch zum Hals
von Glück so aufgewühlt
wie ich es nie gefühlt hab
und wie die Leute die lange Fahrt mich ansahn
mit Lächeln und mit Neid
mit müder Zärtlichkeit

Dann fuhr ich wieder heim
mit einem frechen Dreh
so rollte ins Coupé
ein steiler geiler Mond rein
die Räder kreischten so auf den Gleisen
und zwischendurch ein Glockenläuten
aus Schmerz, aus Lust ein Ton
ich weiß ihn nicht zu deuten

Dann fuhr ich wieder heim
verwirrt halb und halb froh
die Seele war mir so zerrissen in Gedanken
dann wurd ich müde und kam ins Träumen
und ließ die Träume was mit mir machen
da wollt ich nicht und nie
mehr schlafen noch erwachen

Dann fuhr ich wieder heim
        verwirrt halb und halb froh ...

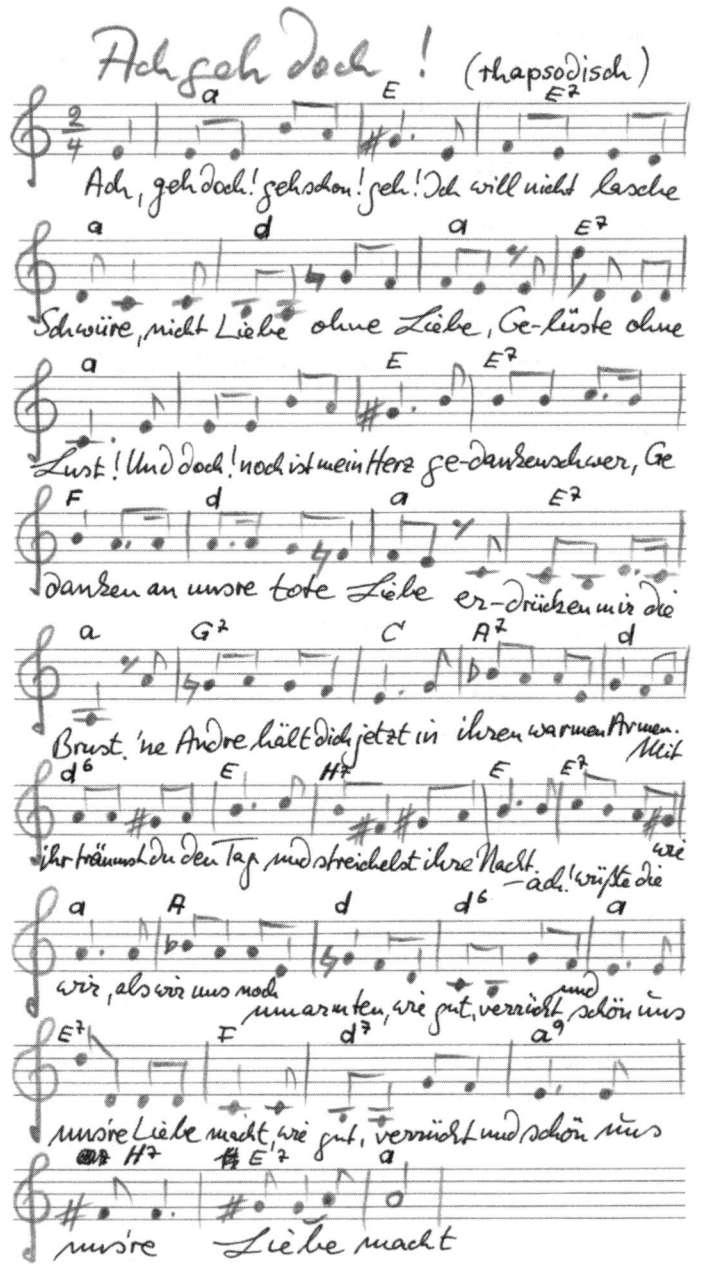

Ach geh doch! (rhapsodisch)

Ach, geh doch! geh schon! geh! Ich will nicht lasche
Schwüre, nicht Liebe ohne Liebe, Ge-lüste ohne
Lust! Und doch! noch ist mein Herz ge-dankenschwer, Ge-
danken an unsre tote Liebe er-drücken mir die
Brust. 'ne Andre hält dich jetzt in ihren warmen Armen. Mit
ihr träumst du den Tag und streichelst ihre Nacht. — ach! wüßte die
wir, als wir uns noch umarmten, wie gut, verrückt und schön uns
unsre Liebe macht, wie gut, verrückt und schön uns
unsre Liebe macht

Vasilij Vereščagin
Ujdi, sovsem ujdi!
Ach, geh doch!

Ach, geh doch! Geh schon! Geh!
Ich will nicht lasche Schwüre
nicht Liebe ohne Liebe, Gelüste ohne Lust!
Und doch! Noch ist mein Herz
gedankenschwer. Gedanken
an unsre tote Liebe
erdrücken mir die Brust
'ne andre hält dich jetzt
in ihren warmen Armen,
mit ihr träumst du den Tag
und streichelst ihre Nacht
– Ach! wüßte die, wie wir
als wir uns noch umarmten
wie gut, verrückt und schön
uns unsre Liebe macht

Und ist mein Herz mir taub
voll stumpfer dumpfer Trauer
und die Gedanken fliehn
von dir, mein Lieb, von dir!
Wenn meine Sehnsucht mir
nur Fratzen macht, dann seh ich:
Die Sehnsucht ist vertan! im
Wind ein Blatt Papier
Die Nächte lieg ich hier
wie eine offne Wunde
als ob es dich noch fände
mein stummes dummes Leid
es weint sich blind und schreit
an kalte kahle Wände:
Komm! Komm zurück, ach komm
mein Lieb, zurück zu mir!
Ach, geh doch! Geh schon! Geh ...

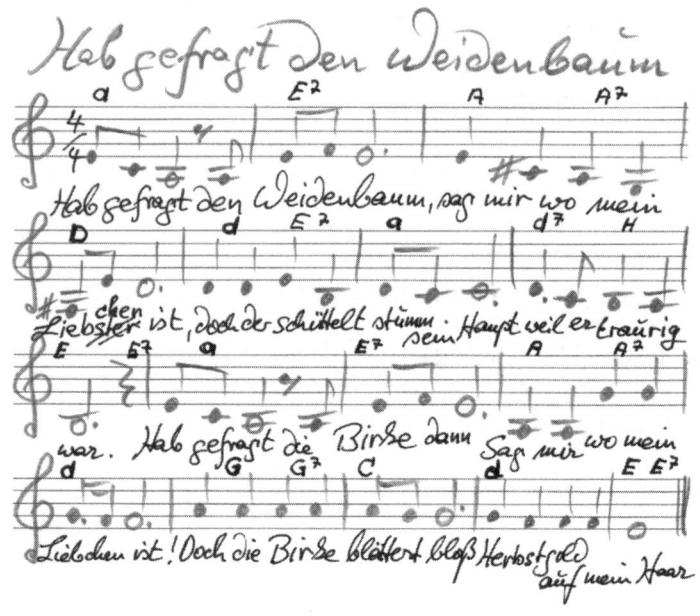

Vladimir Kirschon

Ja sprosil u jasenja
Hab gefragt den Weidenbaum

Hab gefragt den Weidenbaum
Sag mir, wo mein Liebchen ist
Doch der schüttelt stumm sein Haupt
Weil er traurig war
Hab gefragt die Birke dann
Sag mir, wo mein Liebchen ist!
Doch die Birke blättert bloß
Herbstgold auf mein Haar

Also fragte ich den Herbst
Sag mir, wo mein Liebchen ist
Doch die Antwort schweigt er stur
Schickt mir Regen nur
Regentropfen, sagt mir doch
Wo ich meine Liebste find!
Und nun peitscht ans Fensterglas
Tränen mir der Wind

Ach, ich fragte auch den Mond
Mond, sag du mir, wo sie steckt!
Doch der mogelte sich schlau
Hinter Wolken weg
Wolke Wolke, sag es mir
Sahst du meine Liebste nicht?
Doch die Weiße schwimmt davon
Schwarz ins Himmelslicht

Bruderherz, mein Freund, verrat'
Du mir, wo mein Liebchen ist
Lief sie weg? Hält sich versteckt?
Wenn du's weißt, sag: Wo?
Und mein treuer Freund sprach so
Ohne Falsch und gar nicht schlau:
Ja, ich weiß, die Deine, ach
Ja, ich weiß, die Deine, ach
Ja, das war sie, aber nun
Ist sie meine Frau

Hab gefragt den Weidenbaum
Hab gefragt die Birke dann
Auch den Herbst hab ich gefragt ...

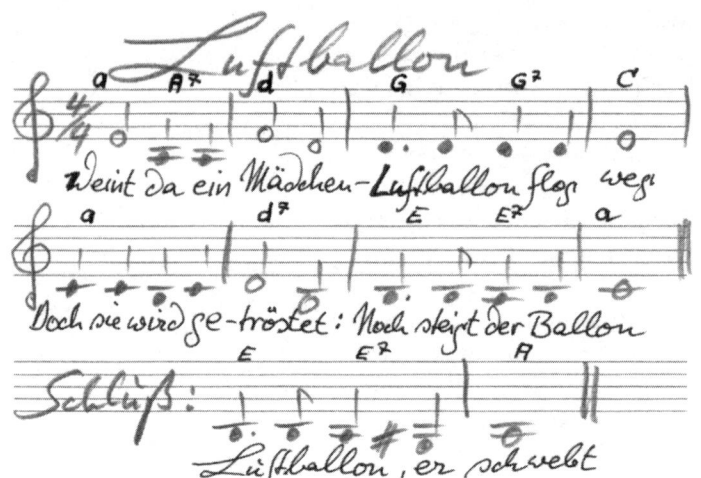

Luftballon

Weint da ein Mädchen – Luftballon flog weg

Doch sie wird ge-tröstet: Noch steigt der Ballon

Schluß:

Luftballon, er schwebt

Bulat Okudžava
Pesenka o golubom šarike
Liedchen vom Luftballon

Weint da ein Mädchen
Luftballon flog weg
Doch sie wird getröstet
Noch steigt der Ballon

Weint da ein Bräutchen
Flog der Kerl ihr weg
Doch sie wird getröstet
Noch steigt der Ballon

Weint da 'ne Mutter
Flog der Mann ihr weg
Doch sie wird getröstet
Noch steigt der Ballon

Greint da die Alte
's Leben kaum gelebt
Hoch hinaus ins Blaue
Luftballon, er schwebt

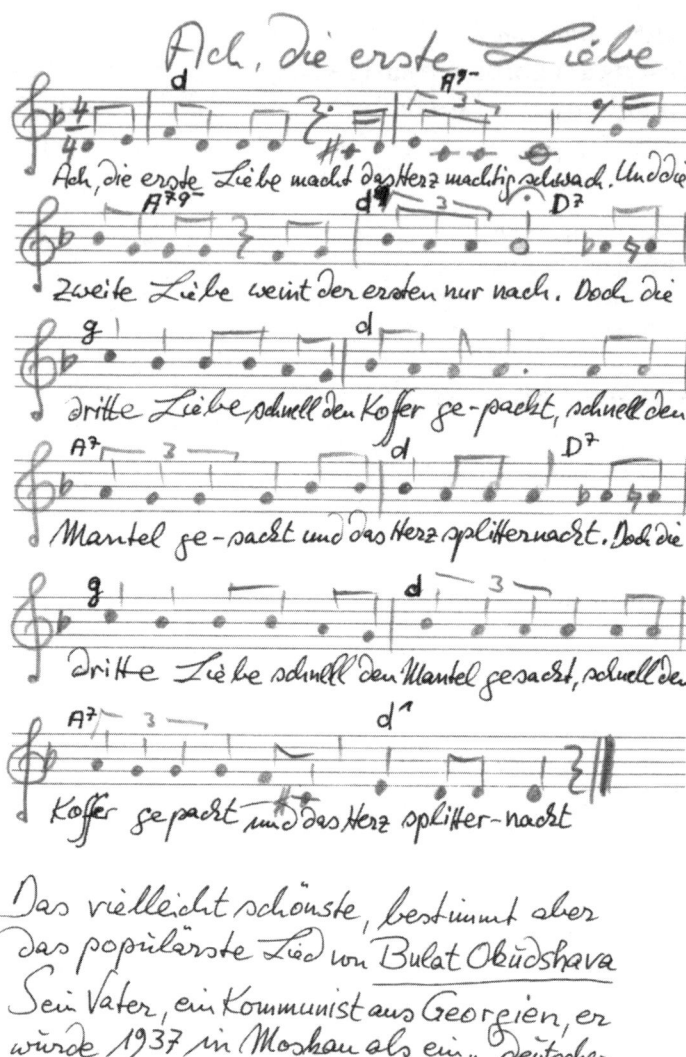

Ach, die erste Liebe

Ach, die erste Liebe macht das Herz mächtig schwach. Und die
zweite Liebe weint der ersten nur nach. Doch die
dritte Liebe schnell den Koffer ge-packt, schnell den
Mantel ge-sackt und das Herz splitternackt. Doch die
dritte Liebe schnell den Mantel gesackt, schnell den
Koffer gepackt und das Herz splitter-nackt

Das vielleicht schönste, bestimmt aber
das populärste Lied von Bulat Okudshava
Sein Vater, ein Kommunist aus Georgien, er
wurde 1937 in Moskau als ein „deutscher
Spion" verhaftet und erschossen. Seine
Mutter überlebte 18 Jahre GULag.
Seine Texte verbreiteten sich in den
finsteren Zeiten im Samisdat. Seine
Lieder als Tonbandkopien (Magnitisdat)
Die dritte Strophe hab ich mir geschärft
———— aber mit seinem Segen und
zu seinem Vergnügen: richtig gefälscht!

Bulat Okudžava
Pesenka o moej žizni – A kak pervaja ljubov
Ach, die erste Liebe

Ach, die erste Liebe
macht das Herz mächtig schwach
Und die zweite Liebe
weint der ersten nur nach
Doch die dritte Liebe
schnell den Koffer gepackt
schnell den Mantel gesackt
und das Herz splitternackt

Ach, der erste Krieg
da ist keiner schuld
Und beim zweiten Krieg
da hat einer Schuld
Doch der dritte Krieg
ist schon meine Schuld
ist ja meine Schuld:
meine Mordsgeduld

Ach, der erste Verrat
kann aus Schwäche geschehn
Und der zweite Verrat
will schon Orden sehn
Doch beim dritten Verrat
mußt du morden gehen
selber morden gehen
– und das ist geschehn

Ach, die erste Liebe
macht das Herz mächtig schwach ...

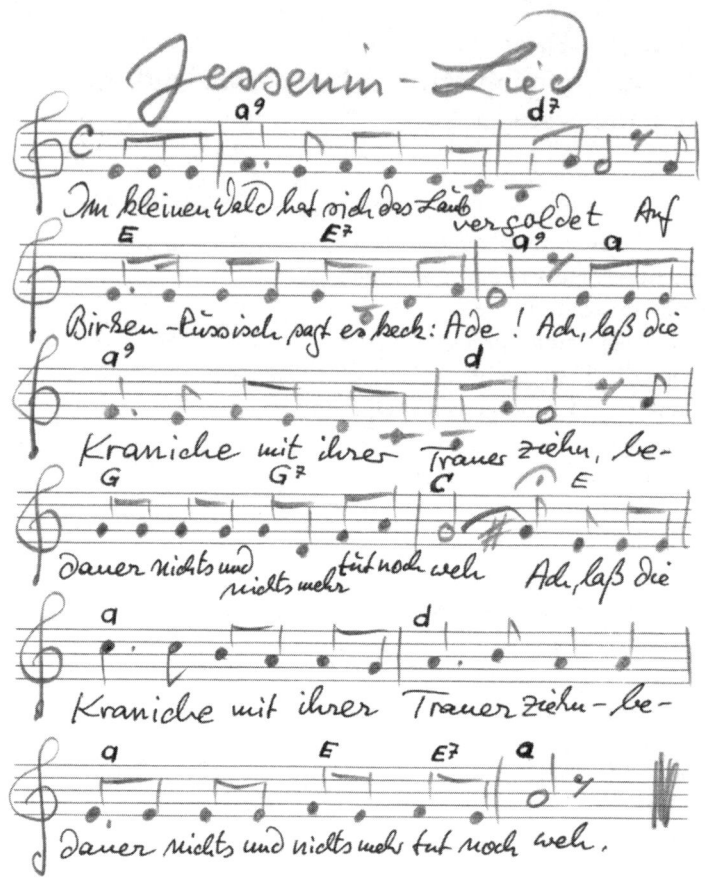

Sergej Jessenin
Otgovorila rošča zolotaja
Jessenin-Lied

Im kleinen Wald hat sich das Laub vergoldet
Auf Birken-Russisch sagt es keck: Ade!
Ach, laß die Kraniche mit ihrer Trauer ziehn
Bedauer nichts – und nichts mehr tut noch weh

Ach, laß die Kraniche mit ihrer Trauer ziehn
– bedauer nichts! – und nichts mehr tut noch weh

Ich bin wie du, ein Fremdling hier im Erdenhaus
Für kurze Zeit nur treten wir herein
Indessen träumt der Hanf unter dem breiten Mond
Sich in den himmelschwarzen Teich hinein
    Ach, laß die Kraniche mit ihrer Trauer ziehn ...

Wie ich jetzt nackt, nackt unter meinesgleichen steh
Die Kraniche trägt sanft davon der Wind
Ich denk an früher, wie wir puppenlustig warn
Und nichts von damals tut mir leid noch weh
    Ach, laß die Kraniche mit ihrer Trauer ziehn ...

Um die vertanen Jahre ist mir gar nicht leid
Sieh! Wie der Flieder seine Seel' verliert –
Im Garten brennt die rote Buche, doch es wärmt
Ihr kaltes Feuer keinen, den es friert
    Ach, laß die Kraniche mit ihrer Trauer ziehn ...

I wo! Die rote Buche, sie verbrennt ja nicht
Das große Gelb bringt ja das Gras nicht um
Und wenn der Baum die Blätter runtertaumeln läßt
Laß ich paar Worte fallen, traurig, stumm
    Ach, laß die Kraniche mit ihrer Trauer ziehn ...

Und wenn der Wind die Worte auseinandertreibt
Und fegt zusammen Häufchen Blatt zu Blatt
Dann seht ihr, wie der kleine Wald mit goldnem Laub
Auf seine Art »Ade!« geflüstert hat
    Ach, laß die Kraniche mit ihrer Trauer ziehn
    – bedauer nichts! – und nichts mehr tut noch weh

Moldaumädchen

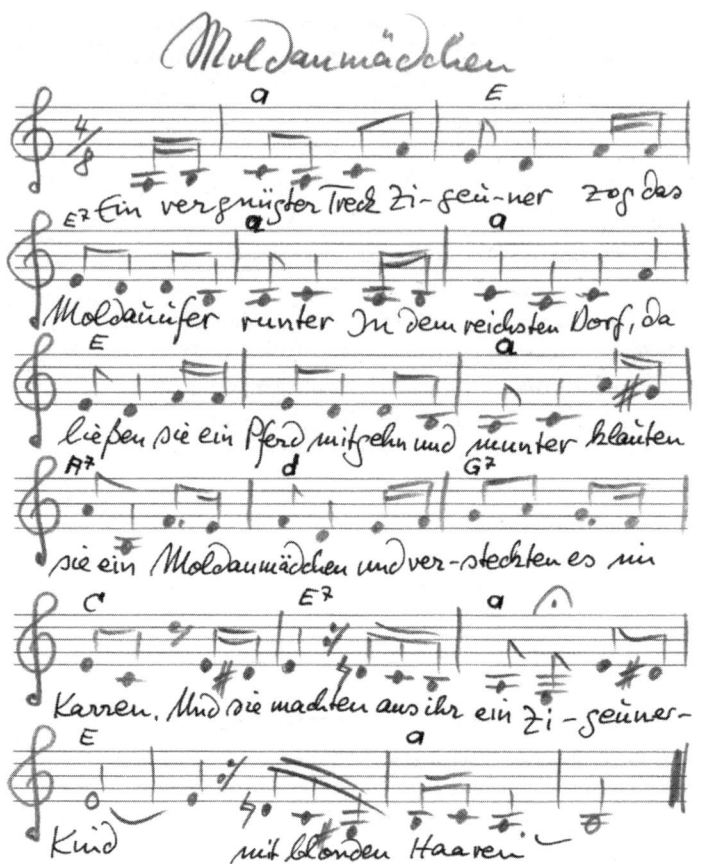

Ein vergnügter Treck Zigeuner zog das Moldauufer runter. In dem reichsten Dorf, da ließen sie ein Pferd mitgehn und munter klauten sie ein Moldaumädchen und versteckten es im Karren. Und sie machten aus ihr ein Zigeunerkind mit blonden Haaren

Novella Matveeva
Razveselye cygane
Das Moldaumädchen

Ein vergnügter Treck Zigeuner
Zog das Moldau-Ufer runter
In dem reichsten Dorf, da ließen
Sie ein Pferd mitgehn. Und munter
Klauten sie ein Moldaumädchen
Und versteckten es im Karren
Und sie machten aus ihr ein Zi-
geunerkind mit blonden Haaren

Und im Sommer wurd die Kleine
Fast so braun wie ihre Schwestern
Und sie lernte, wie man streichelt
Die Gitarre, die Gitarre
Weil sie gar kein Heimweh fühlte
Tanzte sie und sang und spielte:
»Komm zurück! Komm! Komm doch wieder ...«
Fröhlich sang sie traurige Lieder

Wusch im Flüßchen ihre Füßchen
Sammelt' Himbeeren und Nüßchen
Aus 'ner Bärenhöhle stahl sie
Eines Tages sich ein Baby:
Brauner Bär, ein lieber Kleiner
Sie erzog ihn zum Zigeuner:
Balancieren, Tanzen, Spielen
Mit der Nas' im Haar rumwühlen

Wie das Mädchen, so vergaß da
Auch das Bärenkind die Mama
Drückt' aufs Herz die Bärenpfoten
Bettelt' so um Brot und Schloten

Mit dem Schlapphut lernt' es schnappen
– und so waren sie, der Rappen
Und der Bär und die Zigeuner
'ne Familie, Stücker neuner

Und sie wanderten, vergaßen
Was sie hungerten und aßen
Futsch is futsch! Und sie besaßen
Nur den Staub, den Staub der Straßen
Quietschfidel warn sie und kregel
Ganz schön frech, doch keine Flegel
Feuer brennt mit trocknen Zweigen
Und das Herz verbrennt beim Geigen

Und das Mädchen liest den Leuten
Aus der Hand die Lebenswahrheit
In das Gestern, in das Morgen
Bringt sie für 'n paar Pfennig Klarheit
Doch sie selbst – was auf sie selber
Kommen wird, wird kommen müssen
Und was war – ist längst vergessen
Und was kommt – kann keiner wissen

Teure Freundschaft!

Ein einziges Mal, Mai 1971, gelang es mir, die Grenze der DDR nach Osten schlau zu überwinden: Ich wollte unbedingt nach Moskau, zu Mischka Slawutskaja und Lew Kopelew: kaufte mich unverfänglich ein, im ostberliner Reisebüro für eine touristische Woche mit privater Reisegruppe: Eine Woche Moskau! Flug, Hotel, alles inklusive: Theaterbesuch, Kreml besichtigen Unionsausstellung für Spitniks. Höhepunkt: privilegiert vom Reiseleiter eingefädelt in den Kopf der Riesenschlange auf dem Roten Platz: Besuch im Mausoleum:

Lenin im Schneewittchensarg

Aber heimlich traf ich die Geächteten, also meine Leute: Jewgenia Ginsburg und ihren Sohn ... Aksionow. Und bei Lew in der Wohnung die kapriziöse Dichterin Bella Achmadulina, den „Barden" Okudshawa. Aber leider nicht Novella Matwejewa, die Ferne, die Scheue.

So hab ich meiner DDR-Obrigkeit doch ein Schnippchen geschlagen ———— dachte ich!! Ach, nach 1989 las ich in meinen Stasi-Akten: Das MfS hatte alles unter Kontrolle.

Meine Reise war extra nicht verhindert worden, damit ich aufsteige im möglichen Strafmaß. Ich sollte upgegradet werden vom Paragraf 106, also: „Hetze gegen die DDR" zum viel heftigeren § 108 im Strafgesetzbuch: Das gleiche Verbrechen: Hetze gegen die sozialistischen Brüderländer, besonders gegen die Sowjetunion.

Im Lazarett (hastig)

A⁹ a⁷ d⁷

Ich lebte bon in Moskau mit Papa und Mama. Jetzt

G   G⁷   C⁹

lieg ich flach im Lazarett. Und Schwester Klava ver-

F♯+   d⁷   A⁹   a

bindet mich Scheißheldentum, durchs Laken supft das Rot. Mein

E⁹   E   A⁹

Nachbar links, der lebt noch. Und der rechte ist schon tot

nb.
wie diese Noten: der amputierte Soldat
marschiert noch immer in Reih und Glied.
vgl. mein altes Lied: „Soldat Soldat …"

Phantomschmerz im Krieg –

Er will die Wahrheit wissen, aber nicht
wahrhaben —— das kenne ich!
Wie Christus am Kreuz, links und
rechts die beiden Schächer. Der eine
verspottet den Gottessohn, der andre
spricht ihm gut zu.
Und hier hat Wyssozki die drei
Gekreuzigten flach gelegt in die
banale Horizontale: drei Ver–
wundete der sowjet. Armee im Krieg
gegen Hitler-Deutschland.

286

Vladimir Vysockij
Pesnja o gospitale
Im Lazarett

Ich lebte gut in Moskau, ach, mit Papa und Mama
Jetzt lieg ich flach im Lazarett. Und Schwesterchen Klava
Verbindet mich – Scheißheldentum! – durchs
                              Laken suppt das Rot
Mein Nachbar links, der lebt noch. Und der
                              rechte ist schon tot

Der links hat rumgefiebert: Hey du, dein Bein is ab!
Mit seinen blöden Witzen bringt der Kerl mich noch ins Grab
Von wegen Bein ab – denkste! – das hab ich selbst gehört:
»Wir schneiden bloß die Zehen ab ...« – Der
                              Doktor hat's geschwört

Mein Nachbar links, der spinnt doch! Der redet mir was ein
Der phantasiert im Fieber rum, von nix als von mei'm Bein:
»Dein Bein is futsch! Und futsch is dein
                              Weib!« sprach dieses Schwein
»Ich sehe was, was du nich siehst, ich seh dein abbes Bein ...«

Wenn ich nich so kaputt wär, Mensch, dann
                              spräng ich aus'm Bett
Und biß dem Kerl die Kehle durch, dann kriegte der sein Fett
Sagt mir die Wahrheit! Gebt doch mal
                              Antwort, wenn man fragt!
Mein rechter Nachbar, Schwester, der hätt' es mir gesagt

Andrej Voznesenskij
Ne zabud
Bloß nicht vergessen!

Drr Mänsch steigt in die Unterhos'
Ins blaugestreifte Untrhemd
Dann schlüpft er in die Jeans, drr Mänsch
Bevor er sich die Glatze kämmt
In Schale schmeißt drr Mänsch sich dann
Und steckt sich seine Orden an
»Für Frieden, Freiheit, Hühnerdreck«
Den Mantel zieht er drüberweg
Und übern Mantel zieht dazu
Drr Mänsch sein Auto an im Nu
Zieht er sich die Garage an
»Is ganz schön eng für so ein' Mann«
Noch drüber zieht drr Mänsch sein Haus
Der Gartenzaun sieht an ihm aus
Wie 'n Gürtel. Und am Ende hat
Drr Mänsch sein' Kiez an, seine Stadt
Wie 'n Ritter rüstet sich drr Mänsch
Mit seines Staates Grenzverhau
Dann stülpt sich auf den Kopf drr Mänsch
Den Erdenball, der paßt genau
Das schwarze Weltall zieht er an
Knöpft zu mit einem Stern als Knopf
Die Milchstraße nimmt er sodann
Als Shawl um Schulter, Hals und Kopf
Nun rast drr Mänsch vorbei am Rad
Im Sternbild Großer Wagen. Grad
Da fällt ihm ein: Mänsch, ich vergaß
Ja meine Uhr! Mein Zeitenmaß!
Wo tickt mein Ührchen jetzt, Gott, wo?
So irgendwo im Nirgendwo!
Drr Mänsch entkleidet sich sodann
Zieht wieder Land aus, Ozean
Garage, Mantel, Ordenskleid

Er ist ein Nichts, so ohne Zeit
Schon steht er wieder nackt und bloß
Uhr in Hand und Unterhos'
Auf dem Balkon und ruft: Huh! Huuh!
Den Leuten auf der Straße zu:
»Zieht morgens euer Hemde nur
Zusammen an, gleich mit der Uhr!«

Julij Daniel
Stichi iz nevoli
Berichte aus dem sozialistischen Lager

Julij Daniel ~~blieb~~ nicht anonym:
mit einem importierten IBM-Computer
haben die Gedankenpolizisten in Moskau
die Schriftsteller Sinjawski und Daniel als
Autoren sowjetfeindlicher Texte identifiziert,
die in den Sechziger Jahren im Samisdat
kursierten: digitale Sprach-Analyse!
1966 wurden sie zu 5 Jahren GULag
verurteilt, also ich in der DDR nur
total verboten wurde. In der UdSSR
waren die Preise für freie Worte höher.

Vorspruch

Das sind die Gedichte
Von Julij Daniel, UdSSR
Das sind Berichte
Aus der Löwengrube, Daniel:
Kurze Zeit lang und redlich unreell
Hatte der Mann sich ein räudiges Hundefell
Über die viel zu dünne Haut gezurrt
Und mit den Löwen listig mitgeknurrt
Aber die Bestien, das wurde auch Zeit!
Haben endlich den Braten gerochen
Dem Heimlichen sind sie heimlich nachgekrochen
Schlagartig zugeschnappt
Gierig runtergeschluckt
Und haben den Kerl schön schlecht verdaut
Er lag ihnen schwer auf dem Magen
Und haben nach knapp zweitausend schlimmen Tagen
Einen Dichter ausgespuckt

Daniel erbricht hier in den Reime-Eimer
Seine sehr gemischte Seele: Kotz
Aus Trotz und Russenschwermut. Poesie
Aus Sowjet-Power und Judentrauer. Lied
Gemacht aus Lagerflüchen. Sprachgerüche
Aus feudalem Zarenschimmel
Und nun reist er sich die Brust auf:

Hilf mir, Gott, hoch in der Hölle
    bei den Menschen tief im Himmel!

Den Parteiauftrag gab ich mir
Konspirativ und unverzüglich
(Dabei außerdem vergnüglich!)
Biermann, zieh das Netz an Land!
Daniel, Genosse in der wohlvertrauten Fremde!
Julij, Freundchen, alter Gauner!

Und das soll dich nicht erschrecken:
Selber Gauner, nahm ich alles
Was mir paßte, wie's mir paßte:
Dein' Jacke, Socken, Hosen
Meine Blößen zu entdecken

1965 god
Das fünfundsechzigste Jahr

Was solln mir eure sehnsuchtskranken Wonnen
Die schwermutsüße Trauer ohne Trost?
Die Träume – Prost! – im Suff zerronnen
Begießen wir die neuen Socken! Prost!

Mensch, geht mir ab mit eurem Wenn-und-ach-Gelaber:
Geleckte Lorelei-Koloratur
Schlecht steht's um mich, mein
                   Freundchen, schlecht, schlecht, aber
Noch trinken wir rund um die Uhr

Erwartungssüchtig lieg ich wie 'ne Leiche
Der nach dem Tod das Barthaar sproß
Wir schütten in uns ganze Wodkateiche
Prost! Auf die letzte Schachtel Papirós

Die Russenschwermut und die Judentrauer
Sind mir verwandt wie Schnaps und Bett
Zum Teufel mit den Fresserchen in Sauer
Beenden wir das Arme-Leut'-Bankett!

's ist Zeit, trink aus die Reste des Gelächters!
Den Rest Verrat, Verzweiflung, Hoffnung, Angst sauf aus!
Jetzt warten wir gelassen auf die Faust des Schlächters
Mal sehn, wie er uns packt und zerrt uns aus dem Haus

Pesenka
Liedchen

Wochen Wochen Wochen Wochen
So verrauchen Zigaretten
Zellen Zellen Fieberträume
Angekettet ohne Ketten

Schwalben wischen über Dächer
In den Schlössern singen Schlüssel
Pißgeruch steigt aus dem Eimer
In den Strohsack, in die Schüssel

Ach, der Nächte gutes Dunkel
Schlucken Hundert-Watt-Gespenster
Und das Sonnenlicht verschluckt mir
Eine Holzwand vor dem Fenster

Ausgepumpt vom Nichtstun, schlag ich
Mit der Stirn an nasse Wände
Wochen Wochen, die verrauchen
Und sie glimmen durch die Hände

Tag für Tag die Tage zählen
Striche ritzen auf den Steinen
Nacht für Nacht besessen träumen
Von der Einen Einen Einen

Stampft die Wache jetzt den Flur lang?
Oder stampft mein Herz den Hals hoch?
Feind? Freund? Gut? Schlecht? Meine Sinne
Foppen mich in diesem Dreckloch

Traumgesichte, böse – gute
Wenn und Aber, neinja – janein
Wochen Wochen Wochen Wochen
Zigaretten – Hiersein – Dasein
Sie ... verrauchen

Doždi, doždi kosnulis šček
Regen goß mich nieder, Regen Regen

Regen goß mich nieder, Regen Regen
Buchen weinten herbstgerötet in die Tage
Da wurd mir die Rechnung aufgemacht, von wegen
Dreckbilanz für Sieg und Niederlage

Tag für Tag hat dieser Herbst und ungeheuer
Blaß des Sommers Farbenlust verdrängt
Und ich spielte angstgeil mit dem Feuer
Heimlich hoffend, daß es mich versengt

Nicht die Tollheit machte mich toll ungeduldig
Vor der fensterlosen Mauer habe ich gehöhnt, gehetzt
Schuldig bin ich – aber anders schuldig
Ach, ein anderes Gesetz hab ich verletzt

Nicht, weil ich schrie, werd ich für schuldig befunden
Von gekauften Richtern, klar, nein: Dafür diesmal
Daß ich leichthin meine offnen Trauerwunden
Mir verband mit andrer Menschen Schicksal

Dafür, daß ich, von allen guten Geistern verlassen
Ein fremdes Herz nicht schonte!
Was die Richter mir jetzt auch an Knast verpassen
Ist gerechte Strafe, ist der Knüppel, der mich lohnte

Strafe für die dunkle Schuld, ach, das tut weh:
Munter tötend – hab ich selber überlebt
Und jetzt saut der Winter nassen Schnee
Auf dem rot das Herbstlaub klebt

Novogodnij marš
Neujahrsbotschaft

Und schlägt epileptisch das Schicksal die Beine
Nach dir, nach mir – dann wollen wir nicht
Gleich betteln und bitten, bereuen zum Scheine
Nicht fürchten den Bettelstab noch das Gericht

Du, mach dir nichts vor, tu dich nicht schonen
Und nimm die Zeit so, wie sie war
Tritt aus die Kippe, die Illusionen
Und öffne die Brust für das andere Jahr

Du, laß dich nicht falln in faule Bitterkeiten
Den Glauben an Menschen schmeiß nicht weg
Es gibt nicht Heuchler nur in diesen Breiten
Noch Denunzianten, Kriecher, Spießerspeck

Sieh, daß du neue Wege findest
In jenes unbekannt bekannte Land
Laß gleiten deiner Freunde gute Namen
Wie Perlen eines Rosenkranzes durch die Hand

Bewahr dir klaren Blick, sei frech und fröhlich
Und überstehen wird nur, wer besteht
Und hast du recht, vergiß nicht schmerzensselig
Wie sich die Welt in deiner Richtung dreht

Romans o rodine
Rußland, mein Land

Rußland, mein Land, ein Sterbenswörtchen nur
Sag mir! Vor dir ist mein Gewissen rein
Soll ich nun durch Verleumdung und auf Dauer
Von dir geschieden sein?

Verblutet sind auf deinem Pflaster meine Träume
Gewandert bin ich und nie angekommen
Ging durch dich durch, auf meinen Augen sind
Die Städte wie die Tränen weggeschwommen

Dir bin ich ohne Arg und ohne Falsch
Und Jammern übers Schicksal hat kein' Sinn
Nur: Sag ein Wort! Nur eins! Damit ich weiß
Mensch, nur, daß ich dir nicht verloren bin

Obvinitelnoe zaključenie
Anklageschrift
Kurzer Auszug

Hat heftigen Drang zur Literatur
Braucht dringend eine strenge Kur!
So groß ist keine Leidenschaft
Daß man sie nicht durch Leiden schafft!
Ein Typ, der so auf Freiheit pocht
Wird prophylaktisch eingelocht

Ješče odna pesenka
Noch ein Liedchen

War es? War es nicht? Du, war das
Alles nur ein toller Traum?
Ich hab also nie im Krieg das
Hitlerpack mit rausgehaun

Keine Kugel traf mein' Leib, ich
Trank nie Fusel, und ich schrieb
Nie Gedichte, nie kein Weib nich
Hatte ich je satt noch lieb

Nie pries ich das allerletzte
Während Tag um Tag verstrich
Meine letzte Karte setzte
Niemals ich auf dich noch mich

Niemals tanzte plump und schlief ich
schmiß mich nie in die Natur
Und vor Moskau – niemals lief ich
Nie in keiner Schneeschuhspur

Stand für Kumpels niemals grade
Hab, aus Schiß, mich nie verliebt
Warf mich nie in Welln zum Bade
Singen konnt ich nie ein Lied

Nie im Frühjahrsmatsch versank ich
Nie kam nach April ein Mai
Alles war nur Traum? – So trank ich:
Knastgesöff! Ich soff mich frei

Pro eti stichi
Über meine Verse

Meine Verse sind aus Regentagen aufgeschichtet
Feuer haben sie keins
Und sind außerdem gar nicht von mir gedichtet
Oder doch – wer weiß?

Sie frieren vor verschloßnen Türn im dünnen Kleid
Vor blinden Fenstern
Und ihr Pathos lohnt nicht einen Tag das Lagerleid
Oder doch – wer weiß?

Sie können sich nicht in Sicherheit bringen
Vor diesem Alltag
Pugatschow wird sie im Leben nicht singen
Oder doch – wer weiß?

Verse, wie solln die den Eisenring durchbrechen?
Man wird sie zertreten
Wie solln sie je zu meinen Freunden sprechen?
Oder doch – wer weiß?

Meinen Feinden machen sie keine schlaflosen Nächte
Mit Zähneknirschen
Und machen den Herrn keine Träume, schön schlechte
Oder doch – wer weiß?

Fevral
Februar

Ist das schön, schön durch das Fenster sehn
Diesen Frühlingshimmel, offen wie ein Kind
Wunschlos glücklich bleibt das Maul mir stehn
Daß ich plötzlich solchen Trost und Rettung find!

Und vergessen ist der Stiefel, der uns frech und breit
Grade gestern noch das Herz zertrat
»Lieben Freunde ...« Schöne Frauen, es ist Zeit
Seht ins Fenster, wie ihr sonst in Spiegel saht!

Seht, schon geht der Schnee, wie eine Herde Schafe zieht!
Um die Fenster schmilzt und tropft ein Halsgeschmeid
Merkt ihr, wie der Schönen Schönheit wieder blüht?
Aus Kollegen werden wieder Fraun in Tuch und Kleid

Noch ein Weilchen – und verpennt bis dahin keine Nacht
Und laßt alles andre sausen, träumt die neue Zeit
Ach – in der sich alles wendet, lieben Freunde, macht!
Macht es wie die Erde: Holt tief Luft und schreit!

Wenn es soweit sein wird, werden die Klopfzeichen stumm
Und ich schnür mein Bündel und steig aus der Eisenbahn
Und zehn Meilen gegen Wind spür ich
                              Schönheit, und wie dumm
Werd ich dastehn, linkisch lächelnd mich euch nah'n

Und der Frühling wird auch euch ergreifen bis ins Mark
Grob und zärtlich wird er euch und mich erfassen
Liebe Freunde! Es ist hohe Zeit, daß wir den alten Quark
All die Traurigkeiten und die Pelze in den Schränken lassen

Časovoj
Der Wachposten

dem Andenken der Selbstmörder

1

Wer weiß, ich sollte jetzt ein Wort einlegen und sogar
Für diesen Helden vom gestrigen Tag: Kein Vampir
Nicht eine Mordmaschine, nicht ein Barbar
Beschützt da mit Knarre die Menschheit vor mir

Kein Henker, kein Blödmann, bösartig, und kein
Kaltschnäuziger Mörder, der Blut geleckt hat
Nein, nein: Es ist ein mickriger, pickliger Jüngling
Mit Brille, mit Käppi und Stiefel vom Staat

He, Bürschchen! Auf deinem Turm da oben!
Wie bist du bloß so tief gesunken, wie?
Auch du las't doch mal Bücher, die Güte loben,
Bevor man dich in diese Gegend trieb!

Schon nur aus Geschmack sollte man nie morden
So offenbar Böses, Mensch, tut man doch nicht!
Aus welchem Studienjahr bist du gefeuert worden
– daß du auf solchem Turm gelandet bist?!

2

Was, wenn ich nun 'ne Fliege mache in den Draht?
Und auf dem Todesstreifen kurz spazierengeh?
Du, Dienst ist Dienst! Befehl, Befehl vom Vater Staat!
Hast du jetzt Lust und Nerven? Schießt du? Nee?

Mein Sohn, denk nach! Dir steht's doch auch bis hier
Dieses Mordwinien, gottverlaßnes Loch!
Klar, du kriegst Urlaub, und du fährst – ich kombinier:
Zu Muttchen und Schwester nach Moskau. Doch

Dann zerbrich dir nicht den Plattkopf übern Tod
Wenn du nach Karten anstehst für das *Requiem* ...
Freund Mozart wäscht von deinen Händen auch mein Rot
Dann wirst du gütig in paar Mädchenaugen sehn

Und mit einer, zwischen Badenden und Ruderbooten
Tummelst du dich, kaufst ihr Eis und hast sie lieb
Und hast längst vergessen, wie ich, Beine oben,
In den Drähten wie 'ne Note hängen blieb

3
Das ganze Gespräch ist frei erfunden, gesponnen, gelogen
Aber den Selbstmord selbst erfand ich nicht
Den blutigen Text habe ich mir aus den Fingern gesogen
Das macht wie besoffen, und wen wohl? – Mich!

Die Antwort auf all das kann doch nicht sein
Ein Messer, 'ne Bombe nicht, noch ein Fluch!
An dem Racheakt geht auch der Rächer ein
Nein, nur ein Wort, das ich vor dir versuch:

Hartnäckig, schon wie ein Sprichwort, ein Wort
Das sich überschlägt und mündet in ein Gebet:
»Mensch, laß mich nicht böse werden, o Gott!
Mach, daß es nicht mit mir zu Ende geht!«

Nun ja, man spinnt viel, wenn die Stunden nicht vergehn
Sogar das Mittagslicht blickt mich wie strafend an
Wird jemals jemand wieder arglos in paar Augen sehn?
Dort dieser oder dort je jener Mann?

Wer hier verschüttgeht, ist wie ausradiert
Aus dem Gedächtnis, ach, der meisten, die ihn gekannt
Es ist der Mensch, der in den Menschen hier krepiert
Die Jahre Jahre Jahre Jahre lang

Wenn wieder einer von uns die Nerven verliert
Und stürzt sich auf den Posten und geht dabei ein
Von endlosen Demütigungen halb vertiert
Dann werd ich ein Rufer in der Wüste sein

4
Still ruht die Baracke mit dem Ersten-Mai-Plakat
Der Himmel zerknüllt wie graues Packpapier
Rot hängt der Sonnenball im hohen Stacheldraht
Ein Bürschchen mit Brille bewacht uns hier

Uže na nebe gremit posuda
Das Geschirr klirrt schon am Himmel

Das Geschirr klirrt schon am Himmel
Bald beginnt das wüste Gastmahl
Und doch weiden unsre Pferde
Tummeln sich noch in der Steppe

Vielgerühmt, unsterblich sind sie
Und wir finden hin zu ihnen
Zaumzeug halftern, Sattel auf! Und
Los geht's durch die Wolkenbrüche

Klatschnaß klebt dein Kleid am Körper
Los! Mir nach! He, Amazone!
Und die Pferde fliegen, achten
Nicht auf Nacht, Haß, Sonne, Regen

Unsre muntren Pferde schimmern
Hellgelb, rotgehaart und lichtblau
Sie beschlug ein muntrer Meister
Für den Sturmlauf für uns beide

Noch in diesem Leben wollen
Wir die Welt – und ganz! – erleben
Und noch weidet sanft die Herde
Hufe schwimmen durch den Nachttau

U vachty
Nahe der Wache

Wir gehen vorbei an den Frauen, sie weinen
Wir schlurfen und schielen an ihnen vorbei
Wir schlucken die Worte, die wir ihnen schweigen
Kein Mann hebt die Hand und winkt ihnen zu
Wir gehen und sehen auf ihren Schultern
Rucksäcke mit Freßkram drin und Tabak
Rucksäcke voll Lebensdurst, der nicht gestillt wird
Rucksäcke voll Trauer und Einsamkeit

Und, ach! Wie sparten sie sich vom Munde
Kopekenweise die Fahrkarten ab
Paar Socken, ein Wollhemd für Vogelscheuchen
Durch die mordwinischer Eiswind geht
Und ließen, wie Tränen, paar Geldstücke fallen
Für Zigaretten – und alles das nur
Um herzufahrn auf gut Glück und zu hören:
»Das Zeug da nehmen Sie hübsch wieder mit!«

Wir sind schon von Liebe entwöhnte Wilde
Wir sparn uns die Worte und gehen vorbei
Gelassene Schatten, die nicht mehr fluchen
Noch aufgelegt sind für 'ne Neckerei
In uns ist kein Fünkchen von Weiberhelden
Und unsere müden Frauen, für uns
Sind sie keine Flittchen noch Weiberstücke, sie sind
Die auserwählten Schwestern des Häftlings

Wir Einfaltspinsel und Hänse im Glücke
Wir gehen vorbei und haben vertauscht
Familie und Freiheit und Zärtlichkeiten
Für Wunschträume, Wahrheit, für nur ein Wort
Was soll bloß noch werden, wenn wir nur immer
Gedichte schreiben mit unserem Blut?
Ihr Armen, nun habt ihr mal solche Männer
Es bleibt euch nichts: Ihr müßt uns verzeihn

Na biblejskie temy
In biblischer Tonart

Das aber sei euch gesagt:
Wer
Ich
Bin
Größe – 1,77
Gewicht – 66
Meine Hände – zart
Meine Muskeln – dünn
Die Arbeit ist hart
Die Norm macht mich hin
40 Jahre alt
Meiste Zeit gelebt
Zuviel Lehrgeld gezahlt
Gekämpft und gebebt
Gegen MICH die Truppen
Gegen MICH Bajonette
Gegen MICH die Trauer
(Meine Hände – zart)
Alle Rundfunksender
Haben vor mir gewarnt
Graue nasse Kellerwände
Haben mich umarmt
Man kann mich zerschmettern
Und vorwerfen jedem Hund
Der wird mein Fleisch zerfleddern
Meine 132 schwachen Pfund
Man kann mich auseinandernehmen
Und wieder zusammensetzen
Man kann die kochende Volksseele zähmen
Oder beliebig auf mich hetzen
Man kann mich jederzeit schnappen
Mit dem Staatsapparat und noch
Ein Drittel meines Lebens kappen
(Bin 1,77 hoch)

Ein Sieg für mich ist nicht drin
Hab Mitleid mit dir, Daniel
(Meine Muskeln – dünn)
Gerben kann man mein Fell
Man kann mir das Licht abdrehn
Man kann auch noch härter sein
Man kann ... man kann ...?
Nein!
Das bin ich – die Unperson
(Größe – 1,77)
Menschlichkeit – ich bin
Dein Schützengraben
(Gewicht – 66)
Ich bin der Sehschlitz
(Meine Hände – zart)
Und deiner Kanone Kugel
(Meine Muskeln – dünn)
Bin Stein auf deiner Schleuder

Liberalam
An die Liberalen

Gewaschen, rasiert und immer in Schale
Gewickelt die Wäsche, weiß, elegant
Ihr Sybariten! – Oh, Liberale!
O Daniel, das war dein Vaterland

Was warn wir für tolldreiste, aufrechte Kerle!
Wir kochten wie Brause im Wasserglas
Und machten politisch, im Kampf unterm Kissen
Mit Ketzerein unsre Weiber naß

Genossen wie Kitzel die Prügel und prahlten
Und stürzten uns satt in die Schlacht ohne Blut
Gemeckert, geschmeichelt – und immer in Maßen
Uns gings noch in jeder Epoche gut

Das Leben? Ein Sockel für gipserne Phrasen
Für sie in den Ring, an die Rampe ins Licht!
Doch Mutter Vernunft sagt: Vergeßt daneben
Norilsk und das Lager Igarka nicht!

Wie sich so was heldenhaft unter die Bank soff
Und wimmerte Psalmen und spuckte drauf
Ein Dreck neben Dreck auf rotem Plüschstoff
Halbhelden vom Freiheitsausverkauf

Liberale, ja, Schmeißfliegen seid ihr
An den offenen Wunden der Menschheit
Rußland, mein Rußland! wimmert und schreit ihr
– wißt ihr, wonach ihr da eigentlich schreit?!

Vozvraščenie
Rückkehr

Und als ich endlich gekommen war und saß am Tisch
Und stammelte den Freudenschrei: Zu Haus! Zu Haus!
Da stürzten schon Dämonen auf mich ein, und aus
Dem Fensterloch flog eine Meute ein wie mörderisch

Des Witwendaseins Unglück kam, das Waisenleid
Die Sehnsucht kam und drückte mir die nasse Hand
Auch Leidenschaft in Sack und Asche, ausgebrannt
Kahlköpfig kam die Furie der Enthaltsamkeit

Hier also tobte jahrelang der stumme Krieg
Hier hielten meine Lieben stand im Unterstand
Verbanden Wunden, lächelten im Leid, das sie verband
Und vegetierten ohne Hoffnung auf den Sieg

Hier herrschte das Gesetz jener Unhaltbarkeit
Die immer noch in Kraft ist und wohl auch noch bleibt
Rauch-, schnaps- und wermutschwanger steht
                         die Luft und schreit
Beiß in die Luft! Sie ist voll kalter Bitterkeit

Ich aber balancierte durch den Scherbenschutt
Zur Ecke, wo ich unsre Briefe fand: Zerfetzt
Vom Lippenstift lag eine Hülse da, die jetzt
Aussah wie der Patronenhut vom letzten Schuß

Und deine Stimme flatterte, verflog und schwieg
Auch deines Rockes Rascheln ist verstummt. Soll ich
Nun zetern, fluchen, Barthaar raufen, beten? Nebbich!
Was soll's, daß ich mir selber in den Ohren lieg ...

... ach was!

Gebohnert ist der Boden, und uns lockt ein Wein
Der Herbststrauß blüht wie wild, geputzt das Fensterpaar
Die neuen Katastrophen mögen kommen – wir sind klar
Zum Streit. Todmüd ist dieser Krieg – und schläft nicht ein

Podari mne neznakomyj gorod
Schenk mir eine nicht bekannte, gute Stadt

Schenk mir eine nicht bekannte, gute Stadt
Darin ich stark sein kann und froh auf Dauer
In der Frühe schenk mir jene Stadt, im Dämmer
Wenn sie Morgenwäsche macht im Regenschauer

Mach mir vor, daß dort der Sommer dauert, daß es
Endlich keine Eile hat mit uns und nichts
Mach, daß Dachziegel im Pfützenspiegel schwimmen
Wie ein Heringsschwarm im milden Flimmerlicht

Schenk mir den Geruch von warmen Tannenzweigen
Alte Mauern, die mit fremden Zungen uns berichten
Gäßchen, redlich ausgelegt mit Holperpflaster
Stadttortürme mit der Hoffahrt, dieser schlichten

Mach, daß wir sie sehn, die Stadt, wie sie erwacht
Offenäugig hinter der Gardine stehn wir
Und wir weiden unsre Augen. Wie sie dörflich
Wohlgebaut sind, jene Städterinnen, sehn wir

Ja, wir wolln uns sattsehn, satthörn, riechen
Und wir haben es, wer weiß, dann auch mal satt
Wie sie Morgenwäsche macht im Regenschauer
Schenk mir eine nicht bekannte, gute Stadt

Na svet, na gaz i na priznane – taksa
Das Licht, das Gas. Und auch der Ruhm
hat seinen Preis

Das Licht, das Gas. Und auch der Ruhm hat seinen Preis
Die Reime diktiert uns der Alltag in Form von Fragen
Und dabei gab's Zeiten, da wurde
                        den Dichtern noch kalt und heiß
Da schlugen sie um sich und wurden vom Schicksal geschlagen

Vorbei! Auf weichen Kissen pennen unsre Poeten
Vorbei die Martyrien: Sie haben ein Konto beim lieben Gott
Schad um die tollkühnen Jahre der dreisten Propheten
Schad um ihr Elend, das Unglück, um Hohn und Spott!

Ihr Zweifel ist schneidig geworden und artig ihr Schrei
Sie streiten nicht mehr, sie schielen und schleichen vorbei
Sie schmieden Waffen und schlagen nicht zu: Zu bang'!

Egal, was kommt, den Reimern ist alles Reim
Gekauft sind sie und bespuckt mit eigenem Schleim
Sie zahlen und singen den eigenen Untergang

I. Pustyne – svežesti glotok
Dem: Das

Der Wüste: einen Schluck Leben
Dem blutigen Striemen: frisches Leinen
Dem Gefolterten: einen Arzt geben
    – laß das Weinen!

Dem Fenster aus Sehnsucht: ein Klopfen
Dem Mann in Narkose: Erwachen
Dem kriegsheißen Stein: den Tropfen
    – halte die Schwachen!

Aus dem Schornstein soll Rauch gehen
Und klare Luft in den Mief
Licht her! Für Augen, die wieder sehn:
    – Ein Brief

II. Čitaja Sent-Eksjuperi
Saint-Exupéry lesend

Dieses Wort hör ich im Marschwind
Wenn sie uns zur Arbeit hetzen:
»In der Wüste, du Banause
Lernst du deine Götzen schätzen …!«

Gute Götzen, danke! Dank!
Panzer? – Ihr macht Blech daraus
Wege macht ihr halb so lang
Und den Knast zum Kartenhaus

III. Sny
Träume

Nächtlich spielt in mir ein Filmprojektor Filme, alte
Vom Verleih vertraute Streifen, die mich narrn
Wie? Wie? Wie erwachen? Denn ich halte
Grad der frühen Liebe Fleisch und Blut im Arm

Ach, verdreht gedrehter Filmsalat der Nächte! Öde
Niederdrückend sinnlos durch der Tage Not
Läuft ein andrer Film: so tatenlos, so blöde
Wie ein klitschiges Kartoffelbrot

Doch was soll's?! Im Schlamm versunken
Schwimmt man, bis man zu sich kommt, erwacht
– und so stolper ich dann traumbetrunken
In des Tages Nacht

O, kak bezvychodno poetu
Dichterruhm

Auch der Dichter, ihm bleibt keine Chance
Bei der Treibjagd, bei der Menschenhetze
Hunde finden seine Spur und gehn ihm
An die Gurgel mit dem Reißzahn der Gesetze

Totgequält, erwürgt, erschossen hat ihn
Eine Meute heulender Idioten
Doch ihr Racherausch ist klein und kurz
Im Vergleich zum Ärger mit dem Toten

Nämlich: Wenn die Henker sehn, daß dieser
Mann berühmt bleibt, wird er ausgegraben
Und sie machen jenen kurzerhand zur Fahne
Den sie grad so schön zertreten haben

Nicht aus Dummheit sind die Dummen plötzlich
Mutig. Nein! Mit ihren falschen Fressen
Singen jetzt die Mörder in der Tonart
Ihres Opfers falsche Opfermessen

Wenn sie ihren Dienst abreißen, zwischen
Leder-, Blutgeruch, Lysol und Wanzen
Schnurren die Polypen biergemütlich
Jetzt schon Lorcas bittere Romanzen

Nicht die Nachgeborenen und ihre Enkel
Nein, und flink auf einen Wink von oben
Rezitiert der Abschaum hier und heute
Lorcas grade noch verpönte Oden

Jetzt erst machen sie ihn richtig fertig
Kein Aas weiß bald, was er schrieb, für wen
– wüßt er, wie sie seine Verse fleddern
Würd er sich erschöpft im Grab umdrehn

Für sein Lied hat er bezahlt mit seinem Leben
So ging er ein, so überlebte er die Not
Aber jetzt, mit Lob und Weihrauchkübeln
Schlagen sie den Toten noch mal tot

Ach, nedostreljali, nedobili
Abgesang eines einstmaligen Apparatschiks

Das ha'm wir davon! Warum haben wir nicht
Das Pack konsequent an die Wand gestellt!
Lichtscheues Gesindel kommt wieder ans Licht
Verpestet die Metro, die Straßen ... die Welt!

Ja, Gutheit ist Dummheit, ach hätten wir nur
Die ganze Bande total liquidiert
Wir warn auch zu lasch bei der Großen Rasur
Sonst wäre es nie und nimmer passiert

Daß heut dieses schändliche Hetzerpack
Die Fahnen, die heiligsten Namen schändet
Wir hatten schon alles so schön auf Zack
Wer hätte gedacht, daß der Anfang so endet

Wir hatten schon soo schönen sauberen Rasen
Kaum paßt man nicht auf – macht sich Unkraut breit
Euch hat man vergessen, zu ... verschicken!
Das ist der Dank für die Menschlichkeit:

... tja, als ER noch lebte, ach, unter IHM ...

Da hörten wir nicht auf Kleinbürgerkritik
Für jeden Starrkopf den passenden Strick!
Und war was nicht klar, dann: Ab! durch die Mitte
Ab in die Taiga im Viehwaggon, bitte!

Im hohen Norden und ganz von alleine
War Schluß mit Schnauzeaufreißen, die Schweine
Da durften sie sich ihre Lebensmittelrationen
Mit der Hacke rauskratzen und in Eislöchern wohnen!

Das war eine harte und schöne Zeit
Da ging es ums Ganze und nicht um den Rest
Von Wladiwostock bis Dshanskoij: Weit
Dröhnte der Kahlschlag von Fernost nach West

Die Wälder fielen und die Holzfäller auch
Viel Holz gab es, klar: Auch viel Späne
Die Häftlinge hatten Baumrinde im Bauch
Und im Schandmaul keine Zähne

Doch dafür, ach, konnte das Volk auch noch
Die Heimat lieben, Transparente entrolln ...
Das Otterngezücht, das sich damals verkroch
– man hätt' es zertreten solln!

Pro našu arifmetiku
So rechnen wir

für Lew Kopelew, für Mischka Slavudskaja und Naum

Ein Bauch voll Ärger – zwei Sack voll Lust
Drei Schritte vor – ein Schritt zurück
Gewinn gewinnen! – Verlust verlieren!
Ein Kübel Pech – drei Eimer Glück

Es ist, wie's ist – und damit gut!
Quatsch: hadern mit dem Schicksal
Es tagt schon – Abend wird es auch
Voll Seligkeit und Trübsal

Es wird, es wird! Die Leute gehn
Schon um zwei Grade grader
Die Mauern sind noch tödlich hoch, doch
Ums Leben wird es schon schader

Es gibt ein Stück mehr Freundlichkeit
Und mehr zwei Körnchen Wahrheit
Die neuen Busse sparn uns pro Tag
Zwanzig Minuten Fahrzeit

Und von zehn Freunden, die mich, seit's
Mir schlechtgeht, nicht mehr kannten
Sind sechs schon wieder ansprechbar
Auch zittern meine Verwandten

Nur halb so schlimm, wenn wir uns mal
In der Öffentlichkeit begegnen
Es wird, es wird! Noch drei, vier Jahr
Dann werden sie mich schon segnen!

Die Lügen sind nicht mehr ganz so blöd
Die Beine werden schon länger
Die Stummen werden schon manchmal laut
Und die Bangemacher bänger

Wir holn schon bißchen tiefer Luft
Das Leben, es lebt! – Und fertig!
Die Witze, die wir uns jetzt erzähln
Sind nicht mehr ganz so bärtig

Wir flennen und fluchen und flachsen rum
Und werden geprügelt und prügeln
Und machen Spaß und Ernst und sind groß
Im Kriechen und Überflügeln

Es wird schon! Budjet, budjet, Freund
Wir rechnen mit dem Schlimmsten
Und tun unser Bestes und sind doch meist
Die Dummen – doch nie die Dümmsten

Es geht uns wohl lang noch nicht schlecht genug
Für wirklich gute Gedichte
Und wenn sie uns noch mehr die Beine weghaun
Dann nennen wir das: Geschichte

Es wird, mein Freund, es wird schon! Nimm
zum Beispiel grad diese Strophe
Ich sing in der Früh: Es werde Licht!
Und prompt kommt die Sonne hoch. Nee?!

... na siehst du! Das ist das Einmaleins
Der Träumer von der Fernöstlichen Akademie
Für Gesellschaftswissenschaften
Das ist die Logik aus Brot mit Schnee
– die läßt sich nicht verhaften

Poslednee
Das letzte Jahr

Mit einem leeren Bündel werde ich das fünfte Jahr
Verlassen, und es winkt mir nach am Tor
Vor all die wüsten düstren Grübelein der Jahre
Legt sich ein viel zu dünner Schleier vor

Und wenn das Leben wieder zaghaft heiter lebt
Wird's ab und zu passiern, daß ich fürn Augenblick
Wie stumm bin, taub bin, blind bin, tot bin
Und mich vom Weg absondre für ein kleines Stück

Kalt wird die Sonne mir dann sein und finster
Ein Fiebertraum fällt durch das Fenster in mich ein
Die schönste Unterhaltung wird mich öden
Vom Wein auch nicht ein Glas krieg ich noch in mich rein

Kein schnapsdurchtränkter Weltschmerz läßt mich dann
In diese bodenlosen Traurigkeiten falln! Fast störn
Wird mich das zarte Wort: »Was hast du, Lieber?«
»Mein Freund, was hat dich?«, werd ich starren Blickes überhörn

In Knast – und Lagerjahren stolper ich dann rum
Staubtrockne Spinnenweben gehn durch mein Gemüt
Ich stolper über Eisenstangen, die verrostet sind
Und hör der unsichtbaren Krähen winterkrankes Lied

Mensch, diese Träume! Gottverfluchte Träume!
Der bittre Kloß im Hals, Traum, der mich grault:
Das Eisenbett im Viereck aus Zement steht wieder da
Die totgelegene Matraze, halb verfault

Dann kommt und kommt Erinnerung in mir hoch
Das lockt wie Köder, den man hat und doch nicht kriegt:
Das heiße gelbe eierschalenfahle Fensterlicht
Wie es sich lebensgeil an Gitterstäben bricht

Ja ustal ogryzatsja po-volči
Ich bin es müd, auf Wolfsart mich zu wehren

Ich bin es müd, auf Wolfsart mich zu wehren
Scheiß Gift und Galle! Ich bin's leid, das Leid!
Auf Stein zu beißen mit den Kuchenzähnen
Ich hab sie dicke, die verkrampfte Mattigkeit!

Das wär was: Krach machen, lachen, singen, neu beginnen!
Früh rein – früh raus! Und pennen wie ein Murmeltier!
Schön wär's – könnt ich nur dem Gesöff entrinnen
Aus kalter Bitternis: Das schale Bier

Viel schaler Tage, abgestandener Nächte
Dies Abwaschwasser der Geschichte bringt mich um
Wenn jemals jemand mir zu trinken brächte
Das klare Wasser schlichter Güte, wär's nicht dumm

Ein Stückchen Wiesenglück mit Osterglocken?
Ein Stückchen Herbstschmerz: Tau im Stoppelfeld?
Wer weiß, und bin ich auch kein Welterretter
Vielleicht errettet aber mich die Welt!

Wer weiß – das war vielleicht der tiefre Sinn des Urteils:
Mein großes Unglück war mein Riesenglück:
Von Menschen weg und – näher zu den Menschen!
Weg von mir selbst und – zu mir selbst zurück

I. Tem, kto ne slomlen lagernym stažem
Jenen, die in Lagerewigkeiten nicht zerbrachen

Jenen, die in Lagerewigkeiten nicht zerbrachen
    Widme ich (mit mein' paar Jahren Bettlerknast)
        Jenen, die ein halbes Menschenleben halb
                wie Menschen lebten
        Ihnen widme ich die letzten Verse

Denen, die beharrten und in langen Lagernächten
    Von der Freiheit träumten und die jetzt in Freiheit
        Immer noch die Wachturm-Träume träumen müssen
        Ihnen widme ich die letzten Worte

Jenen einfachen und wehrlos starken Helden
    (Aus den Büchern, die wer weiß wer schreiben wird
        und aus Stücken, Bildern, Filmen, die noch kommen!)
        Ihnen widme ich mein letztes Skizzenbuch

II. Tomu uže tri veka
Das ist schon dreihundert Jahre her

Das ist schon dreihundert Jahre her
Das ist erst drei Tage her
Als die Muse des langen Marsches
Aufheulte unter meinem Fenster
Und sie knutschte mich und schleifte
Meine müden Knochen über Straßen
Kutschte mich in einer kilometergeilen
Ausgebufften »Grünen Minna« ostwärts

Weg, o Weg, o harte Wege
Hitze, mörderische Hitze!
Weg, o Weg, o lange Wege

Immer noch in kältre Kälten
Fahrer fahren unsre Autos
Blind wie Autos sind die Fahrer
Und naive Kinderfragen
Kommen unter ihre Räder

Nichts, kein Licht, kein Ofen, nie kein
Kleiner Vogel, keine Stille
In dem Kilometerfresser
Taumeln Tage durch die Nächte
Knast auf Rädern, unser aller
Buntes Schicksal, schwer verkettet
Wege werden wir gegangen
Wo uns nur Verzweiflung rettet

III. Nam ne ponjat drug druga nikogda
Nie und niemals werden wir uns da verstehn!

Nie und niemals werden wir uns da verstehn!
Statt daß sie beten: »Herr, wie lange noch?!«
Knurrn sie: »Das sind hier kleine Fische, doch
Wir haben, Bruder, anderes schon gesehn ...«

Hier ist jedes Pathos abgestanden, jeder Ton
Äfft sich selbst in jeder Zeile nach, wie wenn
Ein verrückter Nestor die Geschichte neu schreibt, denn
Er beschreibt ein vielgesichtig wüstes Babylon

Schreibt in Schnörkelschrift mit fieberhafter Hetze
Doch der Sinn der Schrift ist einfach, höllisch klar
Ist beglaubigt durch ein Zeugnis über das, was ist, was war:
Krebsgeschwüre, Schwindsucht, Hungerbeulen, Krätze

Ist bestätigt durch Resignation der Alten und
Durch devotes Murren, Schande: Altehrwürdig grau
Durch den Glauben an den Tod der Toten und daß rauh
Unser Leben war und bleibt und daß der Höllenhund

Alle Himmel scharf bewacht voll Indolenz,
Und daß jemands schlimmer Hochmut
                    Menschen kürzte kurzerhand
Wie man sonst die Brüche kürzt, daß unser Leid sich wand
Knirschend unterm Stiefelabsatz des Kretins …

Niemals! Ich verweigere mich der Wahrheit dieser Lügen!
Und ich glaub nicht an die Logik solcher Sätze
Werd mich nie mit faulem Fisch begnügen
– und doch reißen davon meine übervollen Netze

IV. A v eto vremja, večerom voskresnym
Und da geschah mir,
daß an einem Sonnab'nd abend

Und da geschah mir, daß an einem Sonnab'nd abend
        Die häusliche Idylle mich umscheichelt hat
            Ein trockner Wein, ein schöner altersschwacher Sessel
                Eines verlebten Tages herrlich leichte Last

Es schien, als ob die stumme, taube Zeit von selber
        Verschwunden sei und ab! In die Vergangenheiten
            Und ach, das Wunder schlichter
                        Freundlichkeit saß mit uns
            Wie selbstverständlich wieder oben an zu Tische

Auf jedes Klopfen öffnete die Tür sich einfach
        Ein Mensch, einer von uns, kam rein, was sonst!
            Ein heitrer Glanz lag und gelassen auf den Freunden
                Und das Vertrautsein war kein blöder Selbstbetrug

Und gut und schön war dieser Abend hinter Fenstern
        Wie lauer Sommerwind kam auch die Zärtlichkeit
            Und prompt in diesem viel zu schönen Augenblick …
            … marschiert durch die Baracke
                    Spitzel Arsch vom Dienst

Puhlte rum in sauren Brotrinden der Alten
   Fingerte in Zigarettenschachteln rum
      Stocherte in Mutterbriefen wie in Abfall
         Zwischen Daum' und Zeigefinger hielt er Lumpen

Warf sie mit geübter Ungeschicklichkeit
   Statt aufs Bett zu Boden (Kumpel, jetzt ruhig Blut!)
      Vögelte mit kalten Augen auf den Fotos
         Grinsend fremde Bräute, Frauen und Geliebte

Ja, ja, wir haben sie überschritten, die äußerste Grenze
   Gut hat der Tod sich eingelebt. Und die Kolonne singt:
      »Hübsch blühn im Frühjahr im Garten die Blumen ...«, sie
         Die ihren Plan erfüllten, schleppen
               sich durchs Haupttor

Es ächzte die Gitarre, und eine Geige wimmerte dazu
   Und eine Segeltuchtrommel mümmelte dazu den Takt
      O Herr, dein Lächeln ist furchtbar, furchtbar ist es
         Und unverständlich den düsteren Sklaven

Es gibt keinen Gott, nicht über und unter der Erde, keinen!
   Und irgendeiner von uns sagt dann und wie nebenbei:
      »Macht's gut!« – und hebt die
               Brechstange hoch und schlägt
         Dem erstbesten Wachhund den Schädel ein

Wer weiß, vielleicht ist das Ende uns so und so längst nah
   Der Kalksteinbruch hat noch zu viele am Leben gelassen
      Da kommt auch schon mit dem geschmiert gequälten Blick
         Und einer Liste von ganz oben: Der Instrukteur

So krönt den Totenschaufeltanz der Erdarbeiter
   Ach, diese kleine müde tägliche Erschießung
      Dann fliegt ein Chorlied mit erfrornen Flügeln auf
         Von all den Pritschen zu der Bretterdecke hoch

Dann gibt es einen matten Streit über die Frage
 Ob unsre Henker wirklich wissen, was sie tun
  Die unser Todesurteil kurz mit Kugeln schreiben
  Und auch die Schreibtischschützen mit
         den glatten Fingern

Doch keine Träne taut den hartgefrornen Boden auf
 Blut fällt aus uns, das nie mehr fruchtbar wird
  Steht Marx uns bei? Hilft Lenin uns aus dieser Not?
  Aus dieser stacheldrahtumzäunten Traurigkeit?

Und damals floß der Strom der Wissenschaften herrlich breit
 Ach, in den Sälen der Historischen Bibliothek
  Und damals kreischten die verrückten
        Weiber, und ins Fleisch
  Schnitten sie sich diese roten Muster mit dem Glas

Und damals schlichen Schatten über Planken hin
 Im dreimal gottverfluchten Hafen von Kolyma
  Und damals wurd zu festen kleinsten Preisen aufgekauft
  All unsre Schönheit, Jugend und Verstand, Talente

Ach, laß! Wozu auch soll man immer daran denken
 An das, was man am besten gar nicht weiß
  Daß Fraun für eine Schüssel Brei im Dienstgebäude
  Sich selbst die Wattehosen runterzogen

Was soll's! Vielleicht solln wir uns lieber schonen
 Auskratzen die Erinnerung aus dem Gehirn
  An »Schwalbe«, an den »Kacktopf«, » Fünfte Ecke«
  An »Bohrung«, »Wachaufzug ohne letzten Mann ...«

Vergessen müssen wir und werden wir, wie anders
 Solln wir den Rest von Leben, der uns bleibt, noch leben?
  Mein Freund, vergiß auch sie, die uns vergaßen
  Als wir wie kranke Kinder nackt im
        Schneematsch saßen

V. Kto eto? Ljudi ili okurki
Was sind das da, Menschen? Oder Kippen

Was sind das da, Menschen? Oder Kippen
Aus zermanschtem bitterem Tabak?
Matter Greise-Reigen aus Gerippen
Dürftig eingehüllt in nassen Sack

Unaufhörlich wanken die Gestalten
Durch Jahrhunderte bis zu uns her
Nasse Müdigkeit fällt aus den kalten
Schwarzen Körpern, und sie stöhnen schwer

Wie sie es in tausend Wintern lernten, stecken
Sie die Hände in die Ärmel auch im Sommer noch
Und so schleppen durch den Schnee sich schwarze Flecken
Menschen einstmals, ganze Völker unterm Joch

Und es tönt: »Ja, Renegate seid ihr!
Menschenabfall laut Gesetz und Recht
Keinem Bürger tut ihr Lumpen leid, ihr
Seid erkannt, verbannt, verrückt und schlecht!

Abgeheftet hat die Menschheit eure Akten
Recht ist, daß ihr rechtlos seid wie Dreck
Freut euch, wenn ihr Lumpen habt für eure nackten
Knochen, Tee und einen Streifen Speck!

Gebt es auf! Denn ihr entkommt uns nicht
Unser Netz hat keine große Masche
Und wir tun an euch nur Bürgerpflicht
Ruhe unserm Leben – Friede eurer Asche!«

Ich möchte, wenn's mich müdet

Ich möchte, wenn's mich müdet, einen Wein, dazu Ge-
spräche ohne Quatschen. Schwamm über die Ver-
gangenheit! Laß sein! Schluck runter, laß dich nicht zer-
matschen. Schluck runter, laß dich nicht zermatschen von der Er-
innerung! Dem Haß entfliehn ist irre schwer. Tief sitzt der
Gram   Ver-geben solln wir und ver-gessen
den Seelenfraß aus Zorn und Scham, ver-gessen
all die falschen Fressen.

3 Strophen

Nachspruch
für Jürgen Fuchs

Ich möchte, wenn's mich müdet, einen Wein
Dazu Gespräche ohne Quatschen
Schwamm über die Vergangenheit! Laß sein!
Schluck runter! Laß dich nicht zermatschen

Schluck runter! Laß dich nicht zermatschen
Von der Erinnerung! Dem Haß entfliehn
Ist irre schwer. Tief sitzt der Gram
Vergeben solln wir und vergessen
Den Seelenfraß aus Zorn und Scham
Vergessen all die falschen Fressen.

Vergessen all die falschen Fressen.
Ist fast zu schwer: Mein Herz ist stur
Die toten Kröten soll ich schlucken
Mir auf die Zunge beißen und mich nur
'ner Handvoll Freunden öffnen? – Nee!
Nee! Geht mir ab mit der Tortur

Nee! Geht mir ab mit der Tortur
Der Selbstverleugnungsharmonie
Die Lügen – auch die kleinen – nein!!
Ich hab sogar die frommen satt!
Nie mehr das Brett vorn Kopp! Und nie
Nie wieder vor den Mund das Blatt!

Ich möchte, wenn's mich müdet, einen Wein
Dazu Gespräche ohne Quatschen
Dazu ein Lied im Abenddämmerschein
Mal ohne Rampenlicht und Klatschen
Ich bin zu müd fürs Schlausein und zu stolz
Zu alt für euern Harlekin
Den Tod nicht mehr – ich fürchte nur
Ein falsches Leben auf den Knien

Antoni Slonimski war ein christianisierter Jude und bedeutender Dichter in Polen. Er schaffte es, im letzten Moment zu entfliehen, als die Deutschen das Land besetzten. Über Rumänien entkam er nach England. Als der Krieg vorbei war, ging er zurück nach Polen. Er selbst war also zum Glück dem KZ entgangen. Dennoch kam mir dieses Gedicht beim ersten Lesen als ein Beispiel für echte KZ-Lyrik vor. Der Grund: Es ist soviel einfacher gebaut als andere Gedichte, mit denen Slonimski berühmt wurde. Er wußte eben Bescheid, auch im Exil.

Wenn es ums nackte Überleben geht, schreibt man offenbar nicht so kulinarisch. Ein Stück schimmliges Brot, drei Kartoffelschalen, ein Schluck warme Wasserbrühe aus der Blechdose – das sind die Genüsse in solch einer Hölle. So auch hier im Gedicht: Das simple Humanum, daß ein Mensch nicht völkisch borniert denkt und fühlt, das ist eine dermaßen fundamentale und banale Tugend, daß sie wohl erst beschworen werden muß, wo der Einzelne dermaßen ausgeliefert und wie verstoßen aus der Menschheit vegetiert. Der KZ-Häftling klammert sich bei der Ankunft im Lager im ersten Reflex an die Reste seiner landsmännischen Häftlingshorde. Das muß er auch. Einen erfahrenen Funktionshäftling zu kennen aus der gleichen Stadt kann erst mal die Rettung sein. Die gleiche Sprache sprechen. Eine bessere Schlafpritsche erwischen. Eine Kelle mehr vom unteren dikkeren Fraß im Suppenkübel ergattern. Auschwitz überleben, das hieß auch: Schnellstens die Sprache anderer Häftlinge zu lernen. Aber am schnellsten die Sprache der Befehle auf Leben und Tod: Deutsch.

In dem Jahr, als dieses Gedicht geschrieben wurde, kam mein kommunistischer Vater mit einem Transport jüdischer Gefängnishäftlinge aus Deutschland im Konzentrationslager Auschwitz an. Ihm half nicht seine einzige, die deutsche Sprache und auch keine Verbindung zur Kommunistischen Partei. Der Schlosser-Maschinenbauer Dagobert Israel Biermann wurde, wie meine Mutter nach dem Kriege von einem Hamburger Häftling, einem jüdischen Druckereiarbeiter mit Namen Kristeller, erfuhr, an der Rampe im Februar 1943 noch zur Arbeit selektiert. Aber er ist dann doch sehr schnell vernichtet worden, erschossen, zu Tode geprügelt, verfault im Krankenbau, vergast oder einfach verhungert und erfroren in der Baracke – ich werde es nie wissen. Hätte ich ihm dieses Gedicht in meinem lieben Deutsch doch noch zustecken können!

Dieses Gedicht ist also eine moralische Faustregel, ist ein Vademecum! im ursprünglichsten Sinne des lateinischen Wortes: Gehe mit mir zusammen! Ein kleiner Leitfaden zum Überleben in der Hölle sind diese einfachen Verse. Und dabei sollte überlebt werden als »a Mensch«, also nicht brutal auf Kosten anderer Häftlinge oder gar durch Kollaboration.

Später, im zivilen Leben, kann man dann wieder andere Töne anschlagen, elegische, spielerische, ironische, romantische, raffiniertere.

Antoni Slonimski
Ten jest z ojczyzny mojej
So einer ist mein Landsmann

Der nicht dran denkt, zu welchem Volke er gehört
Wenn Tschechen bluten, ist auch er tief aufgewühlt
Der brüderlich der Jugoslawen Elend fühlt
Norweger ist, weil ihn norwegisch' Leid empört

Wenn Moskau brennt, verbrennt auch ihn die ferne Flamme
Der mit Ukrainern über die Ukraine weint
Er, den sein Schmerz mit Schmerzen einer Juden-Mame
Vor ihren totgeschlagnen Söhnen tief vereint

Er ist, wenn wo Franzosen für die Freiheit starben
Franzose. Grieche ist er, wenn die Griechen darben
Sein Herz schlägt für die Völker, nicht fürs eigne bloß
So einer ist mein Landsmann: Mensch! Und das ist groß

Josef Kerler wurde nicht erschossen. Er geriet nach Workuta ins **GULag**. Er schrieb "Jiddische Dichter auf russischer Erd". Es hätte heißen solln: „... unter russischer Erde." Am 12. August 1952 wurden fast alle bedeutenden jiddischen Dichter der Sowjetunion erschossen. Alle an diesem einen Tag." — Auftakt für Stalins geplante Endlösung der Judenfrage.

Josef Kerler
12 oygust 1952
12. August 1952

O dieser Tag, dieser Tag, dieser Tag!
Kummer und Qual – ach, und hilflose Klag'
Kummer im Herz, stumm ein Klageton:
Markwitsch ...
        Hofstein ...
                Kwitko ...
                        Bergeson ...

Keiner war da, der sie tröstet die Nacht,
Als man sie alle umgebracht hat
Licht sahn sie so in der blutigen Nacht:
Mörd'rische Blitze! Die Salve kracht!

Ach, dieser Tag, dieser Tag, dieser Tag
Blutbesudelt – als Grabstein trag
Ich nun mein Lied. Und mein Herz muß als Licht
Leuchten allein, denn ein Grab gibt es nicht:

Nichts, keinen Stein und kein Licht und kein' Ton
Markwitsch ...
        Hofstein ...
                Kwitko ...
                        Bergeson ...

Tadeusz Borowski

Powròcisz do Ojczyzny poeto
Tadeusz Borowski für Stanislaw Wygodski
– der junge für den alten Dichter

Nach Haus, Poet, in deine Heimat kehrst du wieder
Nach Bendzin oder Sosnowiec
Läufst zu dem Judenmarkt dann, zu den Gleisen
Am Umschlagplatz am Ghetto hin

Da wirst du sehr allein sein, wie 'n Stück Rinde
Vom Baum gefetzt, denn du kommst heim von dort
Wo deine Tochter flog als Asche himmelwärts
Vom Krematorium

Jizchak Katzenelson
Hajehudi schezochek
Der lachende Jude

Er lacht, der verhungert Jude
Der sterbende Jude lacht
Der lachende Jid, er
Fliegt über Dächer, er steigt
Auf Mauern und stürzt sie um
Geht durch das Feuer im Ghetto
Und schießt aus dem Hinterhalt

Er lacht, der trotzige Jude
Der kämpfende Jude lacht
Der lachende Jid, der
Junge kreischt auf und springt
Benzinflaschenumgürtet
Bombt vom Balkon sich runter
Und setzt den Panzer in Brand

Aus allen Ländern
Tönt wider sein wirrwildes Lachen
Hallt wider sein Schritt, er
Bleckt seine Zähne im Stacheldraht
Lacht wie ein Tier, das sich totlacht
Flieht mit dem Schrecken davon
Vor seinem eignen Gelächter

Er lacht, der getötete Jude
Der brennende Jude lacht
Der lachende Jid, er
Schwebt über dem Schornstein
Ätzend in gottlosem Rauchgelächter
Schattenhaft folgt ihm sein Lachen
Folgt ihm ins Schattenreich nach

Ich träumte heute einen Traum

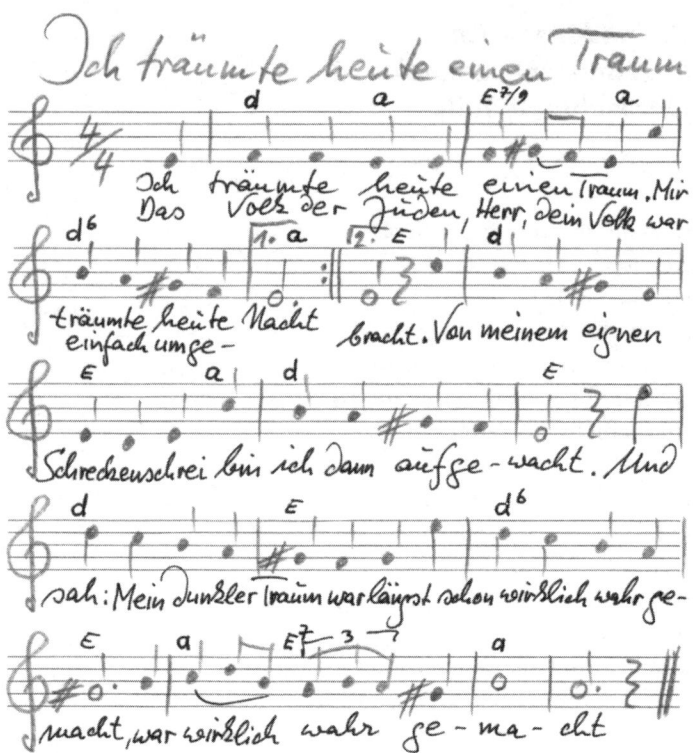

Ich träumte heute einen Traum. Mir
Das Volk der Juden, Herr, dein Volk war

träumte heute Nacht
einfach umge-

bracht. Von meinem eignen

Schreckensschrei bin ich dann aufge-wacht. Und

sah: Mein dunkler Traum war längst schon wirklich wahr ge-

macht, war wirklich wahr ge - ma - cht

Jizchak Katzenelson
Chalom chalamti
Ich träumte heute einen Traum

Ich träumte heute einen Traum
Mir träumte heute nacht
Das Volk der Juden, Herr, Dein Volk
War einfach umgebracht
Von meinem eignen Schreckensschrei
Bin ich dann aufgewacht
Und sah: Mein dunkler Traum war längst
Schon wirklich wahr gemacht

Herr! hoch im Himmel, höre mich
Warum erlaubst du das?
Und warum gleich ein ganzes Volk
Warum – wozu – für was!
Wofür? Für nichts und wieder nichts
Gott, sage mir, warum!
Wir falln nicht mal in einem Kampf
Kein Krieg bringt uns ja um

Ob jung, ob alt, ob Frau ob Mann
– sie schlachten alles hin
Gott, falscher Vater, sieh Dein Kind
Sieh, wie ich elend bin
Ich weine mir die Augen aus
Ich weine Tag und Nacht
Erbarm Dich Deiner selbst, Herr Gott
Du! hast mich umgebracht

Mag sein, daß ich irre

Mag sein, daß ich irre und dich nur verwirre. Mag

sein, daß ich hoffe und bin langst verlorn. Ich

leb ja den Traum der Commune nochimmer, da-

zu hat mich ja meine Mütter geborn. Ich

"Mütter geborn

Yoseph Papiernikov
Soll sein
Mag sein, daß ich irre

Mag sein, daß ich irre und dich nur verwirre
Mag sein, daß ich hoffe und bin längst verlorn
Ich leb ja den Traum der Commune noch immer
Dazu hat mich ja meine Mutter geborn

Wir haben uns selber am schlimmsten von allen
Verraten, verkauft und blutig genarrt
Und doch sind nicht all meine Träume, die roten
Mit all unseren Toten verreckt und verscharrt

Und ob es mir schwer wird und ob es mir leicht ist
Ich geh unseren Weg, geh mit Sehnsucht und Zorn
Mag sein, daß ich einmal, wenn alles erreicht ist
Erreicht habe nichts als ein' Anfang von vorn

keine korrekte "Übersetzung, sondern
eine Adaption.
Ich lernte dieses schöne Lied von
einem falschen Juden und falschen
Trotzkisten, er sagte mir 1977,
dies sei das „Lied des Bundes."
Seit ich mit dem Historiker Arno Lustiger
befreundet bin, weiß ich es besser.
aber egal! für mich war es in
den Irrungen und Wirren nach meiner
Ausbürgerung ein Halt.

Chaim Hefer
Chassidej umot haolam
Die Gerechten unter den Völkern

Bombastisch, so Begriffe immerfort
Man sagt: *Gerechter unter den Völkern*
Begreifen will ich dieses große Wort
Wir Juden nennen so den guten Mensch
Der ein Versteck uns bietet, ein Stück Brot
Und steht uns bei in größter Todesnot

Doch nun zergrübel ich mich, frag: Gott, was
Was würd ich selber lassen oder tun
In dem Inferno, in der Flut aus Haß
Wenn unsre kleine Welt zusammenbricht
Würd ich dann einem fremden Menschenkind
Auch beistehn? Wäre ich sein Hoffnungslicht?

Wär ich dazu bereit, als es so war?
Ein Alptraum, der im Wachsein ja passiert:
Reiß die Familie rein in die Gefahr
Weil uns der nette Nachbar denunziert
Das schreckliche Geräusch – hielt' ich es aus
Die Stiefel, das Gebrüll im Treppenhaus?

Könnt ich so leben, mit der Todesfurcht?
Wenn Bajonette blitzen in der Nacht
Wenn uns Gerüchte kirrn, der dumpfe Klang
Wenn Marschkolonnen stampfen durch die Stadt
Wenn bei Erschießungen die Salve kracht
Nicht Tage, Monate, nein: Jahre lang

Und all das, ohne je zu spekulieren
Auf einen Menschen – oder Gotteslohn
Zufrieden mit dem Händedruck und sich
Freun, daß der Mensch dem Mensch ein Helfer sei
Nun quält mich immer peinlicher, ob ich
Bereit wär für so Menschenretterei

In diesem Krieg, der nicht nur an der Front
Getobt hat, standen die Gerechten uns
Großherzig bei, mit stiller Tapferkeit
Tagein, tagaus – denk an die Sodom-Zeit! –
Sie sind der Grund, daß sich die Erde dreht
Und die verdorbne Welt nicht untergeht

In der Geschichte meines Judenvolks
Das elend hingemordet ward, sind sie
Gerechte Retter – ein Mysterium
Sind starke Säulen der Barmherzigkeit
Auf denen ruht die Welt. Dies Heldentum
Vor ihm verneig ich mich in Dankbarkeit

Hannah Szenes
Aschrej hagafrur
Der Span sei gepriesen

Der Span sei gepriesen
    da er verbraucht ward
        die Flamme zu entzünden
Gepriesen sei die Flamme
    die sich verzehrt im heimlichen Schlag
        dem heftigen des Herzens
Das Herz sei gepriesen
    das stark genug war, stillezustehn
        um der Ehre willen
Gepriesen sei der Span
    da er verbraucht ward
        die Flamme zu entzünden

Hannah Szenesh, die Heldin; die junge Frau floh vor den Nazis aus Ungarn nach Erez Israel. Sie lebte paar Jahre im Kibbuz. Sie starb als Fallschirmspringerin der Jüdischen Brigade i der Britischen Armee. Gefangen in Jugoslavien, hingerichtet im faschistischen Budapest 1944. Ihr Gedicht lebt als Lied in der Armee in Israel. Und was würde Galilei dazu sagen? Heute?? Glücklich das Land, das Helden hat! Glücklicher das Land, das seine Helden nötig hat!

Hannah Szenes
Echadschta'imschalosch
Eins zwei drei

Eins zwei drei
Acht Fuß lang. Breit
Zwei Schrittchen.Und der Rest ist Dunkelheit
Wie 'n Fragezeichen hängt das Leben über mir

Eins zwei drei
Vier Tage und, mag sein, 'ne Woche noch
Der nächste Monat wird mich finden hier, jedoch
Längst tot. Ich spür, es dauert nicht mehr lang

Das hätt' ich werden können
Nächsten Juli: dreiundzwanzig Jahr
Klar: hoch hab ich gespielt. Das Glück war gegen mich
Gefallen sind die Würfel. Und verlorn – hab ich.

*Dieses allerletzte Gedicht fanden
Mithäftlinge in Budapest im
Kleid der Hanna Szenes nach
ihrer Exekution am 7. Nov. 1944.*

Franta Bass

Já jsem žid a židem chci zůstan na vždy
Ich bin ein Jud. Und Jude will ich sein für immer

Sogar, wenn ich verhungern muß,
werd ich mich nicht beklagen
Will allzeit streiten für mein Volk
Mein Ehrenwort
Will nie mich seiner schämen
Das verspreche ich

Stolz bin ich auf mein Volk,
es ist so voller Würde
Erst recht! Und hält man mich auch nieder
Lebendig leben werd ich, immer wieder

Franta Bass schrieb dieses Gedicht,
ein Knabe noch, geboren in Brünn 1930
und ermordet kurz nach seinem
vierzehnten Geburtstag in Auschwitz.
Ich fand diesen Text nur in einer
englischen Übersetzung bei Gelegenheit
einer Seder-Feier mit meinen Freunden
Deborah & Peter Miller in N.Y.
Das Original soll tschechisch sein.

Teddy
Terezin
In Theresienstadt

Ein neues Kind, wenn's ankommt, kommt
Ihm alles fremd vor und bedrohlich hier
Was!! Auf den nackten Boden legt man sich?
Kartoffeln essen, schwarz verfaulte? Nein! Nicht ich!
Und alles schmutzig! Nein, hier will ich weg
Das macht mir angst. Die Dielen voller Dreck
Und schlafen soll ich hier in meinen Sachen?
– ich werd mich schmutzig machen

Und im Gelärm kreischt auf ein Schrei
Dabei so viele Fliegen, ein Geschmeiß
Die schleppen Krankheit ein, wie jeder weiß
Jetzt hat mich was gebissen, Wanzen oder was
Theresienstadt – die Hölle ist dies Leben
Und ob ich je nach Hause wieder komm,
Darauf kann ich noch keine Antwort geben

So wurde es nach dem Krieg gefunden
— ein Kindergedicht über ein
Kind im KZ: Theresienstadt.
Wer hat hier überlebt: das dichtende
Kind? Oder das Kind im Gedicht?
Darauf kann nun ich, der Nach-Dichter
seine Antwort geben.

Elie Wiesel
Un die welt hot geschwign (Auszug)
Niemals vergessen werde ich die Nacht

Niemals vergessen werde ich die Nacht, die erste Nacht im
Lager. Das hat sie aus meinem Leben gemacht: eine einzige
lange Nacht: Sieben Mal verflucht und siebenfach verschlossen.
Niemals werde ich ihn vergessen, diesen Qualm. Niemals
vergessen diese Gesichtchen der Kinder, denn ich sah, wie ihre
Körper sich in Kranzgebinde aus Rauch verwandelten unter
einem blauen Himmel, der schwieg.

Nimmer vergessen werde ich diese Flammen, die meinen
Vater verzehrten für immer.

Und nimmermehr werde ich vergessen das nachtnächtliche
Stillschweigen, das mich beraubt hat für immer und ewig
all meiner Lebenslust. Und nie vergessen werde ich solche
Augenblicke, die meinen Gott ermordet haben, wie meine
Seele, und Staub machten aus all meinen Träumen. All das
werde ich nimmermehr vergessen, nicht mal, wenn ich
verdammt wäre, so lang zu leben wie Gott selber. Nie.

Marianne Cohn, genannt Colin
Je trahirai demain
Im Folterkeller der Gestapo

Morgen werde ich verraten, heut noch nicht
Morgen, nicht heute werde ich verraten
Heut reißt ihr mir die Nägel aus, doch
Verraten werde ich nichts
Ihr kennt die Grenzen nicht
Meines Mutes
Ich aber kenne euch
Fünf harte Hände seid ihr
Bestückt mit Ringen
Eure Füße
Stecken in Stiefeln
Bestückt mit Nägeln
Morgen werde ich verraten
Nicht heute, erst morgen
Ich brauche noch die Nacht
Mich zu entscheiden, wenigstens
Die eine Nacht brauch ich
Um zu verleugnen
Um abzuschwören
Um zu verraten
»Verleugnen werde ich meine Freunde
Dem Brot abschwören und dem Wein
Verrat am Leben werde ich üben
Ich brauch nur noch die eine Nacht«
Fürs Sterben
Morgen also werde ich verraten
Heut noch nicht. Versteckt
Liegt unter der Fliese die Feile
Die Feile ist nicht für den Folterknecht
Nicht für die Gitterstäbe ist diese Feile
Für mein Handgelenk werd ich sie brauchen
»Heute habe ich keine Aussagen zu machen
Morgen werde ich alles verraten«

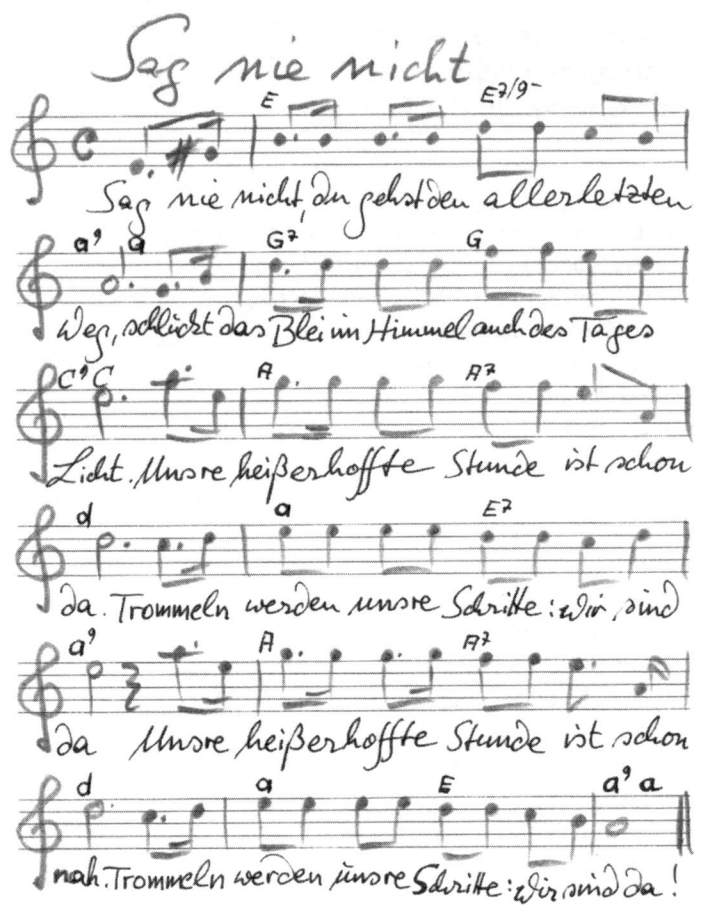

Sag nie nicht

Sag nie nicht, du gehst den allerletzten Weg, schließt das Blei im Himmel auch des Tages Licht. Unsre heißerhoffte Stunde ist schon da. Trommeln werden unsre Schritte: Wir sind da Unsre heißerhoffte Stunde ist schon nah. Trommeln werden unsre Schritte: Wir sind da!

Hirsch Glik
Sog nit kejnmol
Sag nie nicht

Sag nie nicht, du gehst den allerletzten Weg
Schluckt das Blei im Himmel auch des Tages Licht
Unsre heißerhoffte Stunde ist schon nah
Trommeln werden unsre Schritte: Wir sind da!

Fern vom Wüstenland bis weit vom Land im Schnee
Kommen wir mit unserm Zorn, mit unserm Weh
Wo von uns auch immer fällt ein Tropfen Blut
Grade da wächst unsre Kraft und unser Mut

Morgen macht die Sonne golden unsern Tag
Mit dem Feind verschwindet alle unsre Plag
Und wenn trotzdem morgen keine Sonn aufzieht
Wird für unsre Enkel leuchten dieses Lied

Dieses Lied, ich schrieb's mit Blut und nicht mit Blei
Und ist nicht kein Lied vom Vogel froh und frei
Unser Volk hat es gesungen an der Wand
In Ruinen mit Pistolen in der Hand

Sag nie nicht: Ich geh den allerletzten Weg
Schluckt das Blei im Himmel auch des Tages Licht
Unsre heißerhoffte Stunde ist schon nah
Trommeln werden unsre Schritte: Wir sind da!

Still, die Nacht ...

Still, die Nacht steht voller Sterne

Und der Frost hat stark gebrannt. Weißt du noch wie

mir hast du ge — ler — nt wie man

schießt mit ruhiger Hand Weißt du

Hirsch Glik, zuerst im KZ "Weiße Wache", dann → Ghetto Wilna wurde er Mitglied in "Fareinikte Partisaner Organisazije" → 1942 Aufstand im Ghetto. 1943 schrieb er diese Lieder. → 1944 wieder eingefangen → KZ Estland. → Flucht in die Wälder. → gefallen als Partisan. 22 Jahre jung. Ich sang dieses Lied vorm Bundestag im Berliner Reichstag, als Arno Lustiger die Rede hielt zur Erinnerung an die Befreiung des Konzentrationslagers Auschwitz

Hirsch Glik
Still, die nacht is ojsgesternt
Still, die Nacht steht voller Sterne

Still, die Nacht steht voller Sterne
Und der Frost hat stark gebrannt
Weißtu noch: Von mir hast du gelernt
Wie man schießt mit ruhiger Hand

Ein Mädchen. Schafpelz. Schiefe Mütze
Den Revolver fest gefaßt
Da hat sie, mit rotgefrornen Wangen
Den Feindkonvoi gut abgepaßt

Gezielt. Geschossen. Und getroffen
Kugel, kalter Todeskuß
Ein Wehrmachtslaster voll mit Waffen
Aufgehalten durch ein' Schuß

Kroch vor Tag raus aus dem Wäldchen
Schneegirlanden hübsch im Haar
Mut hat ihr Sieg gemacht, ihr kleiner
Unsrer ganzen kleinen Schaar

Wir leb'n ewig

Wir leb'n ewig, es brennt 'ne Welt
Wir leb'n ewig, trotz all der Not
Wir leb'n ohne ein' Groschen Geld
und jede Stunde, die uns bedroht
Trotz all der Feinde hier verzagen wir nicht
Wir wollen auch wenn se tret'n uns ins Menschngesicht
leb'n und er-leb'n, schlechte Zeit'n über-leben
wir leb'n ewig bis in den Tod.

Lejb Rosenthal
Mir lebn ejbig
Wir lebn ewig

Wir lebn ewig, es brennt 'ne Welt
Wir lebn ohne ein' Groschn Geld
Trotz all der Feinde hier verzagn wir nicht
Auch wenn se tretn uns ins Menschngesicht
Wir lebn ewig trotz all der Not
Und jede Stunde, die uns bedroht
Wir wollen lebn und erlebn
 schlechte Zeitn überlebn
  wir leben ewig bis in den Tod

Alle! die dieses traurig-trotzige
Lied im Ghetto Wilna sangen,
alle, die es hörten, sind tot,
auch der Dichter. Falsch! Es gab
SS-Leute, die sich zur Erholung
von der Arbeit das Lied von ihren
Opfern vorsingen ließen.
Darf ich? Ja, ich will und muß
ja den Schluß „ſarbessern"
Von wegen: Mir lebn ejbig!
  Mir sejnen do!
Wir leben ewig bis in den Tod!
Nicht alle, aber meine Toten leben.
Nur: sie sind nicht mehr da.

Nimm mich

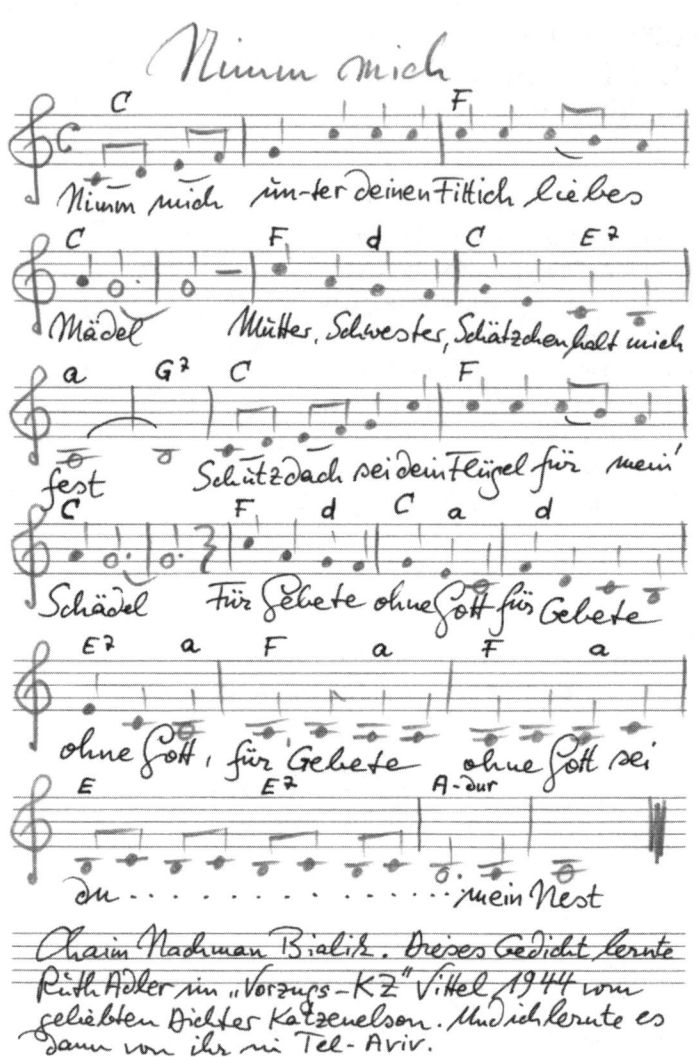

Nimm mich un-ter deinen Fittich liebes

Mädel   Mutter, Schwester, Schätzchen halt mich

fest   Schütz dach sei dein Flügel für mein'

Schädel   Für Gebete ohne Gott für Gebete

ohne Gott, für Gebete   ohne Gott sei

du . . . . mein Nest

Chaim Nachman Bialik. Dieses Gedicht lernte
Ruth Adler im „Vorzugs-KZ" Vittel 1944 vom
geliebten Dichter Katzenelson. Und ich lernte es
dann von ihr in Tel-Aviv.

Chaim Nachman Bialik
Hachnisini tachat knafe'ich
Nimm mich

Nimm mich unter deinen Fittich, liebes Mädel
Mutter, Schwester, Schätzchen, halt mich fest
Schutzdach sei dein Flügel für mein' Schädel
Für Gebete ohne Gott
     für Gebete ohne Gott
       sei du mein Nest

Uri Zvi Grinberg

Gedicht ohne Titel aus dem Zyklus **Emek Ha Adam**

Weiße Milch des Abends

Todmüde neigt die späte Stunde sich
Zum Schlafe wie ein weltverloren Kind
Im Waisenkittelchen aus schwarzem Weiß
Ich hocke da und schreib, als wäre sie
'ne Tafel, ein paar Worte in die Luft
Im Zauberkreis

Und kommt zum Krug die schwarze Katz
Und schleckt den Rest der weißen Milch
Und kippt der Krug dann um und bricht
Dann klapp ich meine dünnen Augendeckel zu
Und schlaf mich aus für eine Ewigkeit
Im großen Licht

Saul Tschernichowski
Sachki sachki
Credo

Liebchen, du, verlach das Träumen
Ich, der Träumer, sag dir: Lach!
Weil ich doch an Menschen glaube
Weil ich mir noch Hoffnung mach

Meine Seele lechzt nach Freiheit
Goldne Kälber brauch ich nicht
Dich glaub ich, und ungebrochen
Glaub ich an des Geistes Licht

Dieses Licht sprengt eitle Ketten
Es verscheucht des Herzens Not
Wer da schafft, soll nie mehr hungern
Brot genug! und auch Seelenbrot

Lach, weil ich an Freundschaft glaube
An dein Herz, das blüht und reift
Das mein Hoffen teilt und stachelt
Freude spürt und den Schmerz begreift

Ja, ich träum sogar 'ne Zukunft
Doch ein Schwärmer bin ich nicht
Friede kommt und macht die Völker
Doch am Ende noch brüderlich

Endlich kommt mein Volk nach Hause
Neue Menschen wachsen nach
Frei von Haß und frei von Ängsten
Frei von all unsrer Sklavenschmach

Wir wolln schaffen, lieben, leben
Wirklich im Gelobten Land
Häuser baun, nicht in den Wolken
Aber in den Wüstensand

Und dann denkt ein neuer Sänger
Blumen sich voll Anmut aus
Meinem Grab entsprießt dann die Rose
Für sein' schönsten Liederstrauß

zu Saul Tschernichowski

Saul Tschernichowski (1875–1943) schrieb dieses »Ich glaube« 1892 in hebräischer Sprache, also als ein Jüngling in Odessa. Er ging dann nach Palästina und lebte dort bis zum Tode.

Der Vater von Amos Oz war mit Tschernichowski befreundet. Amos Oz zeigte uns dies Lied zusammen mit seiner Frau Nili am 1. Mai '93 in Arad. Ich hatte meine Gitarre dabei und drückte mir die paar Harmonien schnell in die Finger der linken Hand. Nili Oz sang mit einer verwehten Mädchenstimme, aber Amos, der humorvolle Spötter, sprach die Worte mit einem heiligen Ernst. Ich verstand kein Wort, aber ich sah, wie ihn die Worte trafen, als kämen sie aus dem eignem Mund zum allerersten Mal an sein Ohr, und das hat mich angerührt. Amos kann sich daran erinnern, daß er als Kind auf dem Schoß des Dichters saß, er erinnert sich an den gewaltigen Schnauzbart und den angenehm penetranten Geruch des großen Mannes.

Das Pathos des Originals ist uns fremd geworden. Aber allzu kleinsprecherisch wollte ich die deutsche Fassung nicht dem Ton unseres coolen Zeitgeschmacks anpassen. Die Worte klingen fast so pathetisch wie *l'Internationale* des Eugène Pottier, aber Tschernichowskis Lied hat sich als wahrhaft prophetisch erwiesen. Das mag auch der Grund sein, warum es in Israel populär blieb. Man kennt und singt alle Strophen, obwohl Tschernichowski dies Gedicht im hohen Ton eines biblischen Hebräisch schrieb.

Natan Yonatan
Chofim
Strände

Mein Bach, mein süßes Bächlein, wo bist du geblieben?
So klagt den Salzigen, den Wellen, nun der Strand
So klagt der Mensch, ist er verlassen
So einsam kann er sein
Und bleibt sein Herz gebrochen:
Stein im Sand, einsam und leer
– verlassen wie die Strände:
Der Mensch – auch er

Es geht den Muscheln grad so wie dem Strand. Die Seele
Sehnt sich wie Muscheln manchmal auch nach Heimat hin
Nach einer Heimat, die wir liebten
Das alles war einmal …
Drum sind die schönen alten Lieder wie das Meer
Es singt, es rauscht im Muschelherz
Der Mensch, der Mensch – auch er

Blaues Tüchlein

Himmelblau, heilig dein Tüchlein
zartes Gestreichel der Hand   Du sagtest:
Nimmer laß ich dich, immer bleibt was uns
beide ver-band   Da kam   ein
Tag,   der riß uns brutal ausein-
and'   Tuch, himmelblaues, Schicksal, ein
graues, weil ich ver-lor was ich fand

Avraham Schlonsky
Tchol ha mitpachat
Tüchlein

Himmelblauheilig dein Tüchlein
Zartes Gestreichel der Hand
Du sagtest: Nimmer
Laß ich dich. Immer
Bleibt, was uns beide verband

Da kam ein Tag
Der trieb uns brutal auseinand'
Tuch, himmelblaues
Schicksal, ein graues
Weil ich verlor, was ich fand

Nun ging der Regen, die Kälten
Wichen der Sonne, dem Licht
Nacht, sonnenwendlich
Frühling, jetzt endlich
Blüht uns dein Sternengesicht

Bald kommt ein Tag
Da fliegen wir uns um den Hals
Tuch, himmelblaues
Weiß nix Genaues
Aber mein Glück jedenfalls

Die Polen kennen dies Liedchen als ein
original polnisches. Und die Russen singen
es als ein ursprünglich russisches Lied.
Und die aschkenasischen Juden hatten es
im Seelengepäck, als sie heimkehrten
aus der Diaspora nach Erez Israel.
— und nun ist es original hebräisch!

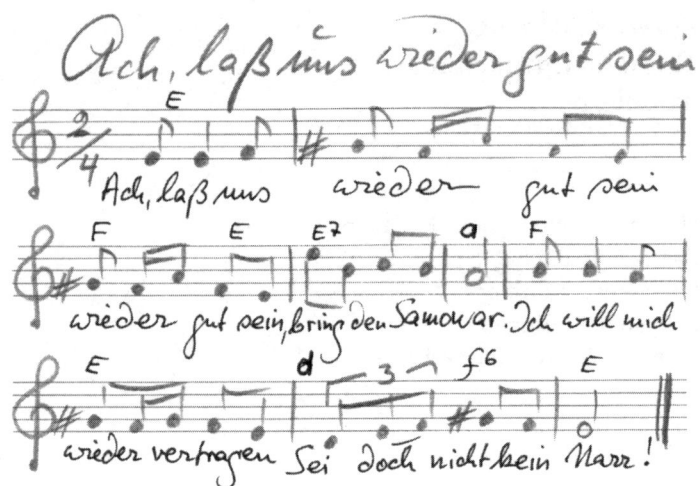

Ach, laß uns wieder gut sein

Ach, laß uns wieder gut sein
wieder gut sein, bring den Samowar. Ich will mich
wieder vertragen Sei doch nicht kein Narr!

Lomir sich iberbetn
Ach, laß uns wieder gut sein

Ach, laß uns wieder gut sein
Bring den Samowar
Ich will mich wieder vertragen
Sei doch nicht kein Narr!

Ach, laß uns wieder gut sein
Steh nicht in der Tür
Ich will mich wieder vertragen
Du, schau her zu mir!

Ach, laß uns wieder gut sein
Mach mir kein Gesicht
Lach mal! Ich will mich vertragen
Grolle mir doch nicht!

Ach, laß uns wieder gut sein
Mutter soll's ruhig wissen
Daß wir uns wieder vertragen
Komm, wir wolln uns küssen!

Ach, laß uns wieder gut sein
Leben wie im Märchen
Schau, was ich hab in der Bluse:
        Honig für mein Bärchen ...

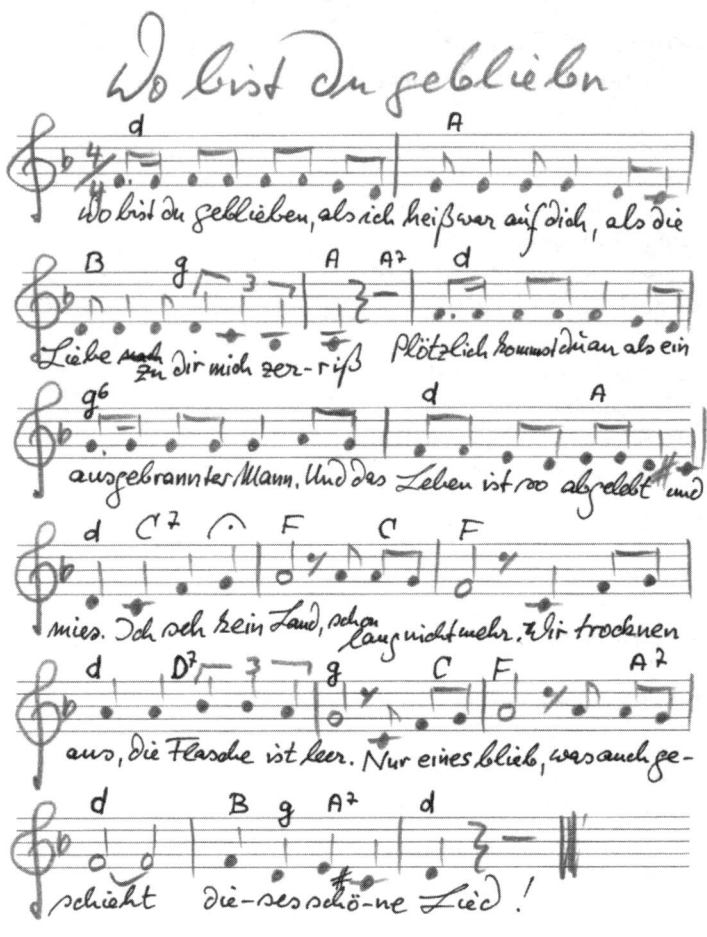

Awu bistu gewen?
Wo bist du gebliebn?

Wo bist du gebliebn, als ich heiß war auf dich
Als die Liebe zu dir mich zerriß?
Plötzlich kommste an als ein ausgebrannter Mann

Und das Leben ist so abgelebt und mies
    Ich seh kein Land
    Schon lang nich mehr
    Wir trocknen aus
    Die Flasche ist leer
    Nur eines blieb, was auch geschieht
    – dieses schejne Lied

Wo bist du gebliebn, als ich jung und knackig war
Und noch schaffen konnte für drei?
Plötzlich kommste an als ein abgewrackter Mann
Und mein kurzes Leben ist schon halb vorbei
    Ich seh kein Land ...

Wo bist du gebliebn, als noch Kies im Kasten war
Und die Mitgift lag noch im Schrank?
Plötzlich kommste an als ein abgemaffter Mann
Ohne Knete inner Tasche, krumm und krank
    Ich seh kein Land ...

Wo bist du gebliebn, als mein schönster Frühling war?
Auch mein Sommer, mein Herbst war noch gut
Plötzlich kommt so 'n Mann hier im Winter bei mir an
Und ich glaub, du hast 'ne Glatze unterm Hut
    Ich seh kein Land ...

Wo bist du gebliebn, als die Kammer offen war
Als ich wahnsinnig nach wilden Veilchen roch?
Aber komm schon rein, ich bin nebbich grad allein
Wenn de bleiben willst, dann nehme ich dich doch
    Ich seh kein Land
    Schon lang nich mehr
    Wir trocknen aus
    Alle Flaschen sind leer
    Nur eines blieb, was auch geschieht
    – dieses schejne Lied

Der hat so ein Schätzchen

Mein Geschenk vom Himmel her, der, den ich mir ge-
wann: Er! ihn lieb ich mehr, mehr, mehr, mehr als ich lieben
kann. Bei allem, was mir heilig ist auf dieser Welt
Ich ließ ihn mehr als ......
Er ist der Einzige, der ...
Ein Junge wie ein Engel und ein Mann. Wer hat so ein
Stachelbart und
Schätzchen und wer so'n allerliebsten Engel" Bengel
Kindermund, wer hat so ein' süßen
Lieber Gott, ich bet zu dir: Laß ihn leben, laß ihn mir
paß mir auf ihn auf, wenn er fährt auf den dunklen Wegen

im Original: eine Mama singt das
Lied auf ihren jungen Sohn. Aber
Eva-Maria brauchte ein Lied auf
ihren jungen genialischen Pianisten.

Ver hot asa jingele?
Wer hat so ein Schätzchen?

Mein Geschenk vom Himmel her
Der, den ich mir gewann:
Er! Ihn lieb ich, mehr mehr mehr
Mehr als ich lieben kann
Bei allem, was mir heilig ist auf dieser Welt
Ich lieb ihn mehr als Zuckeräpfel, Gold und Geld
Er ist der einzige, der meinem Herz gefällt
Ein Junge wie ein Engel und ein Mann

    Wer hat so ein Schätzchen und
    Wer so 'n allerliebsten Engel
    Stachelbart und Kindermund
    Wer hat so ein' süßen Bengel?
    Lieber Gott, ich bet zu dir
    Laß ihn leben, laß ihn mir
    Paß mir auf ihn auf, wenn er
    Fährt auf den dunklen Wegen

Als mein Glück vom Himmel fiel
War Gott gut und groß
Wie 'ne Engelsfeder fiel
Mir mein Schatz in'n Schoß
Wenn er kein Dach hat überm Kopf und auch
Wenn er kein Stückchen Brot mehr hat im Bauch
Ich bitt' euch, gute Menschen, nehmt ihn auf
Seid gut zu ihm, bleibt nicht erbarmungslos

    Wer hat so ein Schätzchen und
    Wer so 'n allerliebsten Engel
    Stachelbart und Kindermund
    Wer hat so ein' süßen Bengel?
    Lieber Gott, ich bet zu dir
    Laß ihn leben, laß ihn mir
    Paß mir auf ihn auf, wenn er
    Fährt auf den dunklen Wegen

Liebe ist ein Gefühl

Tango

Wenn ich bei dir bin, mein Seelen-schätzchen
fühle ich: Du bist mein Schatz
hat mein Herz in deiner Brust sein Plätzchen, find ich
auf der Welt mein' Platz   Ich mag, Liebste mein
ohne dich nicht sein. Leben ohne dich hat gar kein'
Zweck Ach, ich fühle mich elend ohne dich
Sehnsucht quält mein Herz und geht nie weg   Liebe
ist ein Gefühl, das martert je-den. Liebst du,
dann schweig still und laß das Reden   Hat sein Pfeil

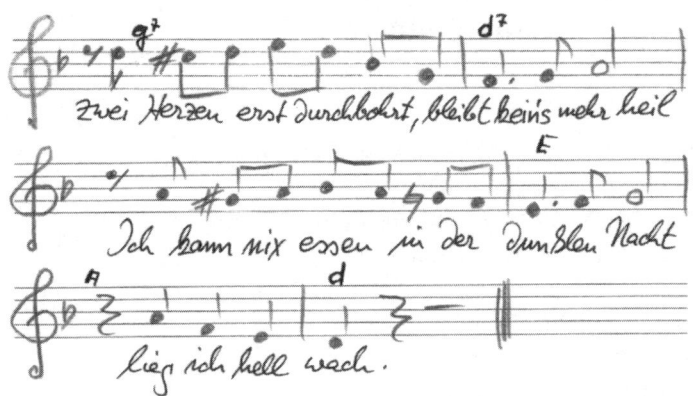

zwei Herzen erst durchbohrt, bleibt keins mehr heil

Ich kann nix essen in der dunklen Nacht

lieg ich hell wach.

Lebensmut

Grade die alten, die sentimentalen
jiddischen Lieder sind gut für meine
Seele. Sie zeigen ja, daß es vor der Shoa,
genannt Holocaust, nicht nur Pogrome
und Diskriminierungen gab, sondern auch
ein lebendiges jüdisches Leben, mit
Liebe und Liebeskummer, mit Armut
und Kinderreichtum, Lachen, Weinen,
mit Tanzen und Singen u. Saufen und
Trauer. Und am Ende schön sterben im Bett.

Nicht immer nur daß alles ausgerottet wurde,
sondern: was alles kaputt ging —
und daran hält sich der Lebensmut heute.

Neschumele
Liebe ... ist ein Gefühl

Wenn ich bei dir bin, mein Seelenschätzchen
Fühle ich: Du bist ein Schatz
Hat mein Herz in deiner Brust sein Plätzchen
Find ich auf der Welt mein' Platz

Ich mag, Liebste(r) mein
Ohne dich nicht sein
Leben ohne dich hat gar kein' Zweck
Ach, ich fühle mich
Elend ohne dich
Sehnsucht quält mein Herz und geht nie weg

    Liebe ...
       ist ein Gefühl,
          das martert jeden
    Liebst du,
       dann schweig fein still
          und laß das Reden
  Hat so 'n Pfeil
       zwei Herzen erst durchbohrt
          bleibt keins mehr heil
  Ich kann nix essen
    in der dunklen Nacht
       lieg ich hellwach

Als ich dich zuerst sah: Wie von Sinnen
Hat mein Herz geweint, gelacht
Donner, Blitz und Regen, in mir drinnen
Daß du mich meinst, hab ich gleich gedacht

Ich mag, Liebste(r) mein
Ohne dich nicht sein
Leben ohne dich hat gar kein' Wert
Ich zersehne mich
Liebste(r), ohne dich
Ist mein ganzes Leben nur verkehrt

Liebe …
    ist ein Gefühl
        das martert jeden
Liebst du,
    dann schweig fein still
        und laß das Reden
Hat so 'n Pfeil
        zwei Herzen erst durchbohrt
            bleibt keins mehr heil
Ich kann nix essen
    in der dunklen Nacht
        lieg ich hellwach

Schön Sarahlein

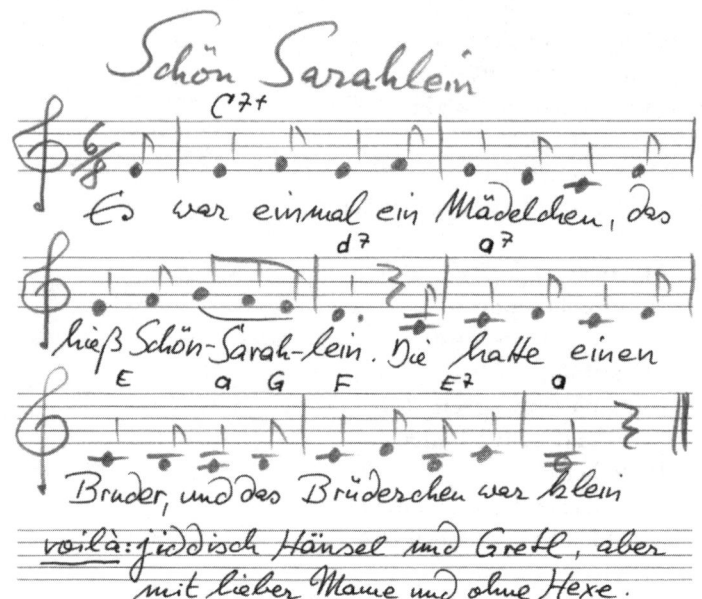

C7+

Es war einmal ein Mädelchen, das
d7 **q7**
hieß Schön-Sarah-lein. Die hatte einen
E q G F E7 q
Bruder, und das Brüderchen war klein

voilà: jüddisch Hänsel und Gretl, aber
mit lieber Mame und ohne Hexe.

Surele
Schön-Sarahlein

Es war einmal ein Mädelchen
Das hieß Schön-Sarahlein
Die hatte einen Bruder, und
Das Brüderchen war klein

Die Mama ging mal in den Wald
Und kam nicht mehr zurück
Schön-Sarahlein nahm 's Brüderchen
Und lief in'n Wald ein Stück

Die Kindlein rannten tiefer rein
Sie irrten hin und her
Da trafen sie im finstern Wald
Ein' großen braunen Bär

Ach, bestes Bärchen, rühre uns
Ich bitt' auch schön, nicht an
Die Mama wird's vergelten dir
Mit was die Mame kann

Da trollte sich der Bär davon
Und ließ die beiden stehn
Da kam ein Wolf – der böse Wolf –
Und fletsche seine Zähn'

Ach, wildes Wölfele, ich bitt'
Ach, rühre uns nicht an
Die Mama wird's vergelten dir
Mit was die Mame kann

Der Wolf ließ ab. Und tiefer noch
Lief in den Wald hinein
Schön-Sarahlein mit Brüderchen
– im Wald ist ein Gewein

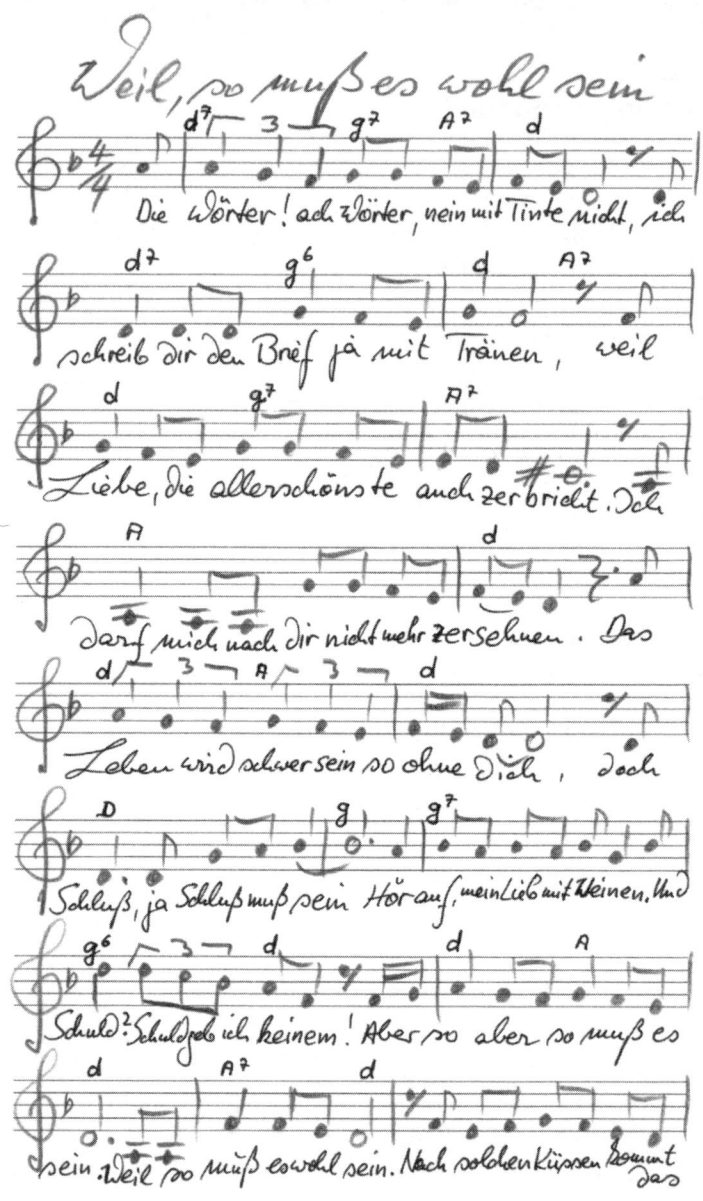

Weil, so muß es wohl sein

Die Wörter! ach Wörter, nein mit Tinte nicht, ich
schreib dir den Brief ja mit Tränen, weil
Liebe, die allerschönste auch zerbricht. Ich
darf mich nach dir nicht mehr zersehnen. Das
Leben wird schwer sein so ohne Dich, doch
Schluß, ja Schluß muß sein Hör auf, mein Lieb mit Weinen. Und
Schuld? Schuld geb ich keinem! Aber so aber so muß es
sein. Weil so muß es wohl sein. Nach solchen Küssen kommt das

Leiden. Weil so muß es wohl sein: Wir müssen voneinander
scheiden. Diese Nacht, weißt du noch? Nur der
Mond konnte uns sehn, als das Schicksal log: Ihr bleibt zu-
sammen ... Grade das finde ich gemein, Aber
so, aber so muß es sein.

Weil asoj mis es sain
Weil so muß es wohl sein

Die Wörter! Ach Wörter, nein, mit Tinte nicht
Ich schreib dir den Brief ja mit Tränen
Weil Liebe, die allerschönste auch, zerbricht
Ich darf mich nach dir nicht mehr zersehnen
Das Leben wird schwer sein, so ohne dich
Doch Schluß, ja Schluß muß sein
Hör auf, mein Lieb, mit Weinen
Und Schuld? Schuld geb ich keinem!
Aber so, aber so muß es sein

Weil so muß es wohl sein
Nach solchen Küssen kommt das Leiden
Weil so muß es wohl sein
Wir müssen voneinander scheiden
Diese Nacht, weißt du noch
Nur der Mond konnte uns sehn
Als das Schicksal lieblich log:
Ihr bleibt beisammen ...
Grade das finde ich gemein
Aber so, aber so muß es sein

Ich warf deinen Brief gleich ins Feuer rein
Die Sehnsucht, sie würd mich sonst verbrennen
Grad erst ließ mein Herz sich mit deinem ein
Und schon darf ich dich nicht mehr kennen
Kaum wird, was kaputtging, wieder heilegehn
Aber anders kann es wohl nicht sein
Wie auch die Worte weinen
Ach Schuld – Schuld trifft hier keinen
Aber so, aber so muß es sein

Weil so muß es wohl sein
Nach solchen Küssen kommt das Leiden
Weil so muß es wohl sein
Wir müssen voneinander scheiden
Diese Nacht, weißt du noch
Nur der Mond konnte uns sehn
Als das Schicksal lieblich log:
Ihr bleibt beisammen ...
Grade das finde ich gemein
Aber so, aber so muß es sein

Weil asoj muss es sajn...

mein Freund Karsten Troike in Ostberlin
hat dieses Lied abgelernt von der alten
Sara Bialas (CD „Jiddische vergessene Lieder")
Dieser jüdische Goj mit der sanftesten Stimme
singt ja originaler als die falschen Originale!
Das ist der Jidden-Blues! Der jazzige,
der echte Klezmer-Krächz, das ist
der lachende Seufzer — oder in der
Hölderlin-Sprache: Heiterkeit ins Leiden.

der Berg, der Berg

Der Berg, der Berg da drüben, wie
er Feuer fängt und brennt und brennt
im Abend-rot
Mein Lieb, da hab ich dich verlorn
Ich leb ja noch und bin schon tot

384

Esta montaña
Der Berg, der Berg

Der Berg, der Berg – da drüben, wie
Er Feuer fängt im Abendrot
Mein Lieb, da hab ich dich verlorn
Ich leb ja noch und bin schon tot

Der Berg, der Berg, er leuchtet schön
Die Gipfel glühn im Abendwind
Jetzt steigt die Nacht vom Meer ans Land
Und ich steh da und wein mich blind

Der Himmel sei mein Blatt Papier
Als Tinte nehm ich mir die See
Zum Schreiben nehm ich mir ein' Baum
Schreib auf, schreib nieder all mein Weh

Kälbchen

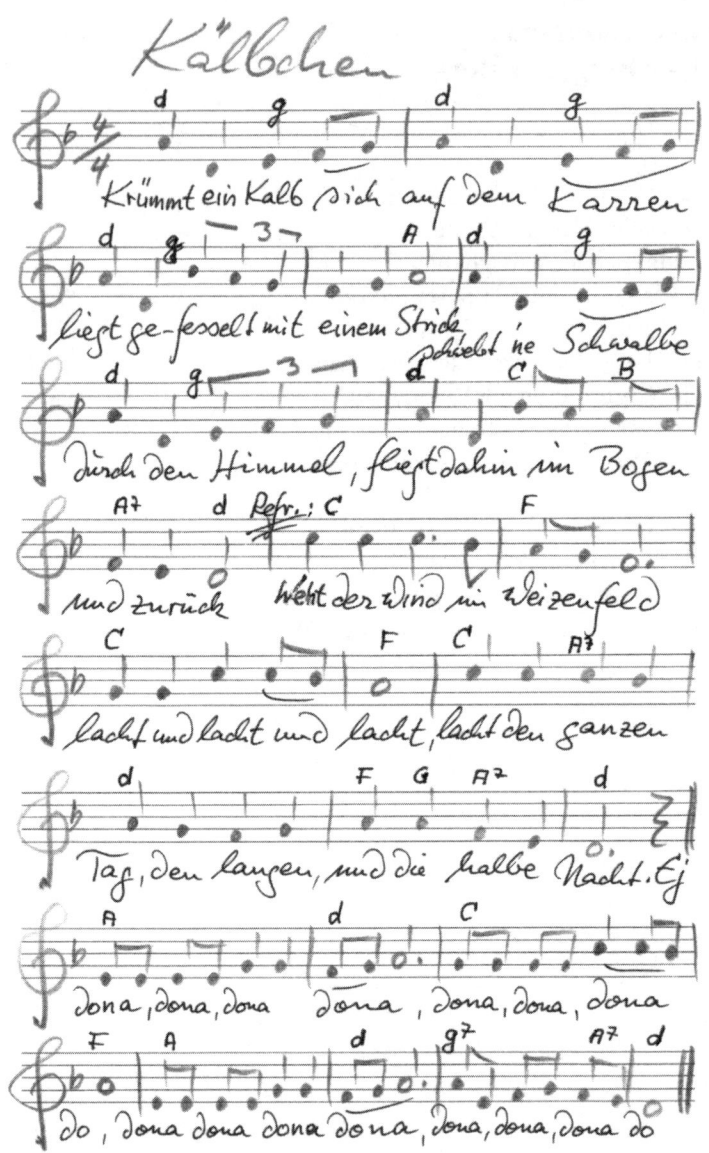

Krümmt ein Kalb sich auf dem Karren
liegt gefesselt mit einem Strick, schiebt 'ne Schwalbe
durch den Himmel, fliegt dahin im Bogen
und zurück. Weht der Wind im Weizenfeld
lacht und lacht und lacht, lacht den ganzen
Tag, den langen, und die halbe Nacht. Ej
dona, dona, dona dona, dona, dona, dona
do, dona dona dona dona, dona, dona, dona do

Aaron Zeitlin
Dos Kelbl
Das Kälbchen

Krümmt ein Kalb sich auf dem Karren
Liegt gefesselt mit einem Strick
Schwebt 'ne Schwalbe durch die Himmel
Fliegt dahin im Bogen und zurück

    Weht der Wind im Weizenfeld
    Lacht und lacht und lacht
    Lacht den ganzen Tag, den langen
    Und die halbe Nacht
    Ej, dona dona dona dona
    Dona dona dona do

Greint das Kälbchen, grinst der Bauer
Tja, nun bistu einmal ein Kalb!
Wärst halt besser ein Vöglein worden
Wärst halt lieber worden eine Schwalb

    Weht der Wind im Weizenfeld ...

Blöde Kälber soll man binden
Schleifen, schlachten, so ist es recht
Doch wer Flügel hat, kann frei fliegen
Der wird niemals eines Herren Knecht

    Weht der Wind im Weizenfeld ...

→ Aaron Zeitlin: die Liebesgeschichte
des polnischen Königs mit der
jüdischen Schneidertochter:

„Esterke un Kazimir der Groyser "

Bei mir bist du schejn

Wenn du Beine hast, wie zwei Keulen, wenn du
Wenn du bist immer bissel daneben, wenn du

singst so wie andere heulen, wenn du schimpfst weil ich spucke und
kannst weder sterben, noch leben, und dich schmückt eine Nutte, 'ne

machst mich meschugge, du bist ja von Gott so ge-macht
ganze baa-pitte, du b

bist ja von Gott so ge-macht Che-ve-

le erklär mir das: Was macht mir an dir so Spaß

Bei . . . . mir bist du schejn, Auf dir muß ich stehn, auch
du bist ein Phänomen: Du

wenn ich schon nicht mehr stehen kann   was an dir
bist eine Frau und bist ein Mann

schief ist find ich grade süß und geil: Erst kommt im

Herz ein Blitz und dann ein Donner-keil. Bei mir bist du

schejn, ich muß dir gestehn, bei mir bist du wuhunder-baa

388

Jacob Jacobsen
Bei mir bistu schejn
Bei mir bist du schejn

Er:
Wenn du Beine hast wie zwei Keulen
Wenn du singst, so wie andere heulen
Wenn du schimpfst, weil ich spucke
Und machst mich meschugge
– du bist ja von Gott so gemacht

Wenn du bist immer bißl daneben
Wenn du kannst weder sterben noch leben
Und dich schminkst wie 'ne Nutte
'ne ganze kaputte
– du bist ja von Gott so gemacht

Chevele, erklär mir das
Was macht mir an dir so Spaß?

    Bei mir bist du schejn
    Auf dir muß ich stehn
    Auch wenn ich schon nicht mehr stehen kann
    Bei mir bist du schejn
    Du bist ein Phänomen
    Du bist eine Frau und bist ein Mann
    Was an dir schief ist
    Find ich grade süß und geil
    Erst kommt im Herz ein Blitz
    Und dann ein Donnerkeil
    Bei mir bist du schejn
    Ich muß es dir gestehn
    – bei mir bist du wuhundabaa

Sie:
Wird dein Ponem schrumplig wie Matze
Und die Stirn wird 'ne einzige Glatze
Für die Läuse 'ne Rampe
Und wächst dir 'ne Wampe
– du bist ja von Gott so gemacht
Wenn du glotzt auf meschuggene Schicksen
Wenn du fremdgehst mit Lügen und Tricksen
Wenn du läufst wie ein Gockel
Und krähst auf dem Sockel
– du bist ja von Gott so gemacht

Moischele, erklär mir das
Was macht mir an dir noch Spaß:

> Bei mir bist du schejn
> So keusch und obszön
> Und bist keine gute Partie
> Doch tanzen wir schön
> Im Disco-Gedröhn
> Wir haben die gleiche Chemie
> Ich brauch kein Bild von dir
> Und auch kein Souvenir
> Ich bin so wild nach dir
> Ich brauch nur dich
> Bei mir bist du schejn
> Ich muß es dir gestehn
> – bei mir bistu wuhundabaar

Molly Picon
Masl
Massel

Der Mensch braucht bißl Massel
Und Massel heißt ja Glück
Wer Massel hat, der schneidet sich
Aus der Welt das beste Stück
Doch haste nie kein Massel
Da kannste dich auch gleich
Erschießn mit paar Krümel Brot
Und bist 'ne schöne Leich
Das macht mich noch meschugge
Warum erlaubt das Gott
Ein Plattkopf macht Millionen
Und ein Köpfchen macht Bankrott
Der Mensch braucht bißl Massel
Wer Glück hat, hat auch Geld
Und wer Geld hat, hat auch Massel
– so meschugge ist die Welt

Back mir keine Keßsel nicht

Back mir keine Keßsel nicht, ich werd sie doch nicht essen, wenn ich bin bei die Soldaten wirst du mich vergessen. Oj Küsschen Kuß und noch ein Kuß, die Joschka, was wird bloß weh und weh und weh die Bahn, bald fährt sie los.

Von meinem Freund Arno Lustiger weiß ich es: Unter dem Zaren Nikolai I. wurden die Juden im Russischen Reich gezwungen, jedes Jahr ein Kontingent junger Männer zu stellen, die zur Armee eingezogen wurden: für 25 Jahre !! Wenn diese Jahre abgedient waren, mußten diese Jidden („Nikolajski Soldati") als Bauern an die Grenzen und sich dort ansiedeln. Etwa an die Finnland-Grenze; als eine Art „Wehrbauern" haben sie dann ihr ganzes Leben „gedient".

Aaron Lebedoff
Joschke fohrt awek
Back mir keine Keksel nicht

Back mir keine Keksel nicht
Ich werd se doch nicht essen
Wenn ich bin bei die Soldaten
Wirstu mich vergessen
    Oj! Weh, weh, weh
      Joschka, was wird bloß
        Küßchen, Kuß und noch ein Kuß
        Die Bahn, bald fährt sie los

Kauf nicht keine schönen Schuh
Darum wär es nur schad
Kauf mir schwere Stiefelchen
Die braucht ja ein Soldat
    Oj! Weh, weh, weh ...

Sommers trage ich ein Hemd
Winters trag ich Leibchen
Ach, man hat mich weggerissen
Von mei'm jungen Weibchen
    Oj! Weh, weh, weh ...

Leer, so leer sind jetzt die Gleise
Zeiger steht auf sieben
Joschka ist mit weggefahren
Und ich bin geblieben
    Oj! Weh, weh, weh
      Aus ist unser Glück
        Nie kein Kuß mehr, Joschenka
        Nie kommst du mir zurück

Margritten

Im Teich an dem Wäldchen da sind sie gewachsen, Ma-
gritten die stehn da so da. Wie Sonnen ganz kleine mit
schön weiße Strahlen. Die leuchten schön Trala la la

Zalman Schneur.
Er verkehrte in der Familie der
Katzenelsons in Lodsch. Überlebte
die Shoa in N.Y. Sollte nach dem
Krieg das Poem „Das Lid funem oijsge-
hergetn jidischen Volk" aus dem
Jiddischen ins Iwrith bringen...
leider!! kam es nicht dazu.

Zalman Shneur
Margaritkes
Margeriten

Am Teich in dem Wäldchen, da sind sie gewachsen
Margeriten, die stehn da so da
Wie Sonnen, ganz kleine, mit schön weiße Strahlen
Die leuchten schön ... trala-la-la-la

Gegangen ist Chevele, still und versonnen
Gelöst ist ihr goldblondes Haar
Die Bluse halb offen und trällert ein Liedl
Ein Liedelchen ... trala-la-la-la

Da kommt ihr entgegen ein Jüngel mit Locken
Ein Schöner mit pechschwarze Haar
Die Augen in Flammen und trällert zusammen
Als Antwort ein ... trala-la-la-la

Was suchst du, du Mädchen, was hastu verloren
Und was willstu finden im Gras
Da glühn ihre Wangen – Ich hab nur Verlangen
Nach Margritchen ... trala-la-la-la

Du suchst, aber ich hab schon eine gefunden
Die schönste Margerite im Wald
Mit Zöpfen aus Gold und mit Äuglein wie Sterne
Mit Sternäuglein ... trala-la-la-la

> Du liebst mich? – Ich lieb dich. – Du schämst dich? –
> Ich schäm mich
> Ach, lieb mich und schäm dich – ja, ja
> Und schweig, wenn sich mischen die pechschwarzen Locken
> Mit goldene ... trala-la-la-la

Klein Abraham

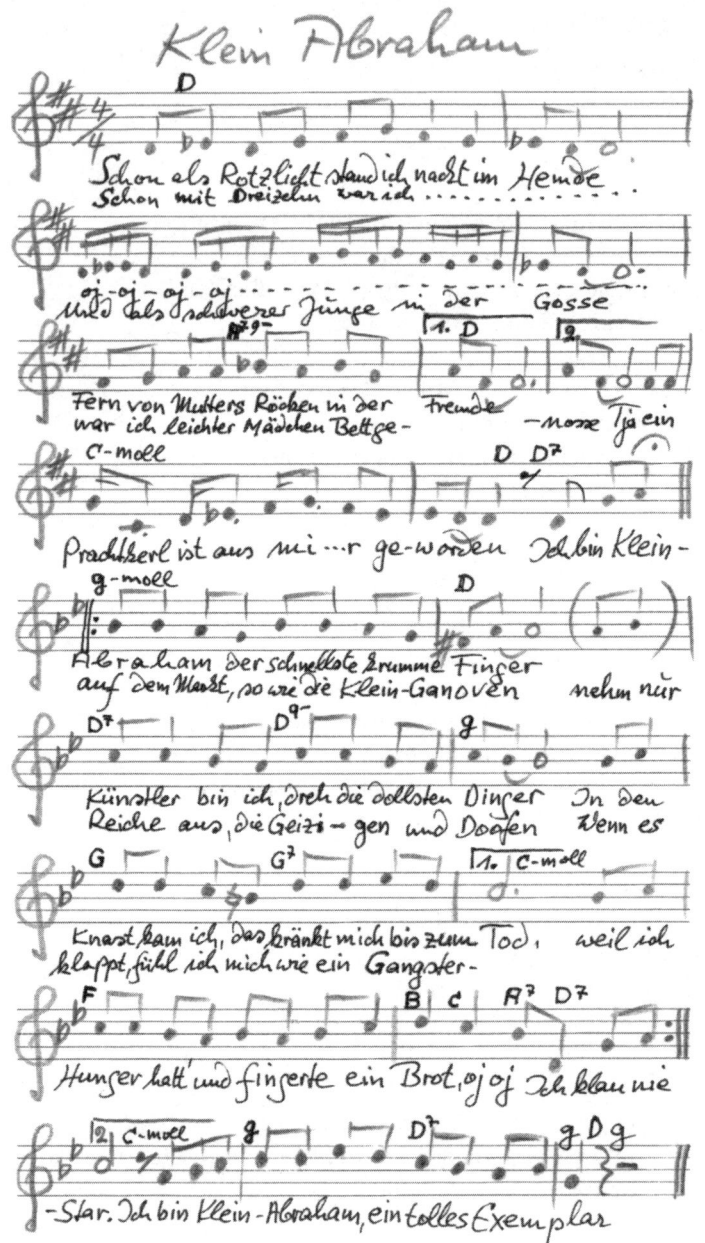

Schon als Rotzlicht stand ich nackt im Hemde
Schon mit Dreizehn war ich . . . .

oj – oj – oj – oj –
Und als schwerer Junge in der Gosse

Fern von Mutters Röcken in der Fremde — nosse Tja ein
war ich leichter Mädchen Bettge-

Prachtkerl ist aus mi . . . r ge-worden Ich bin Klein-

Abraham der schnellste krumme Finger
auf dem Markt, so wie die Klein-Ganoven nehm nur

Künstler bin ich, dreh die dollsten Dinger In den
Reiche aus, die Geizi – gen und Doofen Wenn es

Knast kam ich, das kränkt mich bis zum Tod, weil ich
klappt, fühl ich mich wie ein Gangster-

Hunger hatt' und fingerte ein Brot, oj oj Ich klau nie

-Star. Ich bin Klein-Abraham, ein tolles Exemplar

396

Mordechaj Gebirtig
Awreml der marwicher
Klein Abraham, der krumme Finger

Schon als Rotzlicht stand ich nackt im Hemde
Fern von Mamas Röcken in der Fremde
Schon mit dreizehn war ich schön verdorben
Und als schwerer Junge in der Gosse
War ich leichter Mädchen Bettgenosse
Tja, ein Prachtkerl ist aus mir geworden

> Ich bin Klein-Abraham, der schnellste krumme Finger
> Künstler bin ich, dreh die dollsten Dinger
> In den Knast kam ich, das kränkt mich bis zum Tod
> Weil ich Hunger hatt' und fingerte ein Brot, oj, oj
> Ich klau nie auf dem Markt, so wie die Kleinganoven
> Nehm nur Reiche aus, die geizigen und doofen
> Wenn es klappt, fühl ich mich wie ein Gangsterstar
> Ich bin Klein-Abraham, ein seltnes Exemplar

Oft fand ich zum Beißn nix zum Lebn
Wenn de bettelst, glaub mir: Arme gebn!
Aber Reiche, gut betucht auf dieser Welt, oj
Geben keine Krume ab, kein' Groschen Geld, oj
Besser klaun, sag ich, als vegetiern auf Pump!
Ich hab auch mein' Stolz, ich bin – nebbich – Elite-Lump

> Ich bin Klein-Abraham, der schnellste krumme Finger
> Künstler bin ich, dreh die dollsten Dinger
> Arm und koscher kommste inne Kneipe rein
> Kommste raus, bistu ein trejfes Schwein, oj oj
> Ich klau nie auf dem Markt, so wie die Kleinganoven
> Nehm nur Reiche aus, die geizigen und doofen
> Bin auch Mensch! Ich lieb mein' Bruder ganz und gar
> Ich bin Klein-Abraham, ein tolles Exemplar

Lange wird das Spielchen nicht mehr dauern
Krank von Schlägen, Schnaps und Kerkermauern
Ich hab nur ein' Wunsch, das würd ich zu gern sehen:
Ja, krepier ich eines schönen Tags, 'nem traurigtrüben
Dann soll ewig bleiben das auf mich geschrieben
Groß in Gold soll dann auf meinem Grabstein stehn:

Hier liegt Klein-Abraham, der schnellste krumme Finger
Er war ein Mensch, ein guter. Und am Leben hing er
Wär er wie du geworden: Klug und mit Gefühl
Sanft und edelmütig, so wie Gott es will, oj, oj
Und hätten seiner Mutter Augen ihn bewacht
Hätt' der Junge auch nicht so viel Scheiß gemacht
Aber Kunststück! Wenn da nicht mal 'n Vater war
Hier liegt Klein-Abraham, ein braves Exemplar

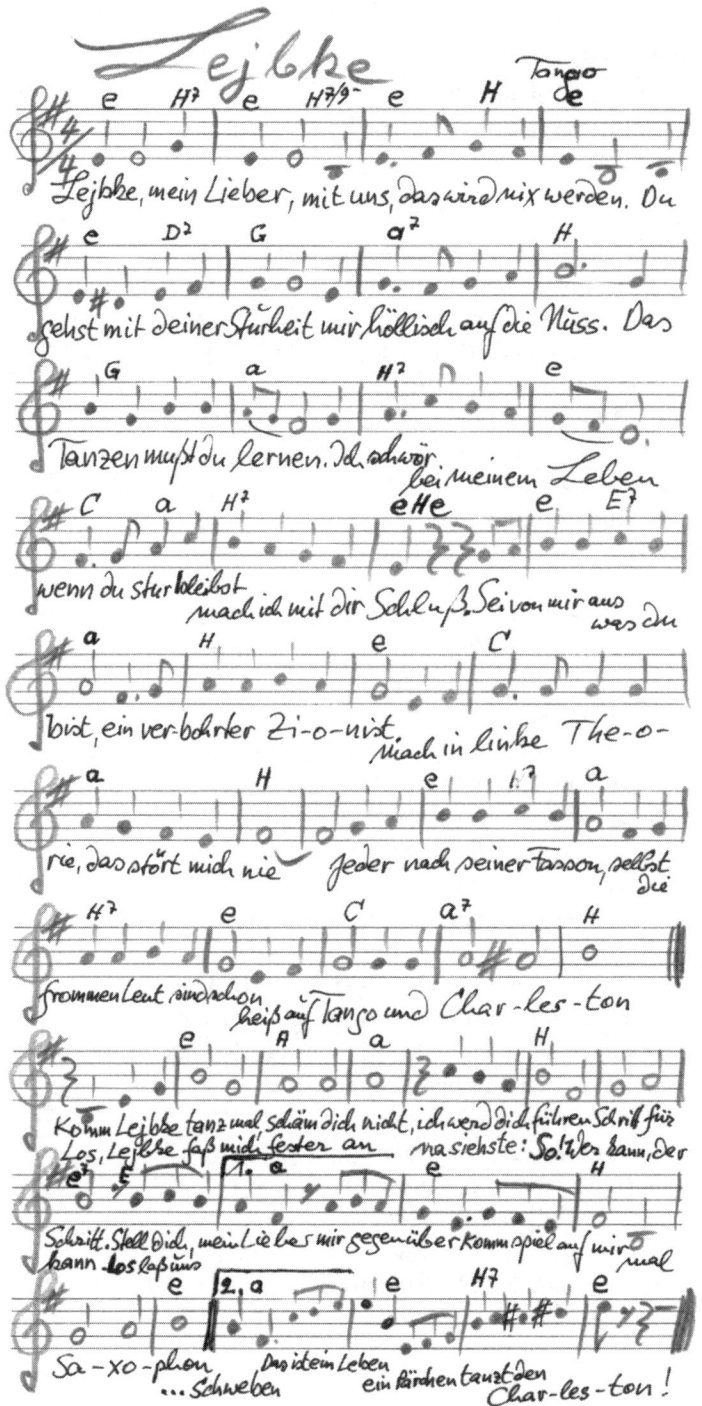

Lejbke

Tango

Lejbke, mein Lieber, mit uns, das wird nix werden. Du gehst mit deiner Sturheit mir höllisch auf die Nüss. Das Tanzen mußt du lernen. Ich schwör bei meinem Leben, wenn du stur bleibst mach ich mit dir Schluß. Sei von mir aus was du bist, ein verbohrter Zi-o-nist. Mach in linke The-o-rie, das stört mich nie. Jeder nach seiner Fasson, selbst die frommen Leut sind schon heiß auf Tango und Char-les-ton

Komm Lejbke tanz mal schäm dich nicht, ich werd dich führen Schritt für Schritt. Stell dich, mein Lieber mir gegenüber komm spiel auf mir mal Sa-xo-phon ... Schweben

Los, Lejbke faß mich fester an ma siehste: So! Wer kann, der kann. Los laß uns Das ist ein Leben ein bißchen tanz den Char-les-ton!

399

Mordechaj Gebirtig
Kumm, Lejbke, tanzn
Komm, Lejbke, tanz mal!

Lejbke, mein Lieber, mit uns, das wird nix werden
Du gehst mit deiner Sturheit mir höllisch auf die Nuß
Das Tanzen mußt de lernen, ich schwör bei meinem Lebn
Wenn du stur bleibst, mach ich mit dir Schluß
Sei von mir aus, was de bist
Ein verbohrter Zionist
Mach in linke Theorie, das juckt mich nie
Jeder nach seiner Fasson
Selbst die frommen Leut sind schon
Heiß auf Tango und Charleston

    Komm, Lejbke, tanz mal, schäm dich nicht
    Ich werd dich führen Schritt für Schritt
    Stell dich, mein Lieber
    Mir gegenüber
    Komm, spiel auf mir mal Saxophon
    Los, Lejbke, pack mich fester an
    Na siehste: So! Wer kann, der kann
    Los, laß uns schweben!
    Das ist ein Leben
    – ein Pärchen tanzt den Charleston

Lejbke, die Männer durchschau ich durch die Hemden
Ich bin wie ’n Thermometer, wenn ich zum Tanzen geh
Ob einer frei ist oder beweibt, in festen Händen
So was krieg ich raus beim ersten Dreh
Ist der Kerl ein feiner Mann
Oder ’n Lump und Scharlatan
Alles fühl ich beim ersten starken Ton
Lejbke, los, gib deine Hand
So! Mit einem Ohr im Sand
Tanzt man Tango und Charleston

Komm, Lejbke, tanz mal, schäm dich nicht
Ich werd dich führen Schritt für Schritt
Stell dich, mein Lieber
Mir gegenüber
Komm, spiel auf mir mal Saxophon
Los, Lejbke, pack mich fester an
Na siehste: So! Wer kann, der kann
Los, laß uns schweben!
Das ist ein Leben
– ein Pärchen tanzt den Charleston

Meine schöne Pamela wollte diesen
Jidden-Tango auf Deutsch.
Kein Wunder, denn er ist ihr ja
wie aus der Seele gesungen und wie
auf den tanztrainierten Leib ge-
schrieben.
Ach und mich durchschaut sie
nicht nur durchs Hemd wie den Lejbke,
sondern sogar durch Haut und viele
Worte.

Tobt und tollt

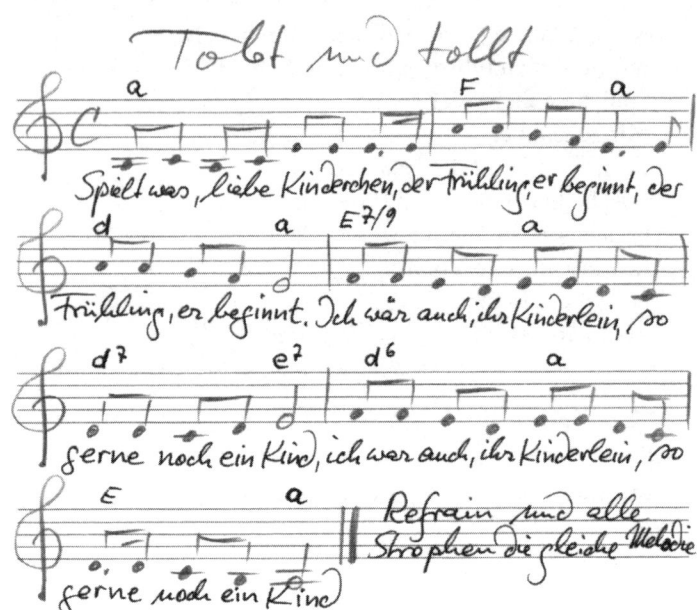

Spielt was, liebe Kinderchen, der Frühling, er beginnt, des
Frühling, er beginnt. Ich wär auch, ihr Kinderlein, so
ferne noch ein Kind, ich wär auch, ihr Kinderlein, so
ferne noch ein Kind

Refrain und alle
Strophen die gleiche Melodie

Mordechaj Gebirtig
Huljet, huljet, kinderlech
Tobt und tollt, ihr Kinderchen

Spielt was, liebe Kinderchen
Der Frühling, er beginnt
Ich wär auch, ihr Kinderlein
So gerne noch ein Kind

> Tobt und tollt, ihr Kinderchen
> Noch seid ihr so schön jung
> Denn vom Frühling bis zum Winter
> Is nur 'n Katzensprung

Spielt schön, liebe Kinderchen
Versäumt kein' Augenblick
Nehmt mich rein in euer Spiel
Ach, gönnt mir auch das Glück

> Tobt und tollt, ihr Kinderchen ...

Was schert euch mein grauer Kopf
Los, spielt, laßt euch nicht störn
Meine Seele ist noch jung
Ich möcht dazugehörn

> Tobt und tollt, ihr Kinderchen ...

Spielt schön, liebe Kinderchen
Versäumt kein' Augenblick
Mit dem Frühling geht ja auch
Dahin das höchste Glück

> Tobt und tollt, ihr Kinderchen
> Noch seid ihr so schön jung
> Denn vom Frühling bis zum Winter
> Is nur 'n Katzensprung

Kätzelchen

Schlaf schon, mein hungriges Mädelchen
mach schon die Äugelein zu. Hunger hat auch deine
Mamele — und weint nicht und schreit nicht wie du
lerne mein Kind von dein Mamele: halt du wie ich alles
aus. Morgen stehst auf und dann findest du lauter
Brote und Semmeln im Haus. Aj-lju-lju, ai lju-lju-
lju, schlaf schon mein Goldstückchen du

Mordechaj Gebirtig
Hingerik, dein ketzele
Hunger hat auch dein Kätzelchen

Schlaf schon, mein hungriges Mädelchen
Mach schon die Äugelein zu
Hunger hat auch deine Mamele
Und weint nicht und schreit nicht wie du
Lerne, mein Kind, von dein' Mamele
Halt du wie ich alles aus
Morgen stehst auf, und dann findest du
Brote und Semmeln im Haus
Aj lju lju, aj lju lju lju
Schlaf schon, mein Goldstückchen du

Schlaf schon, mein närrisch klein Mädelchen
Was ist bloß los heut mit dir
Hunger hat auch dein klein Kätzelchen
Und es schimpft gar nicht mit mir
Hör, wie's miaut, hör, es redt zu dir
Kindchen, laß die Mame in Ruh
Hunger hat auch dein klein Kätzelchen
Und trotzdem weint's nicht wie du
Aj lju lju, aj lju lju lju
Schlaf schon, mein Goldstückchen du

Schlaf schon, mein armes klein Mädelchen
Schlaf, und du spürst keine Not
Hunger hat auch dein Püppilein
's weint nicht und schreit nicht nach Brot
Mach es, mein Kind, wie dein Püppilein
Weißt du, das Püppchen denkt grad:
Oj! Eine Mame muß traurig sein
Wenn ihr Kind Hunger hat
Aj lju lju, aj lju lju lju
Schlaf schon, mein Goldstückchen du

Es brennt

Es brennt, Briderlech, es brennt! Oj
unser armes Schtetl, nebbich, brennt
Böse Feuerstürme hetzen, reißen nieder und zerfetzen
Alles fressen schon die Flamen, alles um uns brennt
Und ihr steht und glotzt und windet hilflos eure Händ
Und ihr steht und seht und tut nichts, unser Schtetl brennt

406

Mordechaj Gebirtig
Unser schtetl brent
Es brennt, Brüder, es brennt

Es brennt, Briderlech, es brennt!
Oj, unser armes Schtetl, nebbich, brennt
Böse Feuerstürme hetzen
Reißen nieder und zerfetzen
Alles fressen schon die Flammen
Alles um uns brennt
Und ihr steht und glotzt und windet hilflos eure Händ
Und ihr steht und seht und tut nichts
   – unser Schtetl brennt

Es brennt, ihr Brüderchen, es brennt!
Oj, unser armes Schtetl, nebbich, brennt
's haben schon die Feuerzungen
Halb die ganze Stadt verschlungen
Böse Feuerstürme rasen
's ganze Schtetl brennt
Und ihr steht und glotzt und windet hilflos eure Händ
Und ihr steht und seht und tut nichts
   – unser Schtetl brennt

Es brennt, Brüder, weh! Es brennt!
Oj, Gott bewahr! Es kommt noch der Moment
Wo die Stadt mit uns zusammen
Asche wird in all den Flammen
Und nur Mauern stehn noch rum
Kahl und schwarz und stumm
Und ihr steht und glotzt und windet hilflos eure Händ
Und ihr steht und seht und tut nichts
   – unser Schtetl brennt

Es brennt, Brüder, ach, es brennt!
's Schicksal wird allein von uns gewend't
Ist das Schtetl euch noch teuer
Greift die Eimer! Löscht das Feuer!
Löscht mit eurem eignen Blut
Beweist, daß ihr das könnt!
Steht nicht da und glotzt und windet nicht bloß eure Händ
Brüder, macht! Und löscht das Feuer
    – unser Schtetl brennt

sein populärstes Lied. Ich lief
durch seinen Kiez Kazimierz in
Krakau. An der Tür des Miethauses
eine Bronze-Platte: Der Tischler
und Liederdichter als Halbrelief.
Dort wurde er von einem Hitler-
Soldaten im Vorbeigehen erschossen,
1942. Dieses „Es brennt" schrieb
Mordechaj Gebirtig schon vor dem
Einmarsch der Deutschen, als sich
Juden 1938 gegen ein Pogrom wehrten.

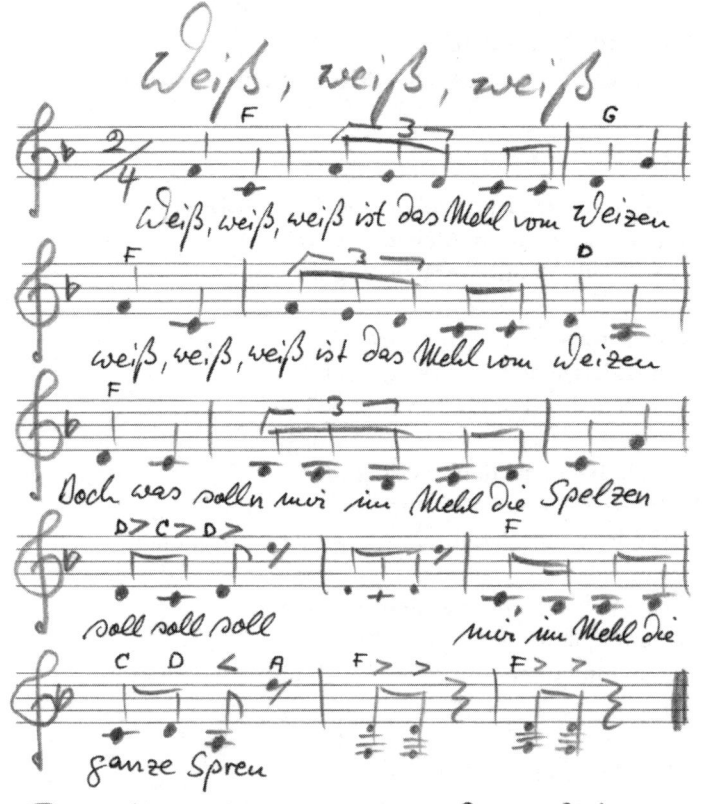

Weiß, weiß, weiß

Weiß, weiß, weiß ist das Mehl vom Weizen

weiß, weiß, weiß ist das Mehl vom Weizen

Doch was solln wir im Mehl die Spelzen

soll soll soll   wir im Mehl die

ganze Spreu

Begleitung: naiv angepaßt in drögen Quinten

Miezītim balti milti
Weiß weiß weiß ist das Mehl vom Weizen

‖: Weiß weiß weiß ist das Mehl vom Weizen :‖
Doch was solln mir im Mehl die Spelzen
  soll soll soll mir im Mehl die ganze Spreu

‖: Rot rot rot sind die reifen Äpfel :‖
Doch als ich in den Schönsten reinbiß
  faul faul faul war er ja, von innen faul

‖: Hat ein Bauer 'ne hübsche Tochter :‖
Doch man sagt, die will keiner haben
  hübsch hübsch hübsch, aber leider stinkend faul

‖: Gier und Neugier trieb mich gen Mittag :‖
Hin zum Hof, wo die Rose blüht
  hin hin hin, wo die junge Rose blüht

‖: Vorn am Tor stehn zwei alte Eichen :‖
Und ich band an den Zaun mein Pferdchen
  fest fest fest band ich an mein wildes Pferd

‖: Doch da war nur ein Hutzelweiblein :‖
Und die schrubbte auf Knien die Dielen
  schrubbt schrubbt schrubbt in der Stube ihre Dieln

‖: Guten Morgen, verehrte Mutter :‖
Wo kann ich denn dein Schmuckstück finden
  wo wo wo kann ich Eure Tochter sehn

‖: Junger Herr setzt euch hin ein Weilchen :‖
Denn mein Mädchen sitzt grad am Spinnrad
  spinnt spinnt spinnt fleißig sich die Finger wund

‖: Doch ich hatte nicht Lust zu warten :‖
Und ging einfach zu ihrer Kammer
     rein rein rein und geh in die Kammer rein

‖: Gott im Himmel, was sieht mein Auge :‖
Schnarcht da tief in den Daunenkissen
     faul faul faul liegt das Ding im weichen Bett

‖: Und da hab ich sie doch genommen :‖
Und sie lernte von mir die Liebe
     weich weich weich – und die harte Arbeit auch

Genial !!
Diese kurzen baltischen Liedchen!
— arme Leute – reich, seelentief, aber
gedankenflach. Wie soll, kann man
zur Besinnung kommen als Prügelkind
zwischen den brutalen Riesen Russland
und Schweden. Alles klein klein, alles
fein fein, alles gemein im Sinne der
gemeinen Leut. Keine balladesken
Geschichten, keine breiten Historien-
bilder gemalt.
Kleine Länder, kleine Völker, kleine
Sprachen; große Schönheit im simplen
Leben: Geburt, Liebe, Arbeit, Essen
und Trinken und Tod. Und das Singen!!

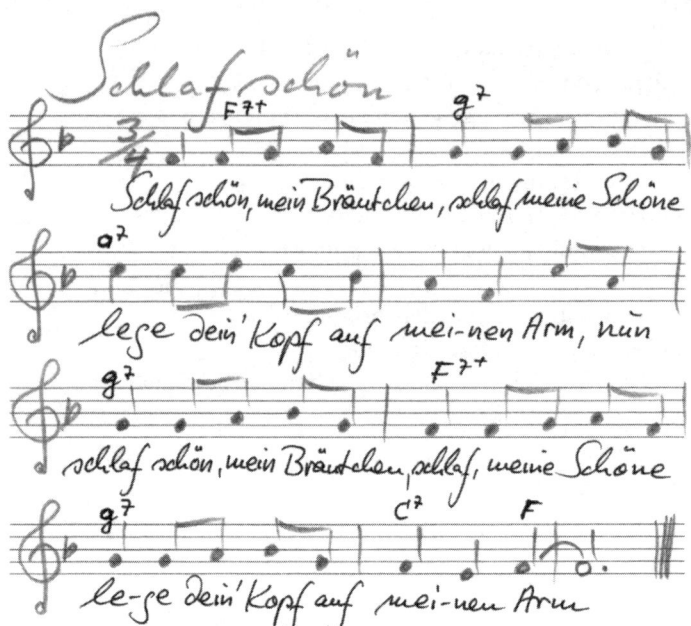

Schlaf schön

Schlaf schön, mein Bräutchen, schlaf meine Schöne
lege dein' Kopf auf mei-nen Arm, nun
schlaf schön, mein Bräutchen, schlaf, meine Schöne
le-ge dein' Kopf auf mei-nen Arm

Čuči, mana līgaviņa
Schlaf schön

Schlaf schön, mein Bräutchen, schlaf, meine Schöne
    lege dein' Kopf auf meinen Arm, nun
Schlaf schön, mein Bräutchen, schlaf, meine Schöne
    lege dein' Kopf auf meinen Arm

Hast mir den einen lahm gelegen
    geb ich dir meinen andern Arm, und
Hast du mir einen lahm gelegen
    geb ich dir meinen andern Arm

Hast du mir beide lahm gelegen
    weck ich dich auf mit einem Kuß, und
Hast du mir beide lahm gelegen
    weck ich dich auf mit einem Kuß

Wach auf, mein Bräutchen, komm, meine Schöne
    draußen kräht schon der Gockelhahn, nun
Wach auf, mein Bräutchen, komm, meine Schöne
    draußen kräht schon der Gockelhahn

Schnelle schnelle fließt das
Schnelle schnelle fließt das Flüßchen

schnelle, schnelle fließt das Flüßchen

an dem Haus von meinen Brüdern

an dem Hause dicht vorbei

Strauja, strauja upe tecēj
Schnelle schnelle fließt das Flüßchen

Schnelle schnelle fließt das Flüßchen
An dem Haus von meinen Brüdern
    an dem Hause dicht vorbei

Reite reite bloß nicht rüber
Denn dein Pferdchen wird ertrinken
    denn dein Pferd hat Angst und scheut

Trotzdem, Brüderchen, ich reite
Denn mein Pferd wird nie ertrinken
    denn mein Pferd ist jung und stark

Und sein Fell, das glänzt wie Seide
Und ich halte fest die Zügel
    und ich halt es fest im Zaum

Auf gehts durch die wilden Wasser
Und mein Degen pflügt die Wellen
    und mein Degen pflügt das Naß

Stein kann ich zu Kleinholz hacken
Und im Wasser mach ich Feuer
    Flammen mittendrin im Fluß

Teufel, die mir Böses wollen
Solln sich an dem Feuer wärmen
    an den Flammen in dem Fluß

In den Gärten blühn

In den Gärten blühn lauter Rosen, die für
mich ja garnicht blühn Aj!.... In den
Gärten blühn die schönsten Rosen Aj..... In den
Gärten blühn die schönsten Rosen ... die für
mich ja nicht blühn für mich ja nicht blühn

Visiem rozes dārzā ziedēj'
In den Gärten blühn lauter Rosen

In den Gärten blühn lauter Rosen
Die für mich ja gar nicht blühn, aj
In den Gärten blühn die schönsten Rosen, aj
Die für mich ja nicht
    für mich nicht blühn

Rosenblätter falln wie die Mädchen auch
Doch für mich blüht nur ein Dorn, aj
Rosenblätter falln so wie die Mädchen auch, aj
Aber keine für mich
    ja, keine für mich

Und ich weiß, warum ich alleine bleib:
Bin ja zum Soldat geborn, aj
Und ich weiß, warum ich so alleine bleib, aj
Denn ich bin zum Soldat
    Soldaten geborn

Gottverflucht, daß ich auf die Welt grad kam
Als ein Mann und muß in'n Krieg, aj
Gottverflucht, daß ich grad auf die Erde kam, aj
Als ein Mann und muß ziehn
    in irgendein' Krieg

Lieber tanzte ich mit den Puppen hier
Steckte Röschen in ihr Haar, aj
Lieber tanzte ich hier mit den Mädelchen, aj
Mit den Röschen im Haar
    den Rosen im Haar

Und die Drossel hat gespottet, lustig im Ho-
lunderbüschchen Aj-ja trulla-laa
lustig im Holunderbusch

Svilpodama sniedze skrēja
Und die Drossel hat gespottet

Und die Drossel hat gespottet
Lustig im Holunderbüschchen
Aj-ja, trullalaa
    – lustig im Holunderbusch

Weinend lief die Kuhmagd hin zum
Jungen Bauer, diesem Saufaus
Aj-ja, trullalaa
    – weinte sie vor diesem Schuft

Doch der lacht und sagt: Was heulstu
Es warn deine Kulleraugen
Aj-ja, trullalaa
    – deine Augen warn es ja

Warum treibst du deine Herde
Auch grad dahin, wo ich pflüge
Aj-ja, trullalaa
    – grade dorthin, wo ich pflüg

Warum tränkst du deine Kühe
Grad in meiner Pferdeschwemme
Aj-ja, trullalaa
    – wo ich tränke grad mein Pferd

Als ich meinen Gürtel löste
Legtest du dein Kleid ins Gras rein
Aj-ja, trullalaa
    – legtest du dein Kleid ins Gras

Darum spottet auch die Drossel
Lustig im Holunderbüschchen
dschi-dschi, tririli
    – grrdschibüü, gdschibüü

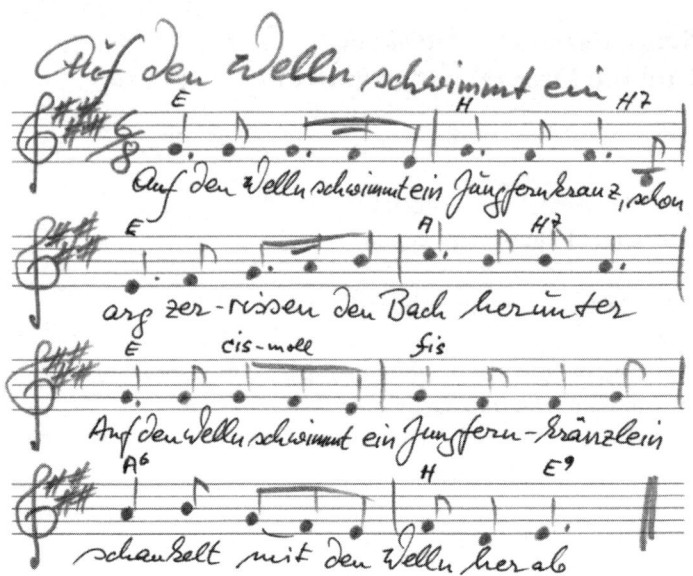

Auf den Welln schwimmt ein Jungfernkranz, schon
arg zer-rissen den Bach herunter
Auf den Welln schwimmt ein Jungfern-Kränzlein
schaukelt mit den Welln herab

Trīs sidraba upes tek
Auf den Welln schwimmt ein Jungfernkranz

Auf den Welln schwimmt ein Jungfernkranz
    schon arg zerrissen den Bach herunter
Auf den Welln schwimmt ein Jungfernkränzlein
    schaukelt mit den Welln herab

Gröln die Burschen und bringen hin
    zum Bräutigam in das Haus sein Bräutchen
Gröln die Burschen und bringen hin
    zum Bräutigam in das Haus die Braut

Und die Burschen, sie brülln vor Lachen
    sag, wo blieb denn dein Jungfernkränzlein?
Und die Burschen, sie brülln vor Lachen
    sag, wo ist denn dein Jungfernkranz?

Hab am Bache die Küh gehütet
    und da warf ich mein' Kranz ins Wasser
Hab am Bache die Küh gehütet
    und warf ja in die Welln mein' Kranz

Lieber solln ihn die Welln zerreißen
    als ein Kerl mit den groben Pfoten
Lieber solln ihn die Welln zerreißen
    lieber noch als ein grober Kerl!

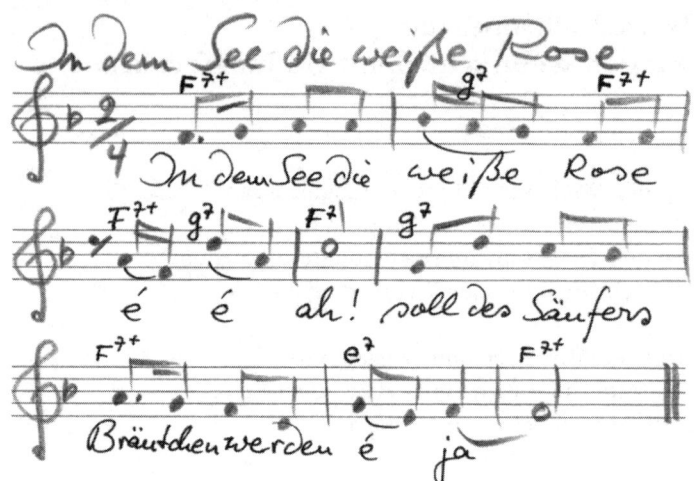

In dem See die weiße Rose

In dem See die weiße Rose

é é ah! soll des Säufers

Bräutchen werden é ja

Dzērājpuisis bēdājās
In dem See die weiße Rose

In dem See die weiße Rose
 é-e, é-e, é
Soll des Säufers Bräutchen werden
 é-e, ja

Und der Säufer säuft sich traurig
 é-e, é-e, é
Nie wird er ein Bräutchen kriegen
 é-e, ja

Und die weiße Rose flüstert
 é-e, é-e, é
Ich bleib lieber hier und blühe
 é-e, ja

Lieber will ich hier verblühen
 é-e, é-e, é
Und der See ist mein Geliebter
 é-e, ja

Meine Lieder wachsen alle in dem
Weidenbaum am Bach, wie die Kätzchen auf den
Zweigen wachsen Lieder tausend-fach

Visas manas sīkas dziesmas
Meine Lieder wachsen alle

Meine Lieder wachsen alle
In dem Weidenbaum am Bach
Wie die Kätzchen auf den Zweigen
Wachsen Lieder tausendfach

Wenn der Wind die Zweige streichelt
Und die Sonne küßt das Blatt
Wenn die Regentropfen glitzern
Bin ich Liedernimmersatt

Liegt ein Lied auf meinen Lippen
Gibt mir 'n Katzenzungenkuß
Wird ein Ohrwurm, wird 'ne Lerche
Fliegt, weil ich ja singen muß

Frühling Sommer Herbst und Winter
Lieder blühn zu jeder Zeit
Und wir braten in der Röhre
Äpfel, wenn es draußen schneit

Wenn ich traurig bin, dann sing ich
Still für mich, weil's mir gefällt
Wenn ich lustig bin, dann sing ich
– bumsfideldum! für alle Welt

Zwei graue Tauber

Zwei graue Tauber flogen hoch oben
flogen da-hin und gurrten was aj – aj –
aj – aj – aj flogen dahin und gurrten was

Div' dūjiņas gaisā skrēja
Zwei graue Tauber

Zwei graue Tauber flogen hoch oben
Flogen dahin und gurrten was
    aj – aj – aj aj aj
Flogen dahin und gurrten was

Zwei junge Kerle zogen zum Kriege
Ritten dahin und schwiegen was
    aj – aj – aj aj aj
Ritten dahin und schwiegen was

Reiten wir weiter, dachten die Reiter
Oder nicht lieber wieder heim?
    aj – aj – aj aj aj
Oder nicht lieber wieder heim?

*urself die Frage: der Deserteur — ein
Feigling oder ein Held. Fragt sich immer:
welcher, wessen Krieg, welche Armee ..
in der DDR die NVA; als ich dieses
Lied in Ostberlin an Land zog, da
wußte ich es schon genauer.*

Sing meiner Wege

Ging meiner We-ge, sprang voran und
schleppte mich, kam durch ein Wäldchen
runter ins Tal

Savus ceļus gāju
Ging meiner Wege

Ging meiner Wege, sprang voran und schleppte mich
Kam durch ein Wäldchen runter ins Tal

Sah meine Brüder, unsern Acker pflügten sie
Grüß euch, ihr Brüder, braucht ihr mich nicht?

Mach, daß du fortkommst, deine Hilfe hilft uns nicht
Eine, wie du bist, braucht keiner hier

Sah meine Schwestern, in dem Garten pflanzten sie
Grüß euch, ihr Schwestern, braucht ihr mich nicht?

Mach, daß du fortkommst, deine Hilfe hilft uns nicht
Eine, wie du bist, braucht keiner hier

Ging aus dem Dorf weg über Felder weit und breit
Sah einen Jungen, der säte Flachs

Grüß dich, du Sämann, eine Arbeit suche ich
Kannst du mich brauchen, brauchen beim Sä'n?

Danke, du Schöne, Arbeit gibt es, wenn wir ihn
Raufen und brechen, spinnen den Flachs

Aber das dauert noch drei Monde. Bis dahin,
Herzallerliebste, brauch ich dich auch

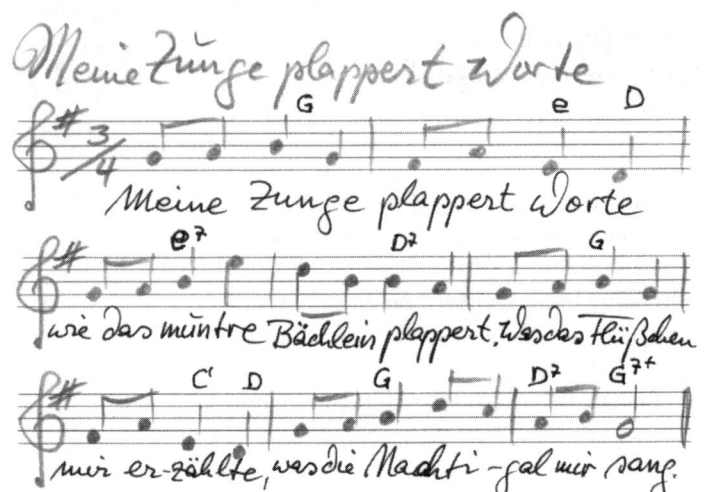

Meine Zunge plappert Worte

wie das muntre Bächlein plappert. Was das Flüßchen

mir erzählte, was die Nachti-gal mir sang.

Jānis Neilands
Teici, teici, valodiņa
Meine Zunge plappert Worte

Meine Zunge plappert Worte
Wie das muntre Bächlein plappert
Was das Flüßchen mir erzählte
Was die Nachtigall mir sang

Schnelle Wellen trällern Lieder
Von den Blüten in den Knospen
Menschenskind, die Menscher kriegen
Von Geschichten nie genug

Wie die Biene Honig sammelt
Sammel ich aus unsrer Sprache
Süß' und wild' und weise Worte
Wie die Blumen für mein' Kranz

Und es blühen los die Knospen
In dem Kranz auf meinen Locken
Worte, süß und wild und weise
Tief bis in die Seele rein

Herzallerliebster, für dich

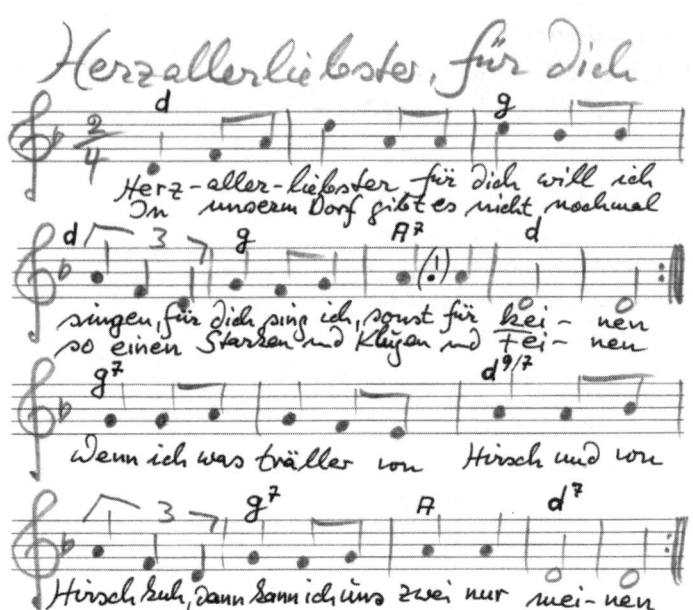

Herz-aller-liebster für dich will ich
In unserem Dorf gibt es nicht nochmal

singen, für dich sing ich, sonst für kei- nen
so einen Starken und Klugen und Fei- nen

Wenn ich was träller von Hirsch und von

Hirsch Kuh, dann kann ich uns zwei nur mei- nen

Niin minä neiton
Herzallerliebster, für dich

Herzallerliebster, für dich will ich singen
Für dich sing ich, sonst für keinen
In unserm Dorf gibt es nicht noch einmal so ein'
Starken und Klugen und Feinen
    Wenn ich was träller von Hirsch und von Hirschkuh
    Dann kann ich uns zwei nur meinen

Ach, wär mein Lied doch ein Zauber, ein starker
Dann möchte ich dich gewinnen
Ich würd nicht tauschen mit stadtfeine Damen
Und nicht mal mit Königinnen
    Könnte ich Träume in Wirklichkeit wandeln
    Dann lägen wir auf weißem Linnen

Höre nicht halb zu, nicht nur mit den Ohren
Ich singe aus voller Kehle
Wenn ich die Küh melk und wenn ich das Brot back
Und wenn ich Kartoffeln schäle
    Glaubst du, ich singe für Steine und Bäume
    Hör zu mit der ganzen Seele

Und wenn ich dein bin, dann sing ich von Engeln
Von Äpfeln und Edelsteinen
Ob es ein Lied ist aus Regen und Sonne
Und ob alle Sterne scheinen
    Ob ich von Löwen und Adlern was singe
    Von Hasen und Trüffelschweinen
    Was ich auch singe, ich kann ja nur immer
    Nur dich, meinen Liebsten, meinen

AUS DEM FINNISCHEN

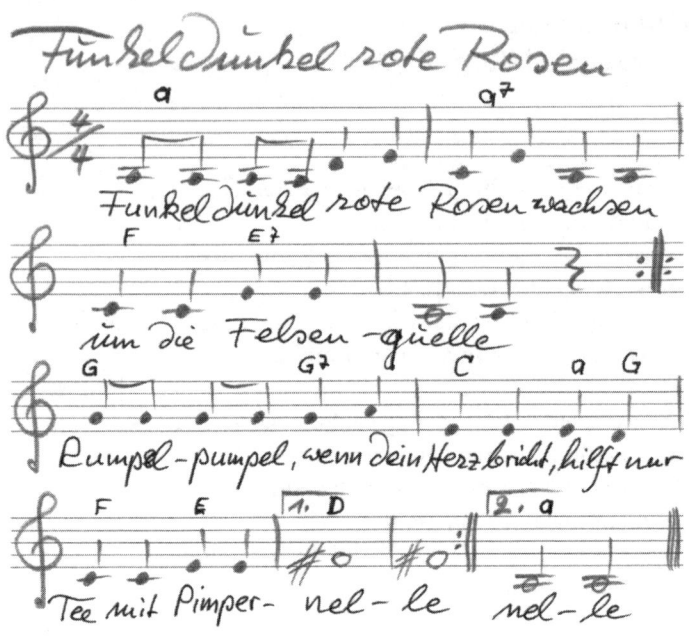

Mina
Funkeldunkelrote Rosen

Funkeldunkelrote Rosen wachsen
    um die Felsenquelle
Rumpelpumpel, wenn dein Herz bricht, hilft
    nur Tee von Pimpernelle

Grabbel, sabbel nicht den Fiedler an
    sonst kratz ich dir ins Frätzchen
Dieser Kater braucht nicht dich, du Maus
    mich braucht er als sein Kätzchen

Dämlich nämlich bin ich nicht – juhu!
    ich bin 'ne Blitzgescheite
Wenn er mich mit seinem Fiedelbogen striche
    wär ich seine Saite

Schniedel, Fiedel, flinke Finger fliegen
    der kann alles spielen
Und es ist zum Lachen, wie die Weiber
    gierig nach ihm schielen

Lippen stippen! Laß mich! Faß mich!
    Liebeslust und Lüstchen
Gurren schnurren. Mopsen hopsen
    jede zeigt ihr Brüstchen

Ritzen schwitzen, schummeln, fummeln
    alle wolln dasselbe
Nur mein Fiedler, ach mein Schöner
    ist vom Ei das Gelbe

Knutschen, zutschen, rutschen, lutschen
    schubsen mit dem Panzen
Wer zum Tanze aufspielt, der muß zusehn
    wie die andern tanzen

Ratzfatz laß! Mach nicht mein Kleid naß
    red nicht so gemeine
Wenn mein Fiedler fiedelt, tanz ich lieber
    ganz für mich alleine

Pfui! Hui! Glaub nicht, daß ich mir
    fürn Kerl das Hemd aufreiße
Oder daß ich mich mit einem Bock
    mal schnell ins Stroh reinschmeiße

Eine Feinekleinereine so wie ich
    ist nicht leicht rumzukriegen
Denn ich will in einem Hochzeitsbett
    auf roten Rosen liegen

Mach dich fort, du

Mach dich fort, mach zu, träge Sonne du! Geh zu
Gott 'sist Feier-a'mt. Mach dich fort, du träge
Sonne! Laß mir meinen Feier-a'mt

Ej, saulite, tu pie Dieva
Mach dich fort

Mach dich fort, mach zu, träge Sonne du
Geh zu Gott! 's ist Feiera'md
Mach dich fort, du träge Sonne
Laß mir meinen Feiera'md

Unser Herr ist hart, und er stiehlt mir ja
Meinen Feierabend auch
Harte Herren, ja, die stehlen
Dir den Feierabend auch

Eine Kröte mahlt auf dem Meeresgrund
Schwarzes Mehl, blutschwarzes Mehl
Eine Kröte, tief im Meere
Mahlt sie blutig schwarzes Mehl

Diesen feuchten Dreck solln sie fressen
Meine Herrn, die mich so lang
Noch im Dunkeln schuften lassen
Bis nach Sonnenuntergang

Kuschlig ist mein liebster Kerl

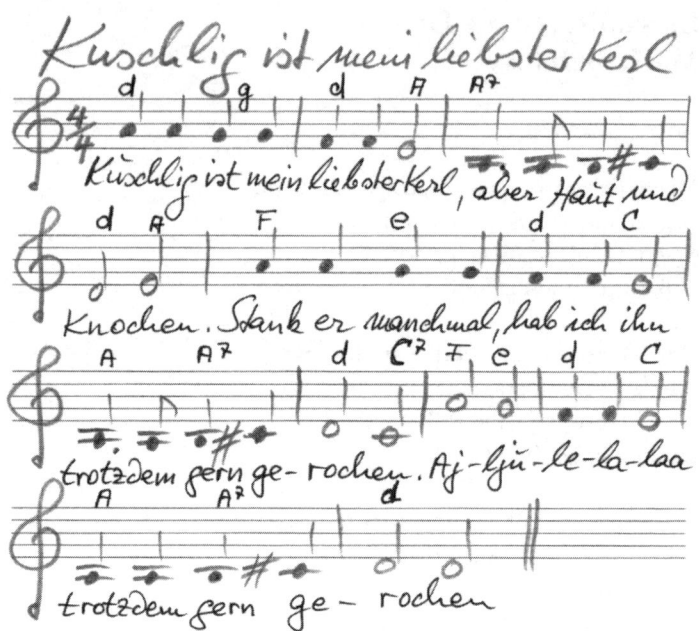

Kuschlig ist mein liebster Kerl, aber Haut und Knochen. Stank er manchmal, hab ich ihn trotzdem gern ge-rochen. Aj-lju-le-la-laa trotzdem gern ge-rochen

Minun kultani kaunis on
Kuschlig ist mein liebster Kerl

Kuschlig ist mein liebster Kerl
Aber Haut und Knochen
Stank er manchmal, hab ich ihn
– trotzdem gern gerochen

In den Nächten bärenstark
Und am Tag pomadig
Apfelbäckchen hat er auch
– bloß ein bißchen madig

Sein Gesicht, im Suff wird es
Manchmal eine Fratze
Goldblond war sein Lockenkopf
– bald hat er 'ne Glatze

Pflügen kann er nicht so gut
Aber Quetsche spielen
Himmelblau sein Augenpaar
– macht nix, daß sie schielen

Und beim Streit um mich hat er
Einen Zahn verloren
Seine Lippen honigsüß
– gehn bis an die Ohren

Ja, wir sind das schönste Paar
Auf der weiten Erde
Alle lachen. Über uns
– wiehern schon die Pferde

Hat kein' Acker, hat kein Haus
Das ist gar nicht wichtig
Klein und krumm, jedoch für mich
– isser grade richtig

Junge Frau

Warum weinst du warum schweigst du
meine junge Frau, was brauchst du
was braucht meine junge Frau

Jaunaja Žmona
Junge Frau

Warum weinst du? Warum schweigst du
    meine junge Frau, was brauchst du
      was braucht meine junge Frau?

Hast du Brot und Salz nicht reichlich
    oder hat dich wer beleidigt
      was hat meine junge Frau?

»Brot und Salz hab ich in Fülle
    nur ein gutes Wort in aller Stille
      – das braucht deine junge Frau«

Jaunoji meilužė
Junge Verliebte

Grün und so neu
Neigt sich der Tag
Kommt schon die Nacht
Ich bin zu neu

Grün und so neu
Sonnenball fällt
Rot in die Nacht
Ich bin zu neu

Grün und so neu
Faß mich nicht an
Brenn mich nicht auf
Ich bin zu neu

Grün und so neu
Neigt sich der Tag
Kommt schon der Mond
Ich bin zu neu

Grün und so neu
Laß mich nach Haus
Faß mich nicht an
Ich bin zu neu

Grün und so neu
Mama zu Haus
Wartet auf mich
Ich bin zu neu

Grün und so neu
Wartet mit Brot
Wartet mit Salz
Ich bin zu neu

Grün und so neu
Wartet mit Wein
Rot in dem Glas
Ich bin zu jung
    Ich bin zu grün
        Ich bin zu zahm
            Ich bin zu wild
                Ich bin zu neu

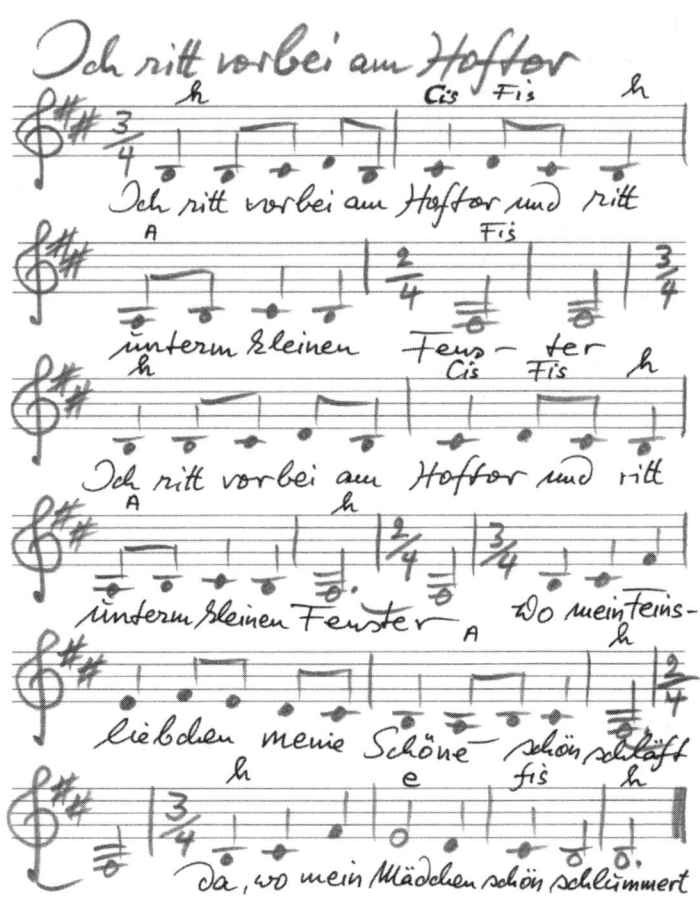

Jojo pro kiemo vartus
Ich ritt vorbei am Hoftor

Ich ritt vorbei am Hoftor und ritt
    unterm kleinen Fenster
Wo mein Feinsliebchen, meine Schöne, schön schläft
    – da, wo mein Mädchen schön schlummert

Ich schlich mich in die Kammer rein,
    hin zu meiner Liebsten
Aber sie sitzt schon in der Mühle und mahlt
    – mahlt mit dem Mühlstein den Weizen

Ich lief ihr nach, den Mühlberg herauf
    gradewegs zum Mühlstein
Aber sie schob schon in den Ofen das Brot
    – schob schon das Brot in den Ofen

Und als ich zu dem Backofen kam
    wollte ich sie küssen
Aber sie sprang schon in dem Garten herum
    – aber sie pflückte schon Rauten

Ich lief zu ihr im Garten dahin,
    wo die Rauten wachsen
Da sitzt mein Schätzchen auf der Banke und weint
    – ach, und da schluckte sie Tränen

Und aus den Rautenzweiglein sollst du
    ja den Brautkranz flechten
Keiner im Dorf darf dir vergiften dein Herz
    – keiner soll gegen dich giften

Sag, meine schöne Traurige, sag,
    hast du ganz vergessen
Was mir dein Lachmund, ach dein roter, versprach
    – grad gestern noch an der Tränke?

Und wenn dir auch dein Brautkranz verwelkt,
    blühn mir deine Locken
Und ich zerzaus dich, und ich streichel dein Haar
    – kämm deine goldigen Locken

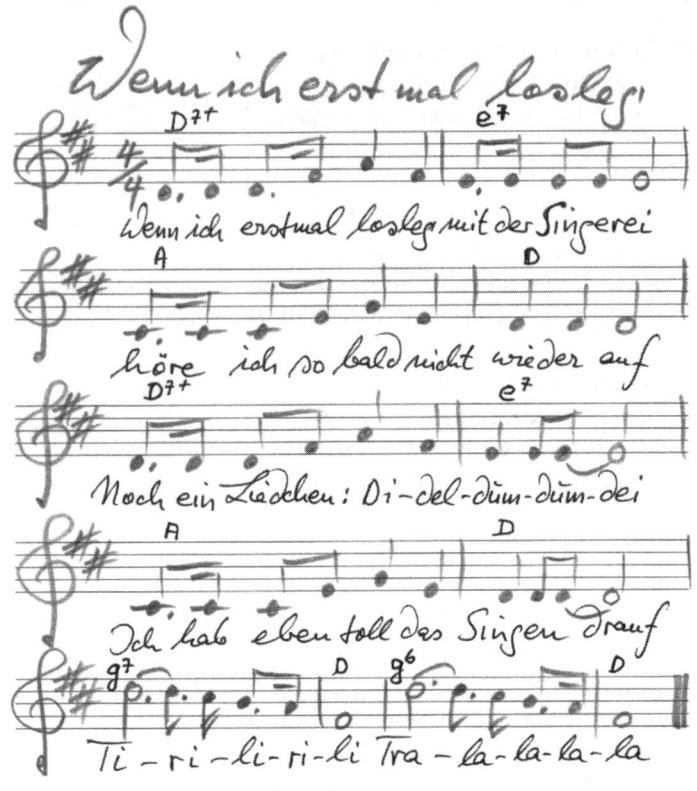

Kui ma hakkan peale
Wenn ich erst mal losleg

Wenn ich erst mal losleg mit der Singerei
Höre ich so bald nicht wieder auf
Noch ein Liedchen: Dideldumdumdei
Ich hab eben toll das Singen drauf

Alle machen ihre Ohren groß
Keiner hier im Dorf hört sich je satt
Alle sagen: Mensch, wie kommt das bloß
Daß die so viel schöne Lieder hat?

Sommerlieder kann ich haufenweis
Frühling, Herbst und Winter sing ich noch
Haferdreschen, Heumahd, Hirse, Mais
Und vom Ackergaul, der starb im Joch

Und der tote Hund im Sauerkraut
Und vom Kinderkriegen sing ich auch
Manchmal gibt's 'ne Hochzeit, und die Braut
Hat schon unterm Rock 'nen dicken Bauch

Von dem Bräutigam 'ne Moritat
Wie er rannte in das Feuer rein
Und holt seine Braut raus, doch die hat
Vor dem Brautaltar geflötet: »Nein!«

Und wie der Muschkot vom Krieg heimhinkt
Und er kriegt aus Holz ein schickes Bein
Wie man in der Pisse Wolle schwenkt
Und dann wird sie kuschlig weich und rein

Pflückt im Wald 'ne Jungfrau Preißelbeern
Kommt zurück und hat ein Seidentuch
Donnerwetter – so was hört man gern
Manche Unschuld kriegt doch nie genug!

Ich trau mich allein ins wilde Moor
Leg mich nackich in das Hexenried
Und dann lern ich von den Geistern dort
Noch ein schönes neues Hexenlied

Ja, ich schluchze Nachtigallenschmalz
Und ich schreie, wie die Graugans klingt
Gurre wie ein Rebhhun in der Balz
Wie die Lerche, die im Himmel singt

Wenn ich erst mal losleg mit der Singerei
Höre ich so bald nicht wieder auf
Noch ein Liedchen: Dideldumdumdei
Ich hab eben toll das Singen drauf

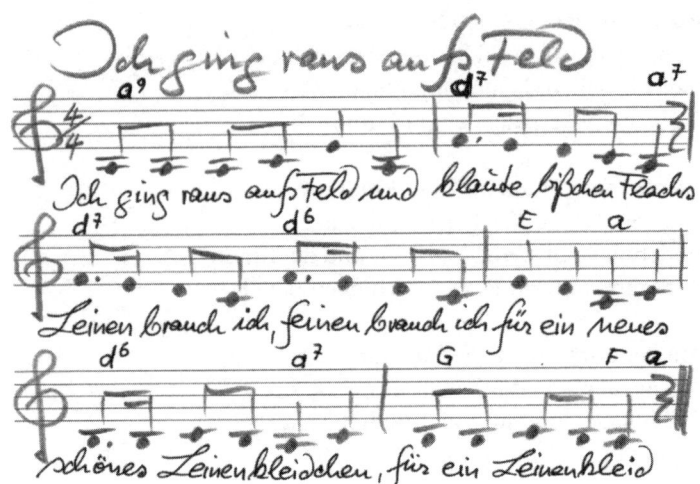

Ich ging raus aufs Feld

Ich ging raus aufs Feld und klaute bißchen Flachs

Leinen brauch ich, Leinen brauch ich für ein neues

schönes Leinenkleidchen, für ein Leinenkleid

Ma läksin välja polda
Ich ging raus aufs Feld

Ich ging raus aufs Feld und klaute bißchen Flachs
Leinen brauch ich, feinen brauch ich
Für ein neues schönes Leinenkleidchen
Für ein Leinenkleid

Denn mein Rock ist ganz ganz ganz und gar kaputt
Ist verschlissen, arg zerrissen
Und zum Tanzen mag ich so nicht gehen
Mag ich so nicht gehn

Dies Jahr gab der Himmel mehr Flachs als genug
Reiche Ernte, reiche Ernte
Schenkte uns die gute Mutter Erde
Hat sie uns geschenkt

Hab den Flachs gewässert und getrocknet auch
Leinen brauch ich, feinen brauch ich
für ein neues schönes Leinenkleidchen
für ein Leinenkleid

Doch der Gutsverwalter, dieser geile Bock
hat gemeckert, sich bekleckert
weil ich Flachs klau bloß für 'n Leinenkleidchen
für ein schönes Kleid

Da hab ich gelacht ihm kalt in sein Gesicht:
Wenn du mir das Kleid zerknitterst
in der Scheune, tja, dann schimpfste gar nicht
tja, dann schimpfste nicht!

Tirili

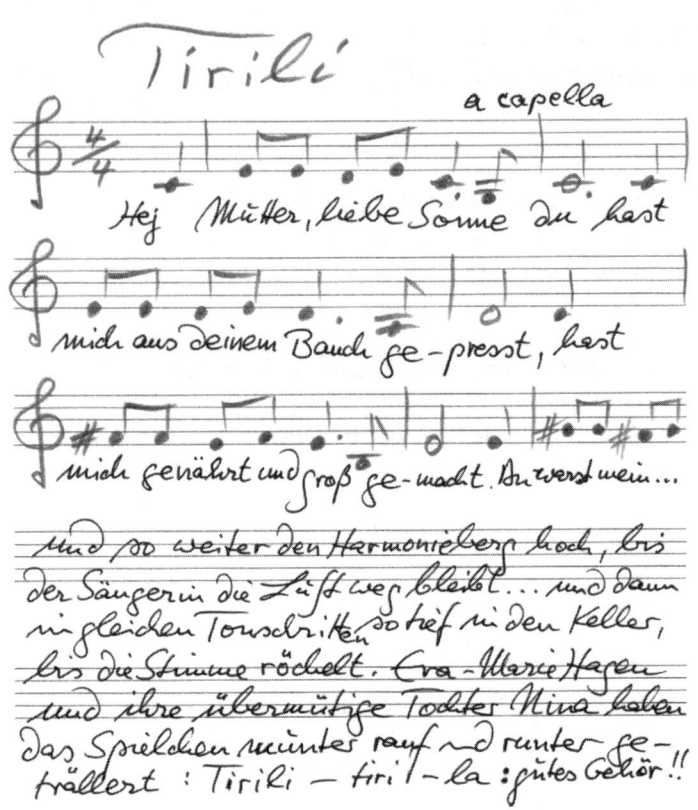

a capella

Hej Mutter, liebe Sonne du hast
mich aus deinem Bauch ge-presst, hast
mich genährt und groß ge-macht. Du warst mein...

und so weiter den Harmonieberg hoch, bis
der Sängerin die Luft weg bleibt.... und dann
in gleichen Tonschritten so tief in den Keller,
bis die Stimme röchelt. Eva-Marie Hagen
und ihre übermütige Tochter Nina haben
das Spielchen muntes rauf und runter ge-
trällert : Tirili — firi — la : gutes Gehör !!

Hej ema
Tirili

Hej, Mutter, liebe Sonne, du
Hast mich aus deinem Bauch gepreßt
Hast mich genährt und großgemacht
Du warst mein schönstes Vogelnest
Von dir hab ich das Licht gelernt
Und wie man singt in finstrer Nacht
Jetzt bin ich flügge, laß mich ziehn
Ein junges Täubchen bin ich noch
Ich muß zu meinem Tauber hin
Ich bin ein Weib und will ein' Mann
Und läßt du mich nicht, flieg ich doch
Und stürz ich ab, was gehts dich an
Ich zwitscher bis zum Morgengraun
Und gurre, bis die Sonne flirrt
Sing mit den Hexen im Alraun
Wenn mein Gesang die Welt verwirrt
Dann melkt halt mal der Mond die Küh
Dann hütet mal der Wolf die Schaf
Die Sterne schlagen Buttermilch
Die Birke tränkt das Kälbchen brav
Nun schimpf doch nicht, mein Muttertier
Die Aussteuer erspar ich dir
Ich brauch nur einen, der schön singt
Der mir ein neues Lied beibringt
Dann tanz ich mit den Elfen nackt
Und wenn das Schwein den Metzger schlacht'
Und wenn der Hund den Kuchen backt
Der Abendstern die Wäsche macht
Dann werden meine Äpfel groß
Dann träller ich erst richtig los ...
      trallalaa – trallalaa – tirili – tirili

Chanson du capitaine: Je me suis t'engagé
Ich gab mich ganz und gar

Ich gab mich ganz und gar
Hin in das Joch einer Schönen
Nein, nicht der goldene Ring
Den hat ein andrer ihr verehrt
Es war der Kuß, den sie mir verwehrt

Da gab ich mich ganz und gar
Hin in das Joch der Soldaten
Doch meine Leut' im Quartier
Lachten mich aus und rieten mir:
Scheiß Bataillon. Sei klug und lauf davon!

Da lief ich weg. Und ich Schaf
Traf auf dem Weg meinen Hauptmann

Der Hauptmann grinste mich an
Und sprach: Wohin des Weges, Mann?
Wohin denn schon, zu meinem Bataillon!

Soldat, du desertierst
Läufst wohl zu meiner Schönen
Sag, es ist wegen dem Ring
Den ich von ihr am Finger hab
Oder der Kuß, der, den sie dir nicht gab.

Das war in jenem Tal
Gleich bei der klaren Quelle
Da machte ich mich bereit
Und zog mein' Säbel aus der Scheid'
Und schlug mich hart, tapfer wie ein Soldat

Gleich mit dem ersten Hieb
Traf ich so gut meinen Hauptmann
Tot blieb er, wie er da lag
Ich aber hab noch dreißig Tag
Dann ist's vorbei, dann kommt an mich die Reih

Und die mich bringen zum Tod
Sind meine Kameraden
Binden die Augen mir zu
Wenn der Befehl kommt: Feuer frei!
Töten sie mich ohne viel Quälerei

Ich bitt' euch, wickelt mein Herz
In ein Tuch aus weißer Seide
Legt's auf den Tisch in dem Haus
Wo meine Liebste wohnt, sagt ihr
Wir bringen dir hier deines Dieners Herz

Soldaten, seid gute Mensch'
Sagt davon nicht meiner Mutter
Sagt ihr: Ich sei irgendwo
Oder gefangen in Bordeaux
Vom Englischmann, wo keiner abhaun kann

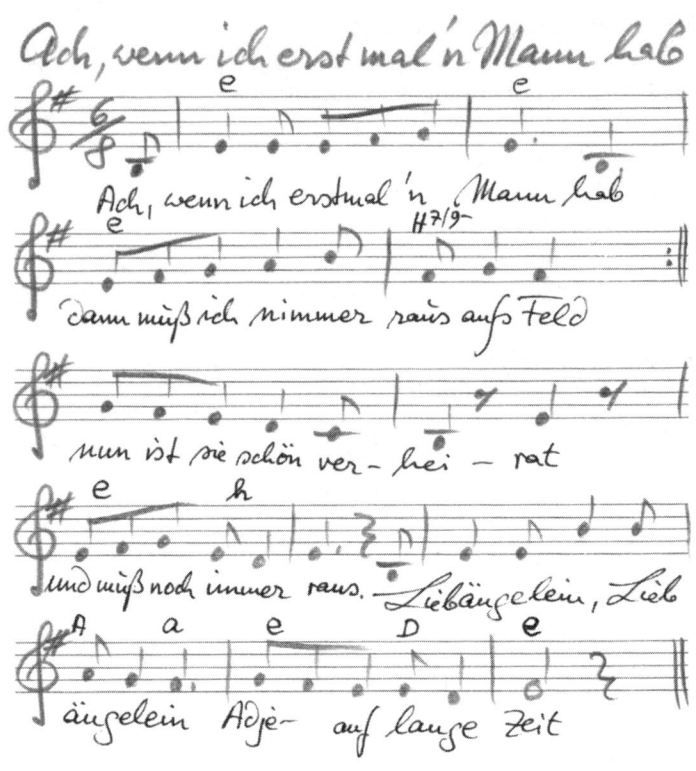

Je voudrais être mariée
Ach, wenn ich erst mal 'n Mann hab

Ach, wenn ich erst mal 'n Mann hab
Dann muß ich nimmer raus aufs Feld
Ach, wenn ich erst mal 'n Mann hab
Dann muß ich nimmer raus aufs Feld
Nun is sie schön verheirat'
Und muß noch immer raus

> Liebäugelein, Liebäugelein
> Adje auf lange Zeit

Ich wollt, ich wäre schwanger
Und müßte nimmer raus aufs Feld
Ich wollt, ich wäre schwanger
Und müßte nimmer raus aufs Feld
Nun ist die Schöne schwanger
Und muß noch immer raus

> Liebäugelein, Liebäugelein
> Adje auf lange Zeit

Ach, wenn ich bloß erst alt wär
Und müßte nimmer raus aufs Feld
Ach, wenn ich bloß erst alt wär
Und müßte nimmer raus aufs Feld
Nun ist sie alt, die Schöne
Und muß noch immer raus

> Liebäugelein, Liebäugelein
> Adje auf lange Zeit

Ach, wenn ich bloß erst tot wär
Und müßte nimmer raus aufs Feld
Ach, wenn ich bloß erst tot wär
Und müßte nimmer raus aufs Feld
Nun ist sie tot, die Schöne
Und muß auch nimmer raus

> Liebäugelein, Liebäugelein
> Adje auf lange Zeit

Drei junge Trommler

Drei junge Trommler kamen aus dem Kriege. Drei junge Trommler kamen aus dem Kriege. Drauf und dran! Der Mann, der Mann! Die kamen aus dem Kriege

„Drauf und dran ..." — das ist ein kleines Gastgeschenk aus dem deutschen Lied zum Bauernkrieg für das französische.

Trois jeunes tambours
Drei junge Trommler

Drei junge Trommler kamen aus dem Kriege
Drauf und dran! Der Mann, der Mann!
Die kamen aus dem Kriege

Der Jüngste hielt 'ne Rose in den Lippen
Drauf und dran! Der Mann, der Mann!
'ne Rose in den Lippen

Des Königs Tochter hing da aus dem Fenster
Drauf und dran! Der Mann, der Mann!
Die hing da aus dem Fenster

Hübscher Tambour, du, schenk mir deine Rose!
Drauf und dran! Der Mann, der Mann!
Du, schenk mir deine Rose

Schön's Königskind, schenk mir dafür dein Herzchen
Drauf und dran! Der Mann, der Mann!
Schenk mir dafür dein Herzchen

Hübscher Tambour, frag erst mal meinen Vater!
Drauf und dran! Der Mann, der Mann!
Frag erst mal meinen Vater

Herr König, gebt mir Eure schicke Tochter!
Drauf und dran! Der Mann, der Mann!
Gebt mir Eure schöne Tochter

Trommler, du bist zu arm für meine Tochter!
Drauf und dran! Der Mann, der Mann!
Zu arm für meine Tochter

Ich hab drei Schiffe fahren auf dem Meere
Drauf und dran! Der Mann, der Mann!
Die fahren auf dem Meere

Eins ist voll Gold, das andre ist voll Silber
Drauf und dran! Der Mann, der Mann!
Das andre ist voll Silber

Und mit dem dritten fahrn wir schön spazieren
Drauf und dran! Der Mann, der Mann!
Da fahrn sie schön spazieren

Gut, Trommler, gut! Dann kriegst du meine Tochter
Drauf und dran! Der Mann, der Mann!
Dann kriegst du meine Tochter

Danke, Herr König! Danke, dreimal danke!
Drauf und dran! Der Mann, der Mann!
Herr König, dreimal danke

Aber bei uns zu Haus, da gibt es viel schönre Mädchen
Drauf und dran! Der Mann, der Mann!
Da gibt's viel schönre Mädchen

Maman, dites moi
Frau Mama, ach sagt

Frau Mama, ach sagt, was spürt ein Weib denn bei der Liebe
Macht so was Qual oder Pläsier?
Mir tut alles weh, mein Herz kriegt grausame Hiebe
Bei Tag und Nacht quält's da und hier

Was tut uns so 'n Mann
Der liebt, denn an?
Mir geht es so nah, sein Stöhnen
Darf ich trösten? Muß ich höhnen?

Kam ein Hirt, schöner noch als der Gott Amor
Raspelt heimlich süß so Worte mir ins Ohr
Daß er mich! mich will

Ich schweige still
Nein, ich schweig fein still

Doch kommt er noch mal, fängt das wieder an
Was dann, Mama, was dann
Mama, was mach ich dann?

Ein Schloß, wer wohnt darin

Ein Schloß, wer wohnt da-rin, ein

Schloß, wer wohnt da-rin, da wohnt ein schönes

Mädchen -didel-dum, da wohnt ein schönes

Mädchen

Aux marches du palais
Ein Schloß, wer wohnt darin?

Ein Schloß, wer wohnt darin?
Ein Schloß, wer wohnt darin?

Da wohnt ein schönes Mädchen – dideldum –
Da wohnt ein schönes Mädchen

Das haben viele lieb
Sie weiß nicht, wen sie nehm' soll

Ein kleiner Schuster kam
Der tat ihr sehr gefallen

Probiert ihr Schuhchen an
Und fragt dabei 'ne Frage

Du Schöne, wenn du willst
wolln wir zusammen schlafen

In einem viereckigen Bett
Bedeckt mit weißem Linnen

Vier Sträußchen Immergrün blühn
An jedem Pfosten einer

Und mitten durch das Bett
Da fließt ein tiefer Fluß durch

Des Königs Pferde all
Die könnten daraus trinken

Und wir wärn glücklich da
Bis an der Welt ihr Ende

Die beiden lebten lang
In Wonnen und in Freuden

Le roi Renaud
König Renaud

König Renaud, vom Krieg zurück kommt er
Trägt sein Gedärme vor sich her
Vom Schloß herab sieht sie ihn so
Die Mutter ihren Sohn Renaud

Renaud, Renaud, freu dich, mein Held
Dein Weib bringt grad ein' König dir zur Welt!
Mutter, die Freude kommt so spät
Weil es mit mir zum Tode geht

Macht mir ein Bett weitab in einer Eck
Genügend weit vom Kindbett weg
Daß mich beim Sterben keiner stört
Und auch mein Weib davon nicht hört

Ich will mit Schlafen keine Zeit vertun
Bis Mitternacht laßt mich nur ruhn
Und endlich kam das Morgenrot
Da lag Renaud schon lange tot

Die Knechte gruben ihm vor Tag ein Grab
Und bauten ihm aus Holz ein' Sarg
Sein Weib, es hörte draußen Krach
Und saß im Bett und seufzte: Ach!

Ach, meine gute Mutter, sagt mir bloß
Was wird da unten groß gebaut?
Mein Kind, der Zimmrer mit dem Beil
Der macht so laut den Brunnen heil

Ach, Mutter, sagt, das macht mein Herze bang
Was geht da unten für Gesang?
Mein Kind, sei ruhig, was ist das schon
Ums Haus geht eine Prozession

Ach, gute Mutter, sagt mir das genau
Was weint da ohne Unterlaß?
Mein Kind, es ist des Schäfers Frau
Sie hat ihr Neugeborn' verlorn

Ach, meine Mutter, sagt mir, was ist das:
Ihr seid ja selber tränennaß
Ja, weil ich's dir verborgen hab
Renaud, dein König, liegt im Grab

Ach, Mutter, sagt den Totengräbern bloß
Noch schnell: Ich will es doppelt groß
Das Grab sei breit genug für zwei
Und für mein Kindlein gleich dabei

König Renaud, vom Krieg zurück kam er
Trug seine Gedärme vor sich her
Vom Schloß herab sah sie ihn so
Die Mutter ihren Sohn Renaud

Petit Lucas
Klein Lukas

Kennt ihr die Scheißgeschichte
    – hi hi hi! – ha ha ha!
Kennt ihr die Scheißgeschichte
Vom kleinen Lukas nicht?
    – hi hi hi! – ha ha ha!
Vom kleinen Lukas nicht?

Also, Lukas saß bei Tische
    – hi hi hi! – ha ha ha!
Also, Lukas saß bei Tische
Leckt' er sein' Teller ab
    – hi hi hi! – ha ha ha!
Leckt' seinen Teller ab

Pfui, Lukas! schrie der Vater
    – hi hi hi! – ha ha ha!
Pfui, Lukas! schrie der Vater
Und haut' ihm eine rein
    – hi hi hi! – ha ha ha!
Und haut' ihm eine rein

Au! Hau mich, lieber Vater
    – hi hi hi! – ha ha ha!
Au! Hau mich nich so doll!
Au! Hau mich, lieber Vater
    – hi hi hi! – ha ha ha!
Au! Hau mich nich so doll!

Doch! Ab mit dir in'n Keller
    – hi hi hi! – ha ha ha!
Doch! Ab mit dir in'n Keller
Du bist ein böses Kind
    – hi hi hi! – ha ha ha!
Du bist ein böses Kind

Nun schläft er tief im Keller
    – hi hi hi! – ha ha ha!
Nun schläft er tief im Keller
In einem Rattennest
    – hi hi hi! – ha ha ha!
In einem Rattennest

Cléon Galoppe d'Onquaire
Ça fait peur aux oiseaux
Die kleinen Waldvögelein

Still! Man hört uns ja, Lysandre
Spannt Euer Netz und seid still
Nimmer darf die Vöglein stören
Wer Vögel einfangen will

Haltet ein mit dem Gerede
Haltet ein mit dem Gerede
Ihr solltet lieb und stille sein

466

Stillt die Gier, denn sie macht bange
Die kleinen Waldvögelein
Ach, das Tier in Euch macht bange
Die kleinen Waldvögelein

Und nun heißen Sie mich grausam
Am Ende untreu – wie fad!
Reden sich um den Verstand, ach
Lysandre, wie schad

    Und jetzt wolln Sie sich erhängen
    Und jetzt wolln Sie sich erhängen
    Hier im schönsten Wiesengrund

Das ist ungesund, Lysandre
Die kleinen Waldvögelein
Machen Sie damit nur bange
Die kleinen Waldvögelein

Schelm! Sie fassen meine Hand an
Lysandre kommt nun zum Schluß
Soll ich Euch gewähren lassen
Oder raubt Ihr mir den Kuß

    Wenn es sein muß: raubet zweie
    Wenn es sein muß: raubet zweie
    Und laßt Flöte Flöte sein

Schnell! und fackelt nicht so lange
Die kleinen Waldvögelein
Fliehen sonst und werden bange
Die kleinen Waldvögelein

Der König von Yvetot

fis · H7 · E

Ein' König gab's in Yvetot. Kaum
cis · H · E · A · H

nennt ihn die His-torie. Er schlief wie'n Gott auf
cis · fis · H7 · E

Haferstroh und pfiff auf Pomp und Glorie
E7 · A · H · cis · Cis

Man sagt, daß ihn gekrönt einst hätt mit einer
Refr. Lieb war der kleine König, ja, das war ein
fis · H7 · E · 3 · E7

Zipfelmütz im Bett: Jang He! ja! ja!
gu-ter Volkspa-pa —

Refr. Oh! oh! oh! oh! ah! ah! ah! ah!
Quel bon petit roi c'etait la!
La, la.

1813, als Napoleon in Russland so
blutig scheiterte, schrieb Béranger
in Paris dieses Spottlied, es machte ihn
berühmt. Er schrieb seine Texte auf
populäre Melodien, die sowieso schon
jeder kannte. So verbreiteten sich die
Lieder im Volk auch ohne Tonband,
Platte, CD, ohne TV und Apple-iPod

468

Pierre-Jean de Béranger
Le roi d'Yvetot
Der König von Yvetot

Ein' König gab's in Yvetot
Kaum nennt ihn die Historie
Er schlief wie 'n Gott auf Haferstroh
Und pfiff auf Pomp und Glorie
Man sagt, daß ihn gekrönt einst hätt'
Mit einer Zipfelmütz: Janette
    im Bett!

    Lieb war der kleine König, ja
    Das war ein guter Volkspapa, ja ja!

Er aß Kartoffeln, Speck und Kohl
Sein Schloß war eine Hütte
Er schoß mit 'ner Bonbonpistol'
Auf einem Esel ritt er
Und seine Taschen warn voll Drops
Als Wache folgte ihm – hops hops –
    ein Mops!

    Lieb war der kleine König, ja
    Das war ein guter Volkspapa, ja ja!

Er soff anstatt Soldatenblut
Den roten Saft der Reben
Ein König, der fürs Volk was tut
Soll ruhig mal einen heben
Nur als Tribut verlangt' er, daß
Jeder ihm schenkt von seinem Faß
    ein Glas!

    Lieb war der kleine König, ja
    Das war ein guter Volkspapa, ja ja!

Den Mädchen tat er Gutes an
Ein Hahn mit vielen Hennen
Mit Recht und sinnvoll konnte man
Ihn Landesvater nennen
Kindstaufen überall im Land
Wo er vergnüglich Pate stand
    galant!

    Lieb war der kleine König, ja
    Das war ein guter Volkspapa, ja ja!

Er drohte andern Ländern nicht
Mit Krieg. Kein Mann mußt' schießen
Bei ihm war erste Bürgerpflicht
Das Leben zu genießen
Drum wurd auch, als er biß ins Gras
manch Auge – ohne Hoferlaß! –
    so naß!

    Lieb war der kleine König, ja
    Das war ein guter Volkspapa, ja ja!

Es gibt von ihm noch heut ein Bild
Es hängt in einer Schänke
Als Qualitäts- und Firmenschild
Für fürstliche Getränke
Und unser König ist ganz Ohr
Singt ihm das Volk beim Fest was vor
    im Chor:

    Lieb war der kleine König, ja
    Das war ein guter Volkspapa, ja ja!

H. Meilhac, L. Halévy
L'amour est un oiseau rebelle
Tja, die Liebe ist wie 'ne Schwalbe

Tja, die Liebe ist wie 'ne Schwalbe
Und die frißt keinem aus der Hand
Du magst bitten und drohn und locken
Mit Gold und Silber, mit Blech und Tand

Und der eine redet Romane
Ach, und der andre, der redt kein Wort
Und grad der ist es, den ich meine
Tja, und den reißt es dann mit mir fort

  Die Liebe ist ein Stück Natur
  Und weiß zum Glück nix von Moral und Macht
  Willst du mich nicht – will ich dich doch!
  Und wenn ich liebe, du, nimm dich in acht …

Und das Vöglein sitzt auf dem Dach da
Und einer lacht da: Jetzt hab ich dich
Du sollst Lieder im Käfig singen
Für keinen andern und nur für mich

Doch die Schwalbe erfreut dein Herze
Und paßt in kein Gefängnis rein
Laß sie frei in die Himmel fliegen
Nur in der Liebe – da ist sie dein

  Die Liebe ist ein Stück Natur
  Und weiß zum Glück nix von Moral und Macht
  Willst du mich nicht – will ich dich doch!
  Und wenn ich liebe, du, nimm dich in acht …

Boris Vian

Le déserteur
Der Deserteur

Monsieur le Président
Ob Sie sich wohl bequemen
Ob Sie die Zeit sich nehmen
Und lesen meinen Brief?

Mich hat's erwischt, ich hab
Die Musterungspapiere
Daß ich in'n Krieg marschiere
Schon Mittwoch geht es ab

Monsieur, ich geh nicht hin
Ich will nicht diese Merde
Ich leb nicht auf der Erde
Damit ich Mörder bin

Was alle Welt längst weiß
Sie solln es endlich wissen:
Monsieur, sie sind beschissen
Die Kriege sind ein Scheiß

Von klein auf sah ich das
Sah Väter, die krepieren
Sah Söhne losmarschieren
Sah Kinder tränennaß

Der Mütter Schmerz und Wut
Sah andre fröhlich prassen
Hurra! Und hoch die Tassen!
Ahoi! Im Meer von Blut

Sah gute Kerls im Knast
Gebrochen und verbogen
Um ihre Fraun betrogen
Um all ihr bißchen Glück

Bevor die Hähne krähn
Verrammel ich die Türen
Ich will mein Leben spüren
Und mach mich auf den Weg

Und schnorr mir meinen Fraß
So komm ich durch ganz France
Bretagne bis Provence
Und alln erzähl ich das:

Sagt nein, wenn sie euch ziehn!
Sagt nein zum Exerzieren
Sagt nein zum Kriegeführen
Sagt nein, und geht nicht hin!

Monsieur le Président
Ihr seid fürs Blutvergießen?
Allez! Laßt Eures fließen
Das wär 'ne gute Tat!

Und steckt den Bulln Bescheid:
Ich geh erst mal alleine
Und Waffen trag ich keine
Mich knallt man lässig ab

Ja, für den Frieden immer! Aber
Pazifist war ich nie. Ohne den
Krieg der Alliierten gegen Hitler
und sein verbündetes Volk hätte
ich die Nazi-Zeit nicht überlebt.

Zeit der Kirschen

Und singen wir dann die Süßkirschenzeit, Frau
Nachtigal weint, die Spottdrossel lacht, die Feier wird
fröh-lich sein. Die Schönen, sie werden so
schön ver-dreht, den Liebenden stellt der Sonnengott bei
So singen wir dann die Süßkirschenzeit be-
gleitet von Drossel-spöt-ter-ei

Fünf Jahre schon vor der Pariser Kommune
schrieb Jean-Baptiste Clément dieses
populäre Liebeslied.
Erst mit der Commune de Paris wurde
es ein, nein das Lied der Revolution
von 1871. nb.: bei dieser politischen
Metamorphose wurde am Schnulzen-Text
kein Wort geändert.

474

Jean-Baptiste Clement
Le temps des cerises
Zeit der Kirschen

Und singen wir dann die Süßkirschenzeit
Frau Nachtigall weint, die Spottdrossel lacht
Die Feier wird fröhlich sein
Die Schönen, sie werden so schön verdreht
Den Liebenden steht der Sonnengott bei
So singen wir dann die Süßkirschenzeit
Begleitet von Drosselspötterei

Versäumt nicht die Zeit, sie dauert bloß kurz
Die Pärchen ziehn los und pflücken verträumt
Kirschbommeln für übers Ohr
Die Kirschen der Liebe – ihr Kleid, so rot ist das
Und fallen ins Gras wie Tropfen von Blut
Die Kirschenzeit kommt, sie dauert bloß kurz
Und tut mir zu weh und viel zu gut

Geratet ihr in die Kirschenzeit rein
Und peinigt euch Furcht vor Herzeleid, ach
Dann flieht vor den schönen Fraun
Doch umhaun soll mich niemals nicht keine Furcht
Ich weiß, was mir blüht, bleib dennoch beherzt!
Geratet ihr in die Kirschenzeit rein
Dann merkt ihr, wie schön die Liebe schmerzt

Auf immer bleibt mir die Kirschenzeit lieb
Auch wenn mir davon im Herz stecken blieb
Die Wunde, die nie mehr heilt
Und immer auch, wenn Frau Fortuna weilt
An meiner Seit' – der Schmerz kam mit ihr!
Auf immer bleibt mir die Kirschenzeit lieb
Und was von ihr blieb, brennt tief in mir

Louis Aragon

Il n'y a pas d'amour heureux
Glückliche Liebe

Die Kraft nicht noch die Schwäche
Nichts hat der Mensch auf Dauer
Sein Herz verblüht, und breitet
Er dann die Arme aus
Kommt dabei an der Mauer
Ein Kreuz als Schatten raus
Er lebt sein Leben hin
Kaum krallt er sich sein Glück
Schon hat er es erwürgt
Verlust ist sein Gewinn
    Glückliche Liebe, die gibt's nie

Ich bin wie du, wir sind ja
Soldaten ohne Waffen
Für solch ein Leben hat mich
Meine Mutter nicht gemacht
Wozu noch morgens aufstehn
Mein Tag ist finstre Nacht
Und kommt je wieder Licht
Wird sichtbar, was wir sind
Ein Häufchen Elend nur –
Mein Leben, wein man nicht
    Glückliche Liebe, die gibt's nie

Mein Vögelchen, mein Liebchen
Du meine offne Wunde
Dein Flügel ist zerbrochen, und
So trag ich dich in mir
Die Leut' sehn mich vorbeigehn
Und wissen nichts von dir
Mein Vögelchen, die Leute
Ach, als dein Auge brach
Nun plappern sie es nach:
    Glückliche Liebe, die gibt's nie

Und kaum hab ich das Leben
Gelernt, schon ist's vorüber
Ein Weinen hat für eine Nacht
Die Seelen uns vereint
Schwer wird ein süßes Beben
Bezahlt mit Herzeleid
Es braucht soviel Gestöhne
Für 'n kleines Menschenlied!
Viel zuviel Leid geschieht
Für 'n paar Gitarrentöne
      Glückliche Liebe, die gibt's – nie

Ich bewundere dieses Gedicht, und
verachte den Dichter: Aragon.
Wie kann eine kaltherzliche Canaille
der Stalinisten in Moskau und Paris
solch ein Liebeslied schaffen!
Warum haben die Musen ihn geküßt?
Erato, du Galgen-Krähe!
Aber lieber ein gutes Gedicht von einem
schlechten Menschen als ein schlechtes
von einem guten. Aber noch lieber...

Jacques Prévert
Les feuilles mortes
Welke Blätter

Du, ich wollt, du würdest dich erinnern
Aneinander hab'n wir uns gefreut
So lebendig war das Leben, schöner
Und die Sonne wärmte mehr als heut

Und jetzt harkt der Wind die welken Blätter
Siehst du, nichts vergaß ich, nicht die helle Zeit
Und jetzt harkt der Wind die welken Blätter
Weg damit! und all mein Herzeleid

In des Vergessens kalte Nacht
Hat's nun der Nordwind fortgebracht
Vergessen hab ich, was uns damals schied.
Doch schau: Ich weiß noch dein Lied

    Ja, dieses Lied war wie wir beide
    Paßte so gut auf dich, auf mich
    Und ohne alles Liebesgeleide
    Liebten wir uns, du mich, ich dich
    Doch das Leben trennt, die sich lieben
    So verlor ich, was ich fand
    Und so laufen wir auseinander
    Und das Meer leckt die Spur'n weg im Sand

Ja, der Wind, er harkt die welken Blätter
Und mit dem Vergessen stirbt das Leid
Doch mein Herz, es weint nicht – unterdessen
Lächelt es dem Leben Dankbarkeit

Ja, mein Lieb, ich liebte dich vor Zeiten
Deine Süße hat mein Herz gefreut
Heftig waren deine Zärtlichkeiten
Und die Sonne wärmte mehr als heut

Das ist nun aus – aus und vorbei
Kein Leid und keine Liebelei
Ach, hin ist hin – doch was mir blieb
Das bleibt mir immer: immerzu dein Lied

      Ja, dieses Lied war wie wir beide
      Paßte so gut auf dich, auf mich
      Und ohne alles Liebesgeleide
      Liebten wir uns, du mich, ich dich
      Doch das Leben trennt, die sich lieben
      So verlor ich, was ich fand
      Und so laufen wir auseinander
      Und das Meer leckt die Spur'n weg im Sand

Georges Brassens
La mauvaise herbe
Unkraut

Der Tag des Sieges kam – hurra!
Und all die Helden nicht mehr da
Alle krepiert. Was für 'ne Schand
Daß ich nicht starb fürs Vaterland

>Ein Unkraut bin ich eben
>Liebe Leut', liebe Leut'
>Bin ungenießbar, und man flicht
>Mich nicht in Siegerkränze
>Der Tod hat alle andern
>Abgemäht, das ist klar
>Verschmäht hat mich der Sensenmann
>Tja, peinlich, aber wahr
>Tra la la la la la la la
>Tra la la la la la la lère
>Gottchen, ich frag euch: Isses mies
>Daß ich noch nicht verschimmelt bin?
>Gottchen, ich frag euch: Isses fies
>Daß ich noch nicht im Himmel bin?

Die Hübsche mit dem großen Herz
Hat mich und alle Welt verführt
Doch ich kenn Stelln in ihrem Fell
Die hat kein Freier nie nicht berührt

>Ein Unkraut bin ich eben
>Liebe Leut', liebe Leut'
>Bin ungenießbar und genieße
>Einfach so mein Leben
>Mein Weib geht auf den Strich
>Und danach liebt sie mich
>Und gratis – ein Skandal!
>Das Mädchen hat keine Moral

Tra la la la la la la la
Tra la la la la la la lère
Gottchen, wie gut, daß es mich gibt
Und daß ein schönes Weib mich liebt
Und weil ein schönes Weib mich liebt
Isses auch gut, daß es mich gibt

Ihr sagt: So sei der Mensch gemacht
Ein blödes Schaf, ein Herdentier
Ich aber paß in kein' Verein
Geh meiner Wege lieber allein

Ein Unkraut bin ich eben
Liebe Leut', liebe Leut'
Bin ungenießbar und genieße
Einfach so mein Leben
Ein Unkraut bin ich, das
Nie vergeht, hübsches Kind
Ich wachs in Gärten, die verwildert
Und verwunschen sind
Tra la la la la la la la
Tra la la la la la la lère
Gottchen, ich kann doch nix dafür
Daß ich noch Leben in mir spür
Gottchen, ich kann doch nix dazu
Daß ich noch Spaß dran hab – wie du

Georges Brassens
La canne de Jeanne
Das Hühnchen von Trienchen

Das Hühnchen
von Trienchen
krepierte nebenbei
und spendierte vorm Sterben
den Erben
ein Ei!

Ihr Hühnchen
wollt' Trienchen
nie schlachten, rupfen
Nie! Es ist einfach gestorben
am Schnupfen
das Vieh!

Das Hühnchen
von Trienchen
gab uns zum Ei – wie nett!
auch noch Federn, die müssen
ins Kissen
fürs Bett!

Das Hühnchen
von Trienchen
ging's auch hinüber
kam's doch noch über – wir staunen:
mit Daunen
und Ei!

Das Hühnchen
von Trienchen
wir wolln ab nun
beim Lieben nie noch auch beim Essen
vergessen
das Huhn!

Georges Brassens
J'ai rendez-vous avec vous
Ich hab mit Lou 'n Rendezvous

Sonnengott, Herr aller Sterne
Lösch ruhig dein Feuer, dein Licht
Mir isses schnurz, das ist mir piepe partout
– ich hab mit Lou 'n Rendezvous!
Scharf sah ich Eifersucht blitzen
In Loulous Blick ab und zu
Spürte ihr Herz sich erhitzen
– ich hab mit Lou 'n Rendezvous

Und mein Vermieter, der mosert
Weil die Mansarde verfault
Grault der mich raus, das ist mir piepe partout
– ich hab mit Lou 'n Rendezvous!
Weil ich am liebsten nur hause
In deiner Bluse, Loulou
Wo ich dich streichel und lause
– ich hab mit Lou 'n Rendezvous

In meiner Kneipe die Wirtin
Schreibt nix mehr an, keinen Sous
Mir isses schnurz, das ist mir piepe partout
– ich hab mit Lou 'n Rendezvous!
Braten, wie ich ihn gern fräße
Wär Loulous Schulter, dazu
Küssekompott und so Späße
– ich hab mit Lou 'n Rendezvous

Geldsack, du mußt mir nix pumpen
Ich brauch kein' Klumpen aus Gold
Mensch, aller Reichtum ist mir piepe partout
– ich hab mit Lou 'n Rendezvous!
Mein Glück find ich ganz alleine
Ist auch ihr Herz ein Filou
Ich brauch kein' Kies, keine Scheine
– ich hab mit Lou 'n Rendezvous

Fernande
Margaretha

Ein alter Knabe bin ich – bon!
Mit Macken und Marotten
Ich singe in der Einsamkeit
Vom Einsamen mir ein Chanson:
     Denk ich an Margaretha
     dann stehta, dann stehta
     Denk ich an Mimis Bauch
     dann steht er auch
     Denk ich an Fräulein Frieda
     mon Dieu! dann steht er wieda
     Doch denk ich an Marie
     o Gott! dann steht er nie
     Mein böses Hosentier
     Papa, gehorcht nie mir

Erst knödelt der Konzert-Tenor
Am Flügel Schubert-Lieder
Dann singt beim Duschen dieser Mann
Sich selber ein Liebeslied vor:
     Denk ich an Margaretha
     dann stehta, dann stehta ...

Der Leuchtturmwärter trällert froh
Im Sturm beim Lampeputzen
Den Ohrwurm von dem Hosenwurm
Da geht der Refrain immer so:
     Denk ich an Margaretha
     dann stehta, dann stehta ...

Quatsch, kalte Waschung! Quatsch, Gebet!
Du frommer Zöli-Pater!
Dich quält dein hartes leeres Bett

Da hilft nur mein Lied, wenn ER steht:
    Denk ich an Margaretha
    dann stehta, dann stehta ...

Mal schob ich Wache am Monument
Fürn »Unbekannten Soldaten«
Da sang sein Solo der Soldat
Im großen Gefallenenchor:
    Denk ich an Margaretha
    dann stehta, dann stehta ...

Dies Lied soll meinem Vaterland
Im Sport als Hymne dienen
Weil: Unser Sieg freut dann sogar
Die Gegner bei O-lym-pi-a!
    Denk ich an Margaretha
    dann stehta, dann stehta
    Denk ich an Mimis Bauch
    dann steht er auch
    Denk ich an Fräulein Frieda
    mon Dieu! dann steht er wieda
    Doch denk ich an Marie
    o Gott! dann steht er nie
    Mein böses Hosentier
    verflucht! gehorcht nie mir

L'argot allemand

viele Jahre suchte ich nach einem
passenden Weiber-Namen, der sich
auf das vegetative Leiden des jungen
Mannes reimt. Ohne diese Macht
des Reimes (à la Christian Morgenstern)
hätte die delikate Sauerei weder Witz
noch Charme und wäre schlüpfrig.
⟶ also Margaretha!

George Brassens 🎼
La mauvaise réputation
Der schlechte Ruf

In mei'm Kaff hier, du, in echt
Hab ich 'n Ruf, der is sauschlecht
Was ich auch tu, was ich auch laß
Die haltn mich für ichweißnichwas
Dabei geh ich keinem an die Gurgel
Geh meiner Wege und schieb 'ne Kugel

>Aber die Spießer mögen es nie
>Wenn einer anders schiebt als sie
>Nee du, die Spießer mögen's nie
>Wenn einer anders lebt als sie
>Und alle Welt schimpft über mich
>– außer die Stummen, logo, die nich

Und am Bastille-Feiertag
Lieg ich bis in die Puppen flach
Um all das Tschingdarabumbum
Kümmere ich mich gar nich um
Dabei tret ich doch kein' ein' zu nah
Wenn ich auf Blasmusik nich abfahr

>Aber die Spießer mögen es nie
>Wenn einer anders bläst als sie
>Nee du, die Spießer mögen's nie
>Wenn einer anders bläst als sie
>Und alle Welt zeigt bös auf mich
>– die ohne Arme, logo, die nich

Rennt mit'm Knüppel ein Kleingärtner
Hinter 'ner Kinderbande her
Bloß weil se Äppel klaun, gemein!
So einem stell ich – zack! – ein Bein
Das mach ich gern, und das macht mir Spaß
Wenn ich so Rotznasen laufen laß

Aber die Spießer mögen es nie
Wenn einer anders klaut als sie
Nee du, die Spießer mögen's nie
Wenn einer anders klaut als sie
Und alle Trottel treten mich
– die ohne Beine, logo, die nich

Welches Ende mir blüht, errät
Jeder, da braucht es kein' Prophet
Jeder geseifte Strick jedenfalls
Schreit nach mei'm ungeseiften Hals
Ich bin dem greulichen Pack ein Greul
Bloß weil ich nich mit den Wölfen heul

Aber die Spießer mögen es nie
Wenn einer anders heult als sie
Nee du, die Spießer mögen's nie
Wenn einer anders stirbt als sie
Wenn dann der Strick mein' Nacken bricht
– glotzt alle Welt, klar: die Blinden nicht

Georges Brassens
Les croquants
Geile Spießer

In die Stadt reiten ein geile Spießer und jagen
Feile Damen, die gut sind fürs Samenabschlagen
Diese Trottel spieln Männer von Welt
Und sie fingern nach Frühling für Geld
Doch der Anna ihr Herz und das Herz von Marie
Das die Geldsäcke geil macht und flau in die Knie
Legt sich hin nur dem erstbesten Mann
Der nix is und alles sein kann

    Und die Spießer stehn wie doof da
    Ja, das quält sie, Mann, das quält sie:
    Solche Schöne, solche Schöne, ja
    Ja, was wählt die, Gott, was wählt die?
    Einen Mann, der nix is und nix hat
    Tja, die Spießer, da sind se platt

Diese aufgetakelten morschen Fregatten
Sie verkaufen den Duft, den se früher mal hatten
Wird dem Spießer der Hintern mal heiß
Steigen sie ihm ins Bett heiß wie Eis
Doch von Anna das Herz und das Herz von Marie
Das die Geldsäcke geil macht und flau in die Knie
Ist für Trottel tabu auch im Scherz
Für 'n paar Kröten gibt es kein Herz

    Und die Spießer stehn wie doof da
    Ja, das quält sie, Mann, das quält sie:
    Solche Schöne, solche Schöne, ja
    Ja, was wählt die, Gott, was wählt die?
    Einen Mann, der nix is und nix hat
    Tja, die Spießer, da sind se platt

Diese Dämchen, ein haltbares Herz haben die
Wie Papierblumen haltbar, verwelken sie nie
Wie auf Gräbern auch Blumen aus Stein
Und ihr Herzchenfett pökeln sie ein
Doch das Herz von Marie und der Anna ihr Herz
Das sind Blumen, die blühn neu in jedem März
Du, die duften nach Dior und nach Dill
Und im Mai anders als im April

    Und die Spießer stehn wie doof da
    Ja, das quält sie, Mann, das quält sie:
    Solche Schöne, solche Schöne, ja
    Ja, was wählt die, Gott, was wählt die?
    Einen Mann, der nix is und nix hat
    Tja, die Spießer, da sind se platt

Georges Brassens

Chanson pour l'Auvergnat
Lied für 'n Holzmann aus der Auvergne

Du, dieses Liedchen, ich sing es dir
Dir, guter Kohlenmann, der einfach mir
Holzkloben herschenkte, Stücker vier
    kalt, kalt war mein Leben, doch du
Warst meine Rettung, als mich all dies
Edelpack kaltherzlich frieren ließ
All dieses Kroppzeug schlug mir so fies
    die Tür vor der Nase zu
Dein bißchen Glut in kalter Nacht
Hat mir die Knochen warm gemacht
Und in der Seele war's brüderlich
    ein Freudenfeuer für mich

Ach, Freund, auch du wirst einst sterben, jedoch
Tragen die Sargträger dich hin zum Loch
Solln sie dich hochhieven, ganz hoch sogleich:
    hoch ins Himmelreich

Dies Lied, Frau Wirtin, ich sing es dir
Hast einfach vier Stücke Bruchbrot mir
Rausgerückt, als mich der Hunger fraß
    weil ich auf der Straße saß
Ich durfte an deinen Brotkasten ran
Grad als so 'n Fettsack mich Hungermann
Auch noch verspottet hat auf miese Tour:
    »Der Faulpelz macht Hungerkur!«
Ja, die vier Kanten trockenes Brot
Linderten meine Leibesnot
Und in der Seele war's schwesterlich
    ein Festessen extra für mich

Wirtin, auch du wirst einst sterben, jedoch
Tragen die Sargträger dich hin zum Loch
Solln sie dich hochhieven, ganz hoch sogleich:
    hoch ins Himmelreich

Dies Lied, du fremder Passant, ist für dich
Ich sah dein trauriges Lächeln für mich
Als mich die Bulln vom Boul' Mich' brutal
    wegschleppten, wie schon manches Mal
Dir tat ich leid, denn ich wurde gekascht
Du hast nicht blindblöde Beifall geklatscht
Nicht wie ein Geier, der amüsiert
    nach Bildern des Elends giert
Wie 'n Löffel Honig war mir dein Blick
Hast meinen kranken Leib erquickt
Für meine Seele war dein Gesicht
    ein goldenes Sonnenlicht

Fremder, auch du wirst einst sterben, jedoch
Tragen die Sargträger dich hin zum Loch
Solln sie dich hochhieven, ganz hoch sogleich:
    hoch ins Himmelreich

In Paris stammten früher so Männer,
die das Brennholz in die Häuser lieferten,
aus der armen Provinz Auvergne
Deswegen nannte man einen Kohlen-
oder Holz-Mann (Bois et Charbon)
einen Auvergnat,
Seit die meisten Wohnungen mit Öl
oder Gas geheizt werden, stießen die
Auvergne-Leute um und betrieben
80% der Bistros (Bar et Tabac)
Auch das ist schon wieder anders. Aber
das Lied hält.

— 4 —

Georges Brassens
Le vent
Der Wind

Foppt dich der Wind
Der geile Bock
Dort auf der Brücke Pont des Arts
Dann halt ihn fest, Madame, dein' Rock!
Foppt dich der Wind
In seiner Wut
Dort auf der Brücke Pont des Arts
Dann halt ihn fest, Monsieur, dein' Hut!

Feine Pinkel, grobe Kerle
Alle fluchen auf den Wind
Bäume beißt er, Zug entgleist er,
Dächer reißt er runter
Schimpft mir nicht den Wind, er lüftet
Luxuskleid so frech wie Lumpen
Denn er zottelt munter rum
An jedem Menschenkind

Foppt dich der Wind
Der geile Bock
Dort auf der Brücke Pont des Arts
Dann halt ihn fest, Madame, dein' Rock!
Foppt dich der Wind
In seiner Wut
Dort auf der Brücke Pont des Arts
Dann halt ihn fest, Monsieur, dein' Hut!

Glaubt nicht euren Augen, Leute!
Denn der Wind sucht seine Beute
Nicht so wie ein wildes Raubtier
Wind will keinen fressen

Nur 'nen Jux will er sich machen
Über Jammerlappen lachen
Die will er verwehn
Die absolut kein' Spaß verstehn

   Foppt dich der Wind
   Der geile Bock
   Dort auf der Brücke Pont des Arts
   Dann halt ihn fest, Madame, dein' Rock!
   Foppt dich der Wind
   In seiner Wut
   Dort auf der Brücke Pont des Arts
   Dann halt ihn fest, Monsieur, dein' Hut!

Die Seine

Die Sei — ne   Unter der Brücke Pont Mirabeau die Seine und wie wir uns liebten Was soll's, daß ich wieder und wieder dran denke und denke wie das Vergnügen uns immer ins ach! nach dem Schmerz Bricht ein die Nacht, schlägt drein die Stunde die Ta-ge sie fliehn. Ich bleibe, ich blei .... be

Guillaume Apollinaire
Pont Mirabeau
Die Seine

Die Seine unter der Brücke Pont Mirabeau, die Seine
Und wie wir uns liebten
Was soll's, daß ich wieder und wieder dran denke
Wie das Vergnügen kam, immer uns, ach! nach dem Schmerz

    Bricht ein die Nacht, schlägt drein die Stunde
    Die Tage, sie fliehen. Ich bleibe

Aug in Aug, so verharrten wir, Hand in Hand
Unterdes flossen dahin
Unter der Brücke aus Arm und Arm uns
Die Wasser! Und müd von den ewigen Blicken

    Bricht ein die Nacht, schlägt drein die Stunde
    Die Tage, sie fliehen. Ich bleibe

So auch die Liebe, sie flieht wie das fließende Wasser
So auch die Liebe
Und wie träge verrinnt das Leben
Die Hoffnung, wie überheftig noch immer!

    Bricht ein die Nacht, schlägt drein die Stunde
    Die Tage, sie fliehen. Ich bleibe

Die Seine unter der Brücke Pont Mirabeau, die Seine
Nie alte Zeiten nicht
Noch alte Lieben kehren je wieder
Geht hin, ihr Tage, ihr Monde geht hin

    Bricht ein die Nacht, schlägt drein die Stunde
    Die Tage, sie fliehen. Ich bleibe

Paul Verlaine
Art poétique
Dichtkunst

Musik vor allem – ganz egal
Ob sich was reimt. Die Versekunst
Sei Hauch im Wind, ein Zauberdunst
Nicht plump noch platt, sie sei astral!

Paß auf und wähl auch Worte, die
Mißdeutbar sind, nie zu genau!
Nichts köstlicher, als grau in grau
Ein Lied, präzis im Irgendwie

Verschleiert winkt ein Augenpaar
Wenn Sonnenstrahln am Mittag flirrn
Wenn Sterne im Azur rumirrn
Herbsthimmel, aufgehitzt. Und zwar

Will ich die Farben abgemafft!
In feinsten Nuancen – so vermählt
Sich Traum mit Traum, nur so erzählt
Die Flöte, was das Waldhorn blafft

Flieht allzu spitze Witze, laßt
Geistreichelein, Gelächterdreck
Die Muse weint und kriegt ein' Schreck
Weil sie der Armut Knoblauch haßt

Gerate nicht ins Quasseln, knüppel nie
Das Wort zum Reim, red keinen Stuß
Halt fest die Zügel, zähm dem Pegasus
Die Flügel, du! Nur du bist das Genie

Mensch! was verbrach nicht schon ein Reim!
Ein Mohr mit Macke, taubes Kind
Sie schmieden Verse, die nur Talmi sind
Gereimter Schund geht aus dem Leim

Musik, noch mal: Musik! Musik
Das, was aus einer Seele flieht
Vers, der in fremde Himmel zieht
Fort, in ein dunkles Liebesglück

Gedicht sei Prophetie! Doch nur
Den Morgenwind geht sie was an
Wenn er die Minze streift, den Thymian
Der öde Rest ist nichts als Litt'ratur

Er ist kein Dichter, sondern Literat!
→ Literatur als Schmähwort.
vgl. den populistischen Judenhasser
und Bürgermeister in Wien:
Karl Lueger (1844-1910):
    „Littratüür – dös is, wann a Jud
    loben tut, wos an andrer Jud
    geschriebn hot!"
vgl. mein Gedicht für Erich Fried:
    „Dichtkunst"

Arthur Rimbaud
Le dormeur du val
Der Schläfer im Tal

Das ist die grüne Mulde, da murmelt der Bach und schmückt
Das Ufergezweig mit silberflirrendem Fetzengewirre
Dort, wo vom kahlen Gebirge die Sonne und wie verrückt
ins kleine Tal reingleißt, schäumt auf das Strahlengeflirre

Ein junger Soldat, Mund offen, die Stirn bloß und bleich
Läßt seinen Nacken im saftigen blauen Kressekraut baden
Er schläft, hingestreckt. Und eine Wolke schwimmt leicht
Dahin. Er schläft im Bett aus Grün, wo
                              Lichtschauer sich entladen

In Schwertlilien stecken die Füße, er lächelt so brav
Wie 'n krankes Kind wohl lächelt, er
                              nimmt 'ne Mütze voll Schlaf
Ihn friert. So wärme ihn doch, Natur, in seiner Not!

Und seine Nüstern, sie beben in all dieser Nasenlust nicht
Die Hand ruht auf der Brust. Er schläft im Licht
Zwei Löcher hat er an der Seite rechts. Und die sind rot

Paul Verlaine
Gaspar Hauser chante
Kaspar Hauser singt

Ich hatte nichts als meiner Augen Stille
Wortlos, ein Waise, kam ich hier
Zu Menschen, die in Städten hausen
Die fanden nichts Gerissenes an mir

Mit zwanzig kamen neue Qualen
Wie andre wollt' ich nach der Liebe gehn
So lieb fand ich die Fraun – allein die Schönen
Mich fanden die nicht grade schön

Ich konnt auch ohne Vaterland und König
War weder feig noch tapfer noch ein großes Licht
Im Krieg wär ich gern tot – allein der Tod
Auch der wollt ums Verrecken grad mich nicht

Zu früh kam ich zu spät auf diese Erde
Auf diesem Kahlkopf steh ich als ein Haar
Mein Elend schreit, doch du, ich bitt' dich: Bete
Für mich, den armen Hauser, den Kaspar

Anhang

Ausführliches Inhaltsverzeichnis mit Entstehungsdaten und Komponisten

William Shakespeare (1564–1616):

Sonnets (1609) / 40 Shakespeare-Sonette **99**

Register der Titel und Textanfänge

Verzeichnis der Aufnahmen

Folgende Lieder, gesungen von Wolf Biermann,
gibt es bei iTunes:

    Ach, die erste Liebe

    Calypso

    Comandante Che Guevara

    Der Alte sprach zur Alten

    Der Deserteur

    Der Schläfer im Tal

    Die Fraun von Cuá

    Glückliche Liebe

    Hofhund und Papagei

    Ich möchte, wenn's mich müdet

    König Renaud

    Kusch-kusch, kuller-kull

    Mag sein, daß ich irre (unter dem falschen Titel »Lied des Bundes«)

    Nimm mich

    Pullischnull ist Mamas Kind

    Rätsel-Lied

    Tanz was, kleine Puppi

    Tüchlein

    Und wenn ich tot bin, Liebster

    Weiße Milch des Abends

    Welke Blätter

    Wir leben ewig

    Zeit der Kirschen

    12 Shakespeare-Sonette

Zwölf der Shakespeare-Sonette hat Wolf Biermann unter dem CD-Titel *Das ist die feinste Liebeskunst* vertont und veröffentlicht. Das dazugehörige Notenheft für Klavier und Gitarre gibt es bei Peermusic Classical (www.peermusic-classical.de). Es enthält das 18. Sonett, das 20., das 22., das 60., das 64., das 66., das 71., das 76., das 90., das 116., das 130. und das 138. Sonett.

Viele der russischen Lieder stehen im Internet zum Download zur Verfügung und sind auf der CD *Nicht Liebe ohne Liebe – Eva Maria Hagen singt russische Romanzen und Zigeunerlieder und Balladen*. Die baltischen Lieder finden sich auf der CD *Wenn ich erst mal losleg* von Eva Maria Hagen.

Ulrich Erckenbrechts *Shakespeare Sechsundsechzig* (1996) findet sich unter www.muriverlag-erckenbrecht.de

Weitere Informationen unter *www.wolf-biermann.de*

Copyright-Vermerke